Klaus Hufschlag

Informationsversorgung lernender Akteure

GABLER EDITION WISSENSCHAFT

Schriften des Center for Controlling & Management (CCM), Band 32

Herausgegeben von
Universitätsprofessor Dr. Dr. h. c. Jürgen Weber
WHU – Otto Beisheim School of Management, Vallendar

Die Schriftenreihe präsentiert Ergebnisse betriebswirtschaftlicher Forschung im Bereich Controlling und Führung. Sie basiert auf einer akteursorientierten Sicht des Controlling, in der die Rationalitätssicherung der Führung einen für die Theorie und Praxis zentralen Stellenwert einnimmt.

Klaus Hufschlag

Informationsversorgung lernender Akteure

Mit einem Geleitwort von Prof. Dr. Dr. h. c. Jürgen Weber

GABLER EDITION WISSENSCHAFT

Bibliografische Information der Deutschen Nationalbibliothek
Die Deutsche Nationalbibliothek verzeichnet diese Publikation in der Deutschen Nationalbibliografie; detaillierte bibliografische Daten sind im Internet über <http://dnb.d-nb.de> abrufbar.

Dissertation WHU – Otto Beisheim School of Management Vallendar, 2008

1. Auflage 2008

Lektorat: Frauke Schindler / Stefanie Loyal

Gabler ist Teil der Fachverlagsgruppe Springer Science+Business Media.
www.gabler.de

Umschlaggestaltung: Regine Zimmer, Dipl.-Designerin, Frankfurt/Main
Gedruckt auf säurefreiem und chlorfrei gebleichtem Papier
Printed in Germany

ISBN 978-3-8349-1279-4

Geleitwort

Die Gestaltung der Informationsversorgung in Unternehmen wird häufig mehr oder weniger explizit von der Devise „Je mehr Information, desto besser“ geleitet. Während in der Vergangenheit einer zu umfangreichen Informationsversorgung der Entscheidungsträger zumindest durch die technischen Möglichkeiten gewisse Grenzen gesetzt waren, wurde diese Restriktion in der jüngeren Vergangenheit mehr und mehr gelockert, wozu insbesondere auch die deutlich gewachsenen informationstechnischen Möglichkeiten beigetragen haben. Sehr schnell kann dies jedoch zu einer wahren Informationsflut führen, die - worauf etwa das Konzept des „information overload“ hindeutet - nicht in einer Steigerung, sondern einer Verschlechterung der Entscheidungsqualität münden kann. Der Zusammenhang zwischen Informationsversorgung und Entscheidungsqualität ist nicht positiv linear zu denken, sondern als eine umgekehrte U-Kurve. Ein Zuviel an Information kann also auch schädlich sein.

Auch wenn diese Beobachtung und andere, aus ökonomischer Sicht überraschende Effekte in der Psychologie, inzwischen als empirisch gut bestätigt gelten, finden derartige Erkenntnisse in der betriebswirtschaftlichen Diskussion kaum und vor allem wenig *systematische* Beachtung. Ein wesentlicher Grund hierfür ist bereits auf einer sehr grundlegenden, theoretischen Ebene zu verorten. Bei den meisten theoretischen Ansätzen sind derartige Probleme gegenwärtig auf konzeptioneller Ebene theorie-systematisch nicht vorgesehen. Argumentiert man beispielsweise im Bezugsrahmen der Entscheidungstheorie als einer weit verbreiteten theoretischen Basis sowohl für die Forschung als auch die Lehre im Bereich der Informationsversorgung, so lautet die grundsätzliche Heuristik zunächst ebenfalls „Je mehr Information, desto besser“. Begrenzt werden kann die Informationsversorgung lediglich durch die Einführung zusätzlicher (Informations-)Kosten. Verstärkt wird diese Problematik durch den gegenwärtigen Status quo auf methodischer Ebene. Wie *Hufschlag* aufzeigt, ist es sehr schwer, mit gängigen Modellierungstechniken begrenzte kognitive Fähigkeiten zu modellieren. Es fehlt somit an „Denkwerkzeugen“, die es erlauben, eine verhaltenswissenschaftliche Perspektive auf das Problem der Informationsversorgung zu entwickeln und so systematisch die oben genannten Erkenntnisse in den gängigen, vorrangig von ökonomischen Denkkategorien geprägten Diskurs zu integrieren.

Genau an diesem Problemkreis setzt die vorliegende Dissertationsschrift an. Sie problematisiert den Umstand, dass Entscheidungsträger in Unternehmen erst *lernen* müssen, die durch das Informationssystem bereitgestellten Informationen richtig zu verarbeiten. Ziel ist es, ein entsprechendes Denkwerkzeug in Form eines agentenbasierten Simulationsmodells bereitzustellen. Dieses soll es erlauben, mögliche dysfunktionale Effekte im Rahmen der Informationsversorgung zu untersuchen, die aus begrenzten kognitiven Fähigkeiten resultieren. Im Kontext der Forschung am Institut handelt es sich damit um eine Arbeit in der Tradition des so genannten „Akteursmodells". Diese Forschungsperspektive geht davon aus, dass menschliche Akteure kognitiven Begrenzungen unterliegen und potenziell opportunistisch handeln. Der Schwerpunkt der vorliegenden Arbeit wurde von *Hufschlag* bewusst auf den ersten Aspekt gelegt, was (1) durch die Komplexität der Thematik und (2) durch die Teamtheorie als für die Problemstellung sehr gut geeigneten theoretischen Ausgangspunkt überzeugend argumentierbar ist.

Das von *Hufschlag* erarbeitete und genutzte Simulationsmodell ist in jeder Hinsicht tragfähig und vorbildhaft. Dies zeigt sich sowohl an der grundsätzlichen Anlage der Simulationsexperimente als auch in der umfangreichen statistischen Auswertung der Simulationsergebnisse, der in der Literatur häufig noch zu wenig Aufmerksamkeit geschenkt wird. *Hufschlag* wählt auch hier ein sehr präzises, stringentes und transparentes Vorgehen, das eine sehr gute Nachvollziehbarkeit ermöglicht. Insgesamt liefert *Hufschlag* einen erheblichen Erkenntnisfortschritt. Das von ihm genutzte Instrument der Learning-Classifier-Systeme wird als für die Modellierung von Fragen der Informationsversorgung fruchtbar einsetzbar belegt. Die Experimente liefern intuitiv plausible Ergebnisse, lassen aber darüber hinausgehend detaillierte Einblicke in die Wirkungsweise unterschiedlicher Ansatzpunkte der Informationsversorgung zu. Damit machen die Ergebnisse deutlich, dass die Informationsversorgung bei der Annahme kognitiver Beschränkungen und lernender Akteure tatsächlich differenzierter gesehen werden muss. Somit lässt sich die Arbeit als eine vorbildhafte Anwendung der Simulationstechnik bezeichnen, die dazu anregt, diese Modellierungsart viel häufiger in betriebswirtschaftlichen Fragen zu verwenden - zumindest in solchen, die eine verhaltenswissenschaftliche Öffnung der handelnden ökonomischen Akteure erfordern. Im Ergebnis gelingt ihm zusätzlich nicht nur ein inhaltlicher Beitrag zur Neubetrachtung der Informationsversorgung, sondern er bietet einen viel versprechende Vorschlag zur „Wiederbelebung" und Fortführung der Teamtheorie, der auf einem sowohl theoretisch als auch methodisch wohl fundierten „Denkwerkzeug" basiert.

Damit ist der Arbeit ein möglichst großer Leserkreis zu wünschen.

Prof. Dr. Dr. h.c. Jürgen Weber

Vorwort

Die praktische Gestaltung eines Konzerninformationssystems ist durch verschiedenste Interessengruppen geprägt: Manager definieren Einsatzbereiche und Ziele, Controller fordern viele Inhalte und möglichst viel Detail zur Analyse, betrachten jedoch gleichzeitig argwöhnisch die Kosten des Systems. Vertreter des externen Rechnungswesen benötigen durch Rechnungslegungsstandards vorgegebene Größen, Buchhalter und andere Datenlieferanten pochen auf schlanke, effiziente Lieferprozesse und einfache Standards. IT-Spezialisten bieten Tools und Funktionen an und überbieten sich mit Rechenleistung, Datenvolumen und Geschwindigkeit, lösen damit jedoch nicht immer die gestellten Probleme. Das Management eines Informationssystems bedingt häufig Abwägungen und Kompromisse sowie, mit dem Blick auf Machbarkeiten und Kosten, auch nicht selten Konflikte.

Umso mehr ist es eine besondere Erfahrung, sich einmal außerhalb des Alltagsgeschäftes auf ganz abstrakte Art und Weise, aus einem rein theoretischen Blickwinkel mit dem Thema Informationsversorgung befassen zu können. Für die Möglichkeit dies zu tun, für akademischen Freiraum und sanfte Führung danke ich Herrn Professor Dr. Dr. h.c. Jürgen Weber, als Erstgutachter dieser Dissertation. Ich danke ebenso Herrn Professor Dr. Thomas Fischer für die freundliche Begleitung meiner Arbeit und für die Erstellung des Zweitgutachtens.

Einen wesentlichen Einfluss auf das Gelingen hatte zudem Herr Professor Dr. Matthias Meyer. Ich danke ihm nicht nur für seine Rolle als „methodischer Wegweiser", sondern insbesondere auch für die interessierte Auseinandersetzung mit meinen Gedanken und die vielen intensiven, kritischen Diskussionen. Weiterhin danke ich Herrn Professor Dr. Bernhard Hirsch für vielerlei Rat und Hinweise, insbesondere in der „Findungsphase" des Dissertationsprojektes.

Herzlich bedanken möchte ich mich auch bei Frau Fotini Noutsia und Frau Beata Kobylarz-Winn im Sekretariat des Lehrstuhls für viel praktische Hilfe rund um meine Arbeit. Für eine angenehme Umgebung haben zudem viele nette Kollegen gesorgt; hier seien insbesondere die „Skifahrer" Dr. Alexandra Matthes, Dr. Anne Paefgen, Guido Pieroth, Dr. Mascha Sorg, Oliver Strangfeld und Dr. Eric Zayer erwähnt, sowie auch Serena Trelle, Dr. Julia Deike und Dr.

Martin Roll, mit denen ich viele nette Stunden verbringen durfte. Herzlich danken möchte ich auch Frau Iris Lorscheid für den Mut, die von mir entwickelte LCS-Bibliothek als erste in einer wissenschaftlichen Arbeit zu verwenden.
Ein besonderer Dank geht zudem an Herrn Christoph op de Hipt von der Deutschen Post AG für die Flexibilität und Unterstützung im Bemühen, diese Arbeit nach Ende meiner Zeit am Lehrstuhl berufsbegleitend fertigzustellen.
Der größte Dank gebührt jedoch meiner Familie: Meinen Eltern, die mich auf meinem Weg stets bedingungslos unterstützt haben, meinen Schwiegereltern, die durch Bereitstellung eines „ruhigen Plätzchens unterm Dach" eine zentrale Rahmenbedingung für die Fertigstellung der Arbeit schufen, meinen Kindern, die Ihren Vater so manchen Samstagnachmittag nur in Schreibpausen zu Gesicht bekommen haben. Den Mut aber, das Projekt „Dissertation" anzugehen, die notwendige Kraft und den Durchhaltewillen, das Projekt zu beschließen verdanke ich insbesondere meiner geliebten Frau, Dr. med. Stefanie Hufschlag.
Ihr ist diese Arbeit gewidmet.

Klaus Hufschlag

Inhaltsverzeichnis

Abbildungsverzeichnis

Tabellenverzeichnis

Abkürzungsverzeichnis

Abb.	Abbildung
Abs.	Abschnitt
AI	Artificial Intelligence
allg.	allgemein
BSC	Balanced Scorecard
GA	Genetischer Algorithmus
GCL	Generic Classifier Library
i.e.S.	im engeren Sinne
i.d.R.	in der Regel
i.w.S.	im weiteren Sinne
L-Akteure	Lernende Akteure (in der Simulation)
LCS	Learning Classifier System
MDA	Method of decreasing abstraction / Methode der abnehmenden Abstraktion
o.ä.	oder ähnlich
PC	Personalcomputer
R-Akteure	Entscheidungstheoretisch rational modellierte Akteure (in der Simulation)
s.a.	siehe auch
SEU	Subjective Expected Utility
XCS	X-Classifier System
ZCS	Zeroth Level Classifier System

Symbolverzeichnis

x, X	Umweltzustand, Menge von Umweltzuständen
a, A	Aktion, Menge von Aktionen
α	Entscheidungsfunktion
r, R	Handlungsfolge, Menge von Handlungsfolgen
ρ	Resultatfunktion
u	Nutzen
υ	Nutzenfunktion
ω	Bewertungsfunktion
Ω	(Erwartungs-) Wert einer Organisationsform
z, Z	Menge (von x), Zerlegung (von X)
y, Y	Signal, Menge von Signalen
η	Informationsstruktur
V	Informationswert-Funktion
p	Wahrscheinlichkeit
π	Wahrscheinlichkeitsfunktion
ϕ	Wahrscheinlichkeitsverteilung
ε	Fehlerwahrscheinlichkeit
t	Zeitpunkt
τ, θ	Verzögerung
dyn	Umweltdynamik
n, i	Ganzahl, Iterator
β, γ	Lernparameter des Bucket-Brigade-Algorithmus

1 Einführung

1.1 Motivation und Problemstellung

In der praktischen Gestaltung der Informationsversorgung im Unternehmen wird häufig nicht hinreichend berücksichtigt, dass menschliche Akteure zumeist erst lernen müssen, bereitgestellte Information ‚richtig' zu verarbeiten. Hierin liegt – so die These dieser Arbeit – eine mögliche Ursache für eine Vielzahl von Problemen bzw. auftretenden Dysfunktionalitäten. Es ist das Ziel der vorliegenden Arbeit, diese These modelltheoretisch zu untermauern und dabei gleichzeitig zu einem neuen theoretischen Werkzeug zu gelangen, das es ermöglicht, das dargestellte Defizit zu überwinden. Mit dem Thema ‚Informationsversorgung' wird dabei – wie im Folgenden dargelegt – ein für Controlling und Informationsmanagement bedeutsames, weil grundlegendes Thema adressiert, das durch einen integrativen theoretischen Ansatz bearbeitet werden soll.

Informationsversorgung als Problem für Controlling und Informationsmanagement

Information (im allgemeinsprachlichen Sinn)[1] bildet idealtypisch eine wesentliche Grundlage aller betrieblichen Handlungen bzw. Entscheidungen.[2] Die Gestaltung von Systemen zur Informationsversorgung ist daher ein möglicher Ansatzpunkt zur Beeinflussung der Rationalität des Managements. Dies kann sowohl in der Unterstützung von Willensbildung (beispielsweise durch adäquate Bereitstellung von Daten in Form der Gestaltung des Rechnungs- und Berichtswesens) als auch der Willensdurchsetzung (beispielsweise in der Entwicklung von Steuerungskonzepten, die mit einer Beeinflussung von Informationsflüssen verbunden sind) geschehen.[3]

---

[1] Zur begrifflichen Präzisierung siehe später Abschnitt 2.1.2.

[2] Vgl. z.B. Picot et al. (2003, S. 80), Bode (1997, S. 449), Frese (1991, S. 174), Schüler (1989, S.182).

[3] Vgl. Weber/Schäffer (2001, S. 34 ff.).

Die Gestaltung der Informationsversorgung ist damit in einem Controlling-Verständnis, welches Controlling als Rationalitätssicherung der Führung[4] versteht, von hoher Relevanz. Dies deckt sich mit der Praxis, in der die Informationsversorgungsfunktion zu den Hauptaufgaben des Controllerbereichs gezählt wird.[5]

Praktisch ist die Gestaltung der Informationsversorgung heute zumeist eng mit einer Umsetzung in informationstechnischen Systemen verbunden. Damit betrifft das Thema der Arbeit auch den Bereich des Informationsmanagements, der sich über die Ebene des Informationseinsatzes hinaus auf die Ebenen der benötigten Systeme und der notwendigen Infrastruktur erstreckt.[6] Die informationstechnischen Möglichkeiten sind dabei in der jüngeren Vergangenheit deutlich gewachsen: Gesteigerte Rechenleistung, Vernetzung und automatisierte Erfassung sowie etablierte Datenaustauschstandards erleichtern die Erschließung von Datenquellen im Unternehmen. Gleichzeitig bieten Data-Warehouse und Online-Analytical-Processing- (‚OLAP'-) Architekturen zur Verwaltung großer Datenmengen eine Plattform für den Aufbau leistungsfähiger Berichts- und Analysesysteme.[7]

Es gibt jedoch Anlass, daran zu zweifeln, dass es mit den gesteigerten Möglichkeiten der Informationsversorgung tatsächlich gelungen ist, die Entscheidungsqualität in Unternehmen zu verbessern. So besagt eine durch empirische Untersuchungen aufgeworfene und als ‚Produktivitätsparadoxon' bekannt gewordene Hypothese, dass sich Investitionen in Informations- und Kommunikationstechnologie speziell im Management- und Dienstleistungssektor nicht in gesteigerter Produktivität bzw. Rentabilität niedergeschlagen haben.[8] Parallel dazu ist feststellbar, dass die Ausdifferenzierung von Unternehmen und Produkten sowie zunehmende Internationalisierung und steigende rechtliche Anforderungen zusammen mit den gesunkenen informationstechnischen Restriktionen dazu geführt haben, dass sich die Informationsversorgung in vielen Unternehmen zunehmend zu einer für die Adressaten unüberschaubaren Informationsflut ausgewachsen hat.[9] Dies kann anhand dreier Beispiele aus dem Bereich des Controllings bzw. Rechnungswesens illustriert werden:

---

[4] Vgl. Weber (2004b, S. 47 f.), auch Weber/Schäffer (2001, S. 31 ff.).

[5] Vgl. Weber (2004b, S. 105 ff.).

[6] Vgl. Krcmar (2003, S. 45 ff.), auch Voß/Gutenschwager (2001, S. 75 ff.); zu den genannten Ebenen vgl. Wollnik (1988, S. 38); zur Abgrenzung bei verschiedenen Definitionsvarianten des Informationsmanagements vgl. Weber (1993a).

[7] Vgl. Weber (2004b, S. 135 ff.).

[8] Vgl. Piller (1998). Zum Produktivitätsparadoxon wird häufig auf ein Zitat SOLOWS verwiesen: „You can see computers everywhere but in the productivity statistics"; Solow (1987).

[9] Vgl. Weber (2004a, S. 10 f.).

— Monatliche Berichtswerke umfassen in deutschen Großunternehmen nicht selten über 100 oder 200 dicht mit Zahlen gefüllte Seiten (mit im Extremfall über 300 Einzelwerten pro Seite).[10] Basis sind zum Teil Controlling-Datenbestände, deren Volumen, obwohl auf der Analyseebene angesiedelt, sich aufgrund der Vielzahl der erfassten Sachverhalte bereits im Tera-Byte-Bereich bewegen.

— Viele Kennzahlen sind in ihrer (oftmals in Arbeitsgruppen von Experten der betroffenen Unternehmensteile erarbeiteten) Definition häufig zwar analytisch präzise und berücksichtigen auch unternehmensspezifische Sondersachverhalte, werden jedoch nur noch von einem kleinen Personenkreis verstanden.[11]

— Öfter stattfindende Organisationsänderungen führen zu häufigen Strukturanpassungen der Informationsversorgung und zu Fluktuation im Kreis der beteiligten Personen. Diese müssen lernen, mit der für sie neuen oder veränderten Information umzugehen.

Der erwartete Nutzen der bereitgestellten Information geht damit in der Praxis häufig verloren. Controller ‚versinken' in der Komplexität ihrer eigenen Zahlen, während es gleichzeitig nicht gelingt, die Bedürfnisse der Manager als Adressaten der Information zu stillen, ohne diese kognitiv zu überfordern. Ein mögliches Resultat ist Unzufriedenheit sowohl auf der Seite der Informations-Lieferanten, als auch auf der Seite der Informationsempfänger und Entscheidungsträger.[12] Eine andere Folge kann in Ignoranz oder falscher Nutzung der bereitgestellten Information mit der Konsequenz dysfunktionaler, suboptimaler Entscheidungen bestehen.

Theoretische Integration von ‚Können' und ‚Wollen'

Doch wieso kann es zu derartigen Problemen kommen? Ein Grund hierfür ist darin zu suchen, dass die kognitiven Begrenzungen des Menschen in den angewandten Theorien, die den praktischen Konzepten zur Informationsversorgung zu Grunde liegen, vernachlässigt werden.[13] Insgesamt, so die hier verfolgte These, wird das limitierte, aber durch *Lernen* veränderliche ‚Können' der Akteure noch nicht hinreichend berücksichtigt. Sowohl in der Literatur zum Controlling, als auch zum Informationsmanagement ist die Theorie noch immer stark durch Modelle mit der Annahme *rationaler* Akteure geprägt, d.h. durch entscheidungstheoretisch herge-

---

[10] Vgl. Weber et al. (2005, S. 32 ff.).

[11] Vgl. ähnlich Weber (2004a, S. 39).

[12] Vgl. Weber (2004a, S. 7 ff.).

[13] Vgl. Weber (2004a, S. 14).

leitete Aussagen aus problemdominierter (also auf die für eine optimale Entscheidung idealerweise benötigte Information gerichteter) oder anreizorientierter (also auf den möglichen opportunistischen Einsatz von Information fokussierter) Perspektive. Verhaltensorientierte Erkenntnisse werden zwar oft eingebracht, verbleiben jedoch häufig am Rand der Theorie und werden nicht in den theoretischen Kern integriert. Auf diesen Kern rekurrieren jedoch oftmals die in der Praxis angewandten Konzepte.[14] Die Vielzahl erfolgreicher Modelle mit verhaltensorientierten Prämissen quer durch alle wirtschaftswissenschaftlichen Teildisziplinen[15] findet damit keine hinreichende Berücksichtigung.[16]

Die Perspektive dieser Arbeit ist durch den Rationalitätssicherungsansatz des Controllings[17] geprägt. Das Verständnis von Controlling als Rationalitätssicherung der Führung bietet eine Grundlage zur Integration der vermissten Könnensperspektive in ein Modell zur Untersuchung von Fragestellungen der Informationsversorgung. Der Rationalitätssicherungsansatz setzt die begrenzte Rationalität der Akteure bereits im Kern voraus. Rationalitäts*sicherung* impliziert potentielle Rationalitäts*defizite*. Aus dieser Perspektive heraus verfügen Manager grundsätzlich nur über eingeschränkte Fähigkeiten und verfolgen nicht zwingend die Interessen des Unternehmens. Sie sind kognitiv begrenzt und verhalten sich potentiell opportunistisch. Sowohl ihr ‚Können' als auch ihr ‚Wollen' hat Grenzen[18] und ist, als weitere zentrale Annahme, veränderlich.

Die vorliegende Arbeit greift diesen im sog. ‚Akteursmodell'[19] formulierten Ansatz, die Ursache betrieblicher Phänomene nicht nur einseitig in Interessenkonflikten, sondern eben auch in den dynamischen Fähigkeiten der Akteure zu suchen, als heuristische Empfehlung auf und knüpft damit bewusst an die Forschungstradition des Lehrstuhls für Controlling und Telekommunikation der Wissenschaftlichen Hochschule für Unternehmensführung (WHU) an. Sie sucht im begrenzten, dynamischen Können der Akteure den Erklärungsansatz für auftretende Dysfunktionalitäten. Die Arbeit analysiert unterschiedliche, durch Controlling und Informationsmanagement beeinflussbare Parameter der Informationsversorgung auf ihre Wirkung in einem Modell *lernender* Akteure und vergleicht dies mit dem von *rationalen* Akteuren erwarteten Er-

---

14 Ähnlich argumentieren Meyer/Heine (2006).

15 Vgl. zum Überblick allgemein Conlisk (1996); zum ‚behavioral accounting' Hopwood (1978), Hopwood (1989); zu ‚behavioral finance' Camerer (1999), Thaler (1999).

16 Vgl. ähnlich, inhaltlich jedoch enger gefasst bereits Witte (1972, S.1): „Der Aufbau computergestützter Informations-Systeme droht am Informationsverhalten der potentiellen Systembenutzer zu scheitern. Die wissenschaftlichen und praktischen Bemühungen um einen Dialog zwischen Mensch und Maschine haben sich einseitig auf den Partner ‚Maschine' konzentriert und die Verhaltensprobleme des Partners ‚Mensch' vernachlässigt."

17 Vgl. Weber (2004b, S. 47 f.), auch Weber/Schäffer (2001, S. 31 ff.).

18 Vgl. Weber (2001, S. 153 f.), auch Weber (2004b, S. 35 f.).

19 Vgl. Bach et al. (1998). Siehe auch später ausführlich Abs. 2.1.3.

gebnis. Zur Untersuchung dieser Differenz wird jedoch nicht der Weg einer verhaltenswissenschaftlichen Beschreibung menschlicher Eigenschaften beschritten, sondern vielmehr ein modelltheoretischer Ansatz gewählt. Dieser soll die Theorie zur Gestaltung von Informationssystemen um ein neues *Denkwerkzeug* anreichern, welches hilft, zu einer verbesserten integrierten Perspektive zu gelangen. Dies soll im Folgenden zunächst methodologisch begründet werden, bevor anschließend das konkrete Vorgehensmodell der Arbeit beschrieben wird.

1.2 Theorien als Denkwerkzeuge

Theoriebildung hat das Ziel, zu allgemeinen, satzartigen Aussagen oder Aussagesystemen über einen bestimmten Gegenstandsbereich zu gelangen.[20] Prinzipiell sind der Theoriebildung kaum Grenzen gesetzt. Die Beschreibbarkeit sozialwissenschaftlicher Phänomene und die Anwendungsbedingungen von Theorien bilden jedoch Restriktionen, die, sollen die Theorien nutzbar gemacht werden können, in der Theoriebildung, aber auch in der Theorieanwendung zu beachten sind.

Heuristische Funktion und Muster-Entdeckung

Informationsversorgung lässt sich zwar technologisch unterstützen, die Frage nach ihrer richtigen Gestaltung im Kontext der Unternehmensführung ist jedoch primär ein sozialwissenschaftliches Thema, eine Frage menschlicher (Inter-)Aktion.

Menschliches Handeln wird jedoch durch eine große Vielzahl von Einflussgrößen bestimmt. Kennen wir, so zeigt HAYEK am Beispiel eines Ballspieles, alle Eigenschaften der beteiligten Spieler, ihren körperlichen Zustand und alle Regeln und Besonderheiten des Spiels, so ist es uns doch nicht möglich, Spielverlauf und Spielergebnis exakt vorherzusagen.[21] Aus menschlichem Handeln resultierende, soziale Phänomene sind Phänomene von großer *Komplexität*.[22] [23]

---

[20] Vgl. Popper (1984, S. 31).

[21] Vgl. Hayek (1989, S. 7).

[22] Vgl. Hayek (1972, S. 12 f.), auch Hayek (1989, S. 4). Den Begriff der Komplexität umreißt HAYEK anhand zweier möglicher Kriterien: der Zahl der Elemente, die benötigt werden, um ein Muster zu bilden (vgl. Hayek (1972, S. 12)) oder der minimalen Anzahl der Variablen, die benötigt wird, um in einer Formel oder einem Modell alle charakteristischen Eigenschaften eines Phänomens bzw. einer Klasse von Phänomenen hervorzubringen ,vgl. Hayek (1972, S. 13). Einen Überblick über verschiedene Komplexitätsbegriffe liefert Grothe (1997, S. 155 ff.).

[23] Nach Weaver (1948) lassen sich soziale Phänomene als solche mit *organized complexity* charakterisieren. Die Komplexität besteht, anders als bei *unorganized complexity*, nicht nur in der Vielzahl und Unterschiedlichkeit der zu beschreibenden Elemente, sondern auch in den Beziehungen derselben untereinander; vgl. auch Hayek (1989, S. 4). Suchanek (1994, S. 34 ff.) betont zudem, dass diese Beziehungen der Elemente zudem dynamisch sein können, und spricht von *struktureller Komplexität* sozialer Phänomene.

Vor dem Hintergrund der kognitiven Begrenztheit des Menschen mahnt HAYEK daher zu einem bescheideneren Theorieverständnis, das seinen Anspruch bezüglich Vollständigkeit und Detailgenauigkeit sowie des Einsatzes von Theorien zu Prognosezwecken reduziert.[24] So

> „[...] können wir vielleicht doch die Grenze teilweise überschreiten, indem wir bewußt eine Technik entwickeln, die nur beschränktere Ziele verfolgt[,] nicht individuelle Ereignisse zu erklären, sondern lediglich das Auftreten gewisser Muster oder Ordnungen.“[25]

Theoretische Modelle sind demnach nur i.w.S. als Abbilder der Realität zu verstehen, eher als Rekonstruktionen einiger weniger, isolierter Aspekte. Sie dienen der Veranschaulichung, der *Erklärung des Prinzips*[26] und lassen sich mehr als Orientierungshilfe denn als Vorhersagewerkzeug verstehen.[27] So bleibt es zwar unmöglich, individuelle Ereignisse zu prognostizieren, es lassen sich jedoch allgemeine Eigenschaften eines Phänomens voraussagen. Auf Grund einer Theorie lassen sich *Muster* bestimmen, die sich in den komplexen Phänomenen wiederentdecken lassen.[28] Im Vordergrund der Funktion von Theorien steht daher nicht ihre unmittelbare Aussage, sondern ihre *heuristische Dimension*[29], die als Suchanweisung für die Analyse eines Phänomens dienen kann. Theorien sind damit im Verständnis HAYEKS nicht unmittelbar in ‚Rezepte‘ zur Problemlösung zu übertragen, sondern indirekter, primär als *Denkwerkzeuge*[30] zu verstehen.

Notwendigkeit pragmatischer Reduktion

Neben die Unmöglichkeit der Bildung ‚vollständiger‘ Theorien tritt die Notwendigkeit einer *problembezogenen Komplexitätsreduktion* aus Gründen der *Anwendbarkeit* einer Theorie. Um (als Denkwerkzeug) anwendbar zu bleiben, müssen Theorien für den Menschen verständlich sein. Dies bedeutet, dass im Zuge der Theoriebildung nur eine begrenzte Zahl an Einflussgrößen und Beziehungen berücksichtigt werden kann – bzw. umgekehrt, eine Reihe von Größen und Relationen per Annahme vernachlässigt werden muss. Diese Annahmen werden „[...] im Rahmen der jeweiligen Theorie bzw. Problemstellung nicht weiter erklärt oder selbst problematisiert, sondern postuliert – *oft auch dann, wenn sie im Kontext einer anderen Einzelwissenschaft*

---

24 Vgl. Hayek (1972, S. 33 f.).

25 Hayek (1972, S. 34).

26 So z.B. Hayek (1979, S.74). Unter explizitem Bezug auf HAYEK auch Popper (2000, S. 351).

27 Vgl. Meyer (2004a, S. 45 f.).

28 Vgl. Hayek (1972, S. 15 f.). Die Bedeutung der „pattern recognition“ lässt sich im Werk HAYEKS an weiteren Stellen erkennen, vgl. die Darstellung bei Meyer (2004a, S. 44).

29 Zum Begriff der ‚heuristischen Dimension‘ vgl. Meyer (2004a, S. 47).

30 Zur umfassenden Diskussion dieser Sichtweise siehe auch Meyer (2003).

als ‚falsch' oder ‚problematisch' erscheinen."[31] Im Zuge der theoretischen Fortentwicklung bleiben die Einschätzungen bezüglich einzelner Annahmen dabei i.d.R. nicht konstant. MUSGRAVE unterscheidet drei Stadien, welche die Annahmen bzgl. eines Faktors meist durchlaufen.[32] Im Falle von

Vernachlässigungs-Annahmen (Negligibility-Assumptions) wird davon ausgegangen, dass die von den Annahmen betroffenen Faktoren vernachlässigungswert sind,

Bereichs-Annahmen (Domain-Assumptions) werden Faktoren als für die betrachtete Fragestellung relevant angesehen und bewusst einbezogen,

Heuristik-Annahmen (Heuristic-Assumptions) wird der Einfluss der von den Annahmen betroffenen Faktoren zwar anerkannt, aber aus forschungspraktischen Gründen (z.T. vorläufig) vernachlässigt.

Das Setzen sinnvoller Prämissen stellt eine wesentliche Schwierigkeit im Forschungsprozess dar, die ein hohes Maß an Urteilskraft erfordert[33]. Durch Einbezug ‚zu vieler' Größen steigt die Komplexität, durch Vernachlässigung ‚der falschen' Größen wird die Theorie übersimplifiziert. Im Sinne eines nachvollziehbaren gerichteten Forschungsprozesses erscheint daher eine *kontrollierte Komplexitätsreduktion* bedeutsam. Dazu sind unterschiedliche Vorgehensweisen denkbar. SUCHANEK zeigt in seinem Modell der *pragmatischen Reduktion* drei differenzierbare Entscheidungsebenen, auf denen die Komplexitätsreduktion erfolgen kann [34]:

Paradigmatische Ebene: Mit der Auswahl einer Erklärungsstrategie werden die grundlegenden Wirkmechanismen bestimmt, auf deren Basis das analysierte Phänomen erklärt werden soll. Die Auswahl eines Erklärungsansatzes stellt i.w.S. eine Meta-Hypothese dar – sie erfolgt unter der zu testenden *Vermutung*, dass der Ansatz ‚fruchtbar' ist. Existierende Forschungsprogramme liefern auf dieser Ebene eine Orientierungshilfe, da in ihnen bereits erfolgreiche Erklärungsstrategien vorliegen.

---

[31] Suchanek (1994, S. 74). Hervorhebung im Original kursiv. Ähnlich äußert sich HAYEK:„Aber eine einfache Theorie über Phänomene, die ihrer Natur nach komplex sind [...], ist wahrscheinlich notwendigerweise falsch – jedenfalls ohne eine spezifizierte *ceteris-paribus*-Annahme, nach deren vollständiger Formulierung die Theorie jedoch nicht mehr einfach wäre." Hayek (1972, S. 16), Hervorhebung im Original.

[32] Vgl. Musgrave (1981, S. 378 ff.), Übersetzung nach Suchanek (1994, S. 81).

[33] Suchanek (1994, S. 71 f.).

[34] Vgl. Suchanek (1994, S. 76 ff.).

Relationale Ebene: Das Erklärungsmodell des auf paradigmatischer Ebene gewählten Ansatzes muss mit dem zu erklärenden Problem verknüpft werden. Die für die Wirkmechanismen relevanten Parameter sind im analysierten Setting zu bestimmen, andere Einflussgrößen sind entweder auf diese Restriktionen abzubilden oder werden ausgeblendet.

Motivationale Ebene: Mit Blick auf die Zielsetzung der Untersuchung muss entschieden werden, auf welchem Detailniveau die einzelnen Größen abgebildet werden sollen.

Die Entscheidung auf paradigmatischer Ebene beschreibt SUCHANEK als Wahl eines *Schemas*. Als Schema bezeichnet er ein „[...] hochabstrakte[s] und sehr allgemeine[s] Grundmuster [...]“[35] zur Problemformulierung und Analyse,[36] wie es sich in der Ökonomik z.B. im Konzept der Dilemmastrukturen[37] findet. Dabei lassen sich komplexe Sachverhalte, z.B. Marktkonstellationen mit einer Vielzahl von Teilnehmern, häufig auf einfache Situationsmodelle reduzieren.[38] Sequenziell betrachtet lassen sich die beschriebene Ebenen auch als Schritte verstehen, die ein gerichtetes Vorgehensmodell zur problembezogenen Modellierung beschreiben. Dabei zeigt sich auf allen Ebenen jedoch auch die Notwendigkeit eines (potentiell unbewussten) Vorverständnisses des untersuchten Problems, das die Richtung der jeweiligen Entscheidungen bestimmt und somit ein subjektives Moment in der Forschung erhält. Dennoch geben die genannten Ebenen eine Orientierungshilfe, die sich im nachfolgend dargestellten Aufbau des Forschungsmodells bzw. den gestellten Forschungsfragen widerspiegelt.

1.3 Forschungsmodell

Ziel der Arbeit ist es, das Verständnis von Problemen der Informationsversorgung zu verbessern. Vor dem Hintergrund der dargelegten methodologischen Grenzen strebt diese Arbeit bewusst nicht danach, ein möglichst vollständiges Erklärungsmodell aller Informationsversorgungsprobleme zu liefern. Es geht vielmehr um die Entwicklung eines neuen Denkwerkzeugs, eines erweiterten Schemas, das helfen soll, im Sinne HAYEKS neue Mustererklärungen aufzudecken.

---

35 Suchanek (1994, S. 61).

36 Vgl. Suchanek (1994, S. 60 f.); SUCHANEK vergleicht hier den Schemabegriff mit der Idee des „Harten Kerns“ nach LAKATOS oder der Kerntheorie nach LINDENBERG. Als prägnantes Beispiel für Schemata nennt er u.a. das NEWTON'sche Axiomensystem mit dem Graviationsprinzip.

37 Vgl. Homann/Suchanek (2005, S. 35).

38 Dieser Umstand begründet u.a. auch die Bedeutung der Spieltheorie in der Ökonomik; vgl. Buchanan (2001).

Der heuristischen Empfehlung des Akteursmodells folgend, basiert der Ansatz der Arbeit auf der Annahme lernender Akteure. Im Sinne SUCHANEKS stellt dies eine Annahme auf paradigmatischer Ebene dar. Als ‚kühne Vermutung '[39] wird die Forschungshypothese vertreten, dass bereits aus der Adaptivität der Entscheidungsträger bezogen auf die Eigenschaften von Situation und Information dysfunktionale Effekte resultieren können.
Zur Entwicklung des Schemas werden drei Forschungsfragen beantwortet, nach denen sich der weitere Aufbau der Arbeit gliedert:

- Zunächst ist das gewählte Paradigma im Raum bestehender Theorien zu verorten. Die erste Forschungsfrage lautet daher, welche weiteren theoretischen Grundlagen und welche Anknüpfungpunkte bestehende Theorien zur Informationsversorgung liefern können. Dazu werden in Kapitel 2 mit der Diskussion der Begriffe Entscheidung, Rationalität, Information sowie verbundener Begriffe und der Idee des lernenden Akteurs zunächst terminologische Grundlagen geschaffen. Anschließend werden verschiedene Ansätze aus der vorhandenen Theorielandschaft vorgestellt und als Zugangswege zum Problem der Informationsversorgung bezüglich ihrer Annahmen, ihres analytischen Schemas und ihres Erklärungspotentials diskutiert.

- Die zweite Forschungsfrage lautet danach, wie sich die gewählte paradigmatische Annahme mit einem vorhandenen Ansatz verbinden lässt. Sie wird in Kapitel 3 beantwortet. Dazu wird zunächst LINDENBERGS Methode der abnehmenden Abstraktion (MDA) als methodische Leitlinien zur theoretischen Integration beschrieben. Anschließend wird die Computersimulation als Forschungsinstrument charakterisiert und dargestellt, wie sich die MDA unter Nutzung der Technik der objektorientierten Programmierung umsetzen lässt. Zur Konkretisierung der paradigmatischen Annahme auf der relationalen Ebene wird dann, ausgehend von der in Kapitel 2 als geeignet identifizierten ‚Teamtheorie', ein Modell rationaler sowie lernender Akteure gebildet. Schließlich wird dieses Modell zur Formalisierung und (mustergenerierenden) Anwendung in ein agentenbasiertes Computersimulations-Programm überführt.[40]

- Die dritte Forschungsfrage, ob sich mittels der Simulation dysfunktionale Effekte der Informationsversorgung erkennen lassen, wird in Kapitel 4 beantwortet. Zur eigentlichen

---

39 Vgl. Popper (1998, S. 82).

40 Programm und Quelltext sind auf Anfrage beim Autor erhältlich. Die Dateien stehen zudem unter http://www.whu.edu/cms/fileadmin/redaktion/LS-Cont/KlausHufschlag_SimPackage.zip zum Download bereit.

Prüfung der Forschungshypothese der Arbeit wird in verschiedenen Experimenten das Verhalten entscheidungstheoretisch-rationaler und lernender Akteure miteinander verglichen. Damit wird das Modell auf der motivationalen Ebene (im Sinne SUCHANEKS) operationalisiert: Nach einer kurzen Darstellung des experimentellen Rahmens wird zunächst ein einfaches Szenario mit einem Akteur aufgebaut, anhand dessen das Modell getestet werden kann und das den Ausgangspunkt für eine Variation der Informationseigenschaften Feinheit, Fehler und Verzögerung bietet. In einem zweiten, interaktiven Szenario können dann exemplarische Netzwerkkonstellationen mit unterschiedlicher Informationsverteilung sowie ebenfalls variierten Informationseigenschaften untersucht werden.

Den Schluss der Arbeit bildet Kapitel 5. Hier soll zunächst der methodische und inhaltliche Forschungsbeitrag der Arbeit reflektiert werden. Unter Bewusstmachung methodischer Grenzen wird dann nach praktischen Implikationen der erzielten Ergebnisse gesucht, ehe abschließend ein Ausblick auf weitere Möglichkeiten zu anschließender Forschung gegeben wird.

2 Ansatzpunkte zur Modellbildung in bestehenden Theorien zur Informationsversorgung

Wie einleitend bemerkt, dient die Informationsversorgung der Führung unter anderem der Willensbildung, d.h. der Erhöhung bzw. Sicherung der Rationalität von Entscheidungen. HAYEK betont, dass es jedoch erst möglich wird, einen solchen eher allgemeinen Zusammenhang zu analysieren, wenn er adäquat sprachlich verfasst ist, d.h. wenn die Begriffe so präzisiert sind, dass sie modellhaft ineinandergreifen können und sich aus den gebildeten Zusammenhängen klare Ableitungen folgern lassen.[1] Zunächst werden daher benötigte Grundbegriffe erörtert. Anschließend werden verschiedene theoretische Ansätze, die einen analytischen Zugang zum Problem der Informationsversorgung bieten, vorgestellt und hinsichtlich ihrer Erklärungsstrategie diskutiert.

2.1 Grundlagen und Begriffe

Als Grundbegriffe der verwendeten Theorien sind zunächst die Begriffe Entscheidung und Rationalität auszudifferenzieren, sowie der Begriff der Information und der damit verbundene Begriff des Wissens zu präzisieren und einzuordnen. Die Erörterung des Akteursbegriffes legt danach methodologische und inhaltliche Grundlagen zum Verständnis der anschließend vorzustellenden Theorien, aber auch bereits zur konkreten späteren Modellierung.

[1] Vgl. Hayek (1969), zur ausführlichen Darstellung der Position HAYEKS Meyer (2004b).

2.1.1 Entscheidungen und Rationalität

Entscheidungen stellen – aus unterschiedlichster Perspektive betrachtet – einen ursprünglichen Gegenstand betriebswirtschaftlicher Forschung dar. Mit Entscheidungen befasst sich ein eigener Zweig der Theorie, der im Folgenden auch zur Eingrenzung und modellhaften Fassung des Begriffes herangezogen werden soll. Steht die Richtigkeit von Entscheidungen zur Diskussion, werden Entscheidungen oft als mehr oder weniger ‚rational' attributiert – der Begriff der Rationalität sowie der begrenzten Rationalität wird daher im unmittelbaren Anschluss erörtert.

Entscheidungstheorie und Entscheidungsbegriff

Entscheidungen wurden lange Zeit in der vorherrschenden Lehre der deutschen Betriebswirtschaftslehre als Probleme eines punktualisierten dispositiven Faktors betrachtet. Erst seit der durch die *entscheidungsorientierte Betriebswirschaftslehre* HEINENS initiierten *sozialwissenschaftlichen Öffnung* der Betriebswirtschaftslehre findet das individuelle Entscheidungsverhalten betrieblicher Akteure, inklusive der möglichen Interdependenzen von Entscheidungen, Handlungen und Handlungsfolgen, breitere Berücksichtigung in der Theorie.[2]

Die Lösung von Entscheidungsproblemen wird in zwei Theoriesträngen problematisiert: Mit der Bestimmung optimaler Entscheidungen bei gegebenen Situationen befasst sich die normative bzw. präskriptive Entscheidungstheorie. Das tatsächliche Entscheidungsverhalten von realweltlichen Akteuren ist Gegenstand der stark von psychologischen Erkenntnissen geprägten deskriptiven Entscheidungstheorie.[3] In Bezug auf reale Entscheidungssituationen werden letztlich beide Theoriestränge relevant. Die deskriptive Entscheidungstheorie kann (sowohl einem Unbeteiligten als auch einem Beteiligten) helfen, Erwartungen über die Entscheidungen der Akteure zu bilden. Die normative Theorie bildet einen Referenzpunkt für die jeweiligen Entscheidungen und hilft zudem, Schlussfolgerungen für ‚verbessertes' Handeln zu ziehen. Beide Theoriestränge wirken somit einerseits erklärend, andererseits gestaltend.[4]

Die analytische Präzision der normativen Entscheidungstheorie hilft, eine für Modellbildungen klare, scharf abgrenzbare Definition des Entscheidungsbegriffs zu bilden. Entscheidungen entstehen in diesem Sinne, wenn Akteure in betrachteten realen oder theoretisch konstruierten Situationen jeweils über eine (nicht leere) Menge individueller Handlungsmöglichkeiten verfügen, aus denen sie eine Aktion (die auch einem ‚nicht-Handeln' im allgemeinsprachlichen

---

[2] Vgl. Schanz (2004, S. 114 ff.).

[3] Vgl. Eisenführ/Weber (1999, S. 2).

[4] Vgl. Schneider (1995, S. 11 f.); SCHNEIDER erwähnt zudem die Funktion entscheidungslogischer Rationalmodelle für die metrisierende Theorie.

Sinne entsprechen kann) zur Ausführung bestimmen. Strenggenommen[5] müssen dabei mehrere Handlungsalternativen vorliegen, die sich in ihren Handlungsfolgen so unterscheiden, dass mit ihnen ein unterschiedlicher Grad der Zielerreichung aus der Perspektive des jeweiligen Akteurs, d.h. unterschiedlicher Nutzen, verbunden ist. Anderenfalls wäre lediglich von einer *Wahlsituation* zu sprechen.[6]

Entscheidungsmodelle

Zur Konzeptualisierung des Entscheidungsbegriffs lassen sich zwei grundlegende Betrachtungsweisen einnehmen. Entscheidungen von Akteuren lassen sich unter *aufbautheoretischen* und unter *ablauftheoretischen* Aspekten betrachten.[7] Die erste Sichtweise ist dabei stark normativ geprägt, die zweite Perspektive ist für die deskriptive Entscheidungstheorie von großer Relevanz. Einen Überblick über den Aufbau des Grundmodells der normativen Entscheidungstheo-

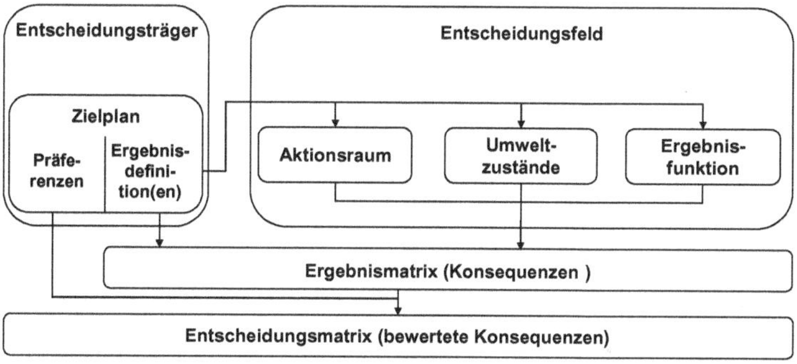

Abbildung 2.1: Aufbau von Entscheidungen aus normativer Sicht[8]

rie gibt Abbildung 2.1: Aufbautheoretisch betrachtet lassen sich zunächst Entscheidungsträger und Entscheidungsfeld differenzieren. Der Entscheidungsträger verfügt über einen Zielplan[9], der merkmalsbezogene Präferenzen[10] sowie aus der Sicht des Entscheidungsträgers differenzierbare Sachverhalte als Ergebnisdefinitionen umfasst. Das Entscheidungsfeld besteht aus der

[5] In der Literatur wird die Differenzierung häufig vernachlässigt.

[6] Vgl. Laux (2005, S. 4).

[7] Vgl. Bungenstock (1995, S. 42).

[8] Eigene Erstellung, in Anlehnung an Bungenstock (1995, S. 43) und Sieben/Schildbach (1994, S. 15).

[9] Häufig wird auch von einem Zielsystem gesprochen, z.B. Bamberg/Coenenberg (1996, S. 25).

[10] SIEBEN/SCHILDBACH unterscheiden Höhen-, Arten-, Sicherheits-, Zeitpräferenz, vgl. Sieben/Schildbach (1994, S. 24 ff.).

Menge der möglichen Umweltzustände, aus der Menge der möglichen Aktionen (Aktionsraum) und einer Ergebnissfunktion, die Umweltzustände und Aktionen zu Konsequenzen miteinander verknüpft. Durch Umweltzustände, Aktionsraum und Ergebnisfunktion ist eine Menge möglicher Konsequenzen bestimmt, die auf die Ergebnisdefinitionen des Entscheidungsträgers abgebildet und in der Form einer Ergebnismatrix dargestellt werden können. Die Elemente dieser Ergebnismatrix lassen sich schließlich in Verbindung mit den Präferenzen des Entscheidungsträgers in eine Matrix bewerteter Ergebnisse überführen, auf deren Basis dann eine Alternative mit maximal bewerteter Konsequenz ausgewählt werden kann.[11]

Vor dem Hintergrund dieser Grundstruktur ist es zur Beurteilung einer Entscheidungssituation relevant, welche Bestandteile der Struktur dem jeweiligen Entscheidungsträger bekannt sind. In normativen Modellen wird dabei i.d.R. vorausgesetzt, dass der Akteur sich seines Zielplanes bzw. Zielsystems bewusst ist. Mit dieser Voraussetzung wird dann nach seinem das Entscheidungsfeld betreffenden Informations- bzw. Wissensstand[12] differenziert. Im einfachsten Fall verfügt der Entscheidungsträger diesbezüglich über vollständiges Wissen. Sowohl der aktuelle Umweltzustand, als auch sämtliche Handlungsalternativen sind ihm bekannt; zudem kann der Entscheidungsträger die Folgen jeder Handlungsalternative sicher vorhersagen, so dass insgesamt von einer *Entscheidung bei Sicherheit* gesprochen wird. Besteht dagegen eine Wissenslücke bezüglich relevanter Eigenschaften des Umweltzustandes, der Alternativen oder bezüglich der exakten Form der Ergebnisfunktion, lässt sich ggf. nicht mehr eindeutig auf eine Konsequenz schließen. Hält der Entscheidungsträger mindestens zwei verschiedene Konsequenzen einer Handlungsalternative für möglich, so besteht in der Terminologie von LAUX *Unsicherheit* i.w.S.. Daneben wird i.e.S. von Unsicherheit gesprochen, wenn der Entscheider zudem nicht in der Lage ist, den von ihm für möglich gehaltenen Konsequenzen Wahrscheinlichkeiten zuzuordnen. Kann er dagegen auf Grund seines Wissens eine Wahrscheinlichkeitsverteilung über die möglichen Konsequenzen bilden, spricht man von einer Entscheidung bei Risiko.[13]

Um dem Grundmodell der Entscheidungstheorie folgend zu einer Entscheidung zu gelangen, sind daher bei gegebenem Zielsystem vier essentielle Aufgaben zu erfüllen:

— Erfassung des Entscheidungsfeldes,

---

[11] Vgl. Bungenstock (1995, S. 42 ff.).

[12] Zur Begrifflichen Differenzierung siehe Abs. 2.1.2.

[13] Vgl. Laux (2005, S. 24). Z.T. wird Unsicherheit i.e.S. auch mit dem Wort ‚Ungewissheit' bezeichnet, vgl. Bamberg/Coenenberg (1996, S. 17). Albach (1976) differenziert dagegen Entscheidungen mit gegebenen objektiven und mit subjektiven Wahrscheinlichkeiten und grenzt letztere als ‚Ungewissheit' von Entscheidungen bei Risiko ab. Diese Arbeit folgt jedoch der Terminologie von LAUX.

— Ableitung von Konsequenzen,

— Bewertung der Konsequenzen,

— Festlegung einer Alternative.

Diese Aufgaben stellen nicht zwingend separate und bewusste Denkschritte dar. Prozessual betrachtet lässt sich aus ihnen jedoch eine dem Rationalprinzip folgende logische Sequenz bilden. Dementsprechend finden sie sich, z.T. um die Entwicklung des Zielsystems ergänzt und in weitere Teilschritte zerlegt, unter verschiedener Bezeichnung in einer Vielzahl von Phasenmodellen in der Literatur wieder.[14] So spiegeln sich z.B. im von WITTE diskutierten ‚Phasentheorem' die Entwicklung des Zielsystems und die Erfassung des Entscheidungsfeldes in den Schritten ‚Identifizierung des Problems', ‚Sammlung von Informationen' und ‚Gewinnung wählbarer Alternativen'. Ableitung und Bewertung von Konsequenzen werden dagegen zur ‚Bewertung der Alternativen' zusammengefasst, auf die schließlich ein ‚Entschluss' als Festlegung einer Alternative folgt. Die empirische Forschung hat jedoch gezeigt, dass sich derartige sequentielle Abläufe in der Realität nur selten finden. Phasenschemata bilden zwar häufig einen formalen Rahmen von Prozessen, die von mehreren Personen getragen werden – innerhalb der jeweiligen Phasen oder bei Betrachtung einzelner Entscheidungsträger zeichnen sich jedoch Prozesse ab, die die einzelnen Aufgaben parallel bzw. mit laufender Rückkopplung behandeln.[15]

Rationalitätsbegriff

Die alltagsweltliche Erfahrung zeigt, dass Entscheidungen nicht immer richtig sind – in der Realität geschieht es immer wieder, dass Entscheidungen getroffen werden, die bereits zum Zeitpunkt der Entscheidung offensichtlich als falsch erkannt hätten werden können. Derartige Entscheidungen werden häufig als ‚nicht rational' bezeichnet. Der Begriff der ‚Rationalität' wird jedoch kontextspezifisch heterogen definiert.[16] So definiert ILLETSCHKO menschliches Handeln bereits dann als ‚rational' „[...] wenn seine Impulse auf verstandesmäßig erschlossene Vorstellungen in gewollter Verfolgung von Gedankenketten hervorgehen."[17] Ausgangs- oder Referenzpunkt vieler wirtschafts- und sozialwissenschaftlicher Definitionsansätze ist dabei vielfach die von MAX WEBER definierte Zweck-Mittel-Rationalität:

---

[14] Zur Übersicht über eine Reihe bekannter Phasenschemata vgl. Bungenstock (1995, S. 52).

[15] Zum Phasentheorem und allg. zur Rationalität von Phasenschemata vgl. Witte (1992, Sp. 553 f.); s.a. Witte (1987, S. 25 f.), Witte (1968). Zur psychologischen Betrachtung s.a. Abschnitt 2.2.2.

[16] Vgl. Weber et al. (2001, S. 47).

[17] Illetschko (1969, Sp. 1385)

> „Zweckrational handelt, wer sein Handeln nach Zweck, Mittel und Nebenfolgen orientiert und dabei sowohl die Mittel gegen die Zwecke, wie die Zwecke gegen die Nebenfolgen, wie endlich auch die verschiedenen möglichen Zwecke gegeneinander rational abwägt: also jedenfalls weder affektuell (und insbesondere nicht emotional), noch traditional handelt."[18]

Vollständig rational handelt demnach derjenige, der zu einer optimalen Verknüpfung von Zwecken und Mitteln gelangt. Im ökonomischen Kontext bezeichnet Rationalität daher häufig ein im Sinne der Nutzenmaximierung optimales Verhalten.
Die unterschiedlichen in der Literatur vorzufindenden Definitionsansätze sind i.d.R. vor dem Hintergrund spezifischer Zwecke zu betrachten und umfassen vielfältige Merkmale. Nach WEBER/SCHÄFFER/LANGENBACH lassen sich drei wesentliche *generelle Rationalitätsdimensionen* identifizieren: *Rationalitätsobjekt* , *Rationalitätssubjekt* und *Rationalitätsgrad.*[19] Der Begriff der Rationalität beschreibt demnach eine Eigenschaft einer spezifischen Subjekt-Objekt-Relation:

— *Rationalitätsobjekt* sind – allgemein gefasst – in einer Problemsituation zu treffende Handlungen. Wird vom Part der Ausführung abstrahiert, verbleiben speziell die ihnen zu Grunde liegenden *Entscheidungen*. Vor dem Hintergrund des vorgestellten entscheidungstheoretischen Aufbaumodells als Idealtypus wird eine tiefergehende Differenzierung möglich: Entscheidungen können zunächst anhand der Abbildung von Zielplan und Entscheidungsfeld als Eingangsparametern, weiterhin anhand der Verknüpfung dieser Größen als Verarbeitungschritten und schließlich anhand des resultierenden Ergebnisses beurteilt werden. Rationalitätsobjekt können somit auch die als Input-, Prozess- und Ergebnisrationalität[20] bezeichneten Teilbereiche[21] sein. Diese feinere Differenzierung lässt sich über den Idealtypus hinaus auch auf die Beurteilung von komplexen und mehrstufigen realtypischen Entscheidungen übertragen.[22] Wesentliche Eigenschaften der Rationa-

---

[18] Weber (1980, S. 12 f.). Affektives und emotionales Handeln ist nach WEBER psychologisch motiviert, Grundlage traditionalen Handelns ist „[...] eingelebte Gewohnheit",Weber (1980, S. 13). Eine weitere wesentliche Kategorie bildet nach WEBER sog. *wertrationales* Handeln, dass nicht durch das Handlungsergebnis motiviert ist, sondern die Handlung als Selbstzweck begreift und ihr einen ‚Eigenwert' beimisst. Wertrationales Verhalten bezeichnet WEBER als irrational; vgl. Weber (1980, S. 13). Ökonomisch betrachtet kann der Eigenwert der Handlung jedoch einen entscheidungsrelevanten Nutzen darstellen.

[19] Vgl. Weber et al. (2001, S. 47).

[20] Letztere differenziert auch Simon als ‚procedural rationality' und ‚substantive rationality', vgl. Simon (1978b, S. 9), Simon (1978a, S. 494)

[21] Vgl. Weber et al. (2001, S. 50 ff.).

[22] Auch komplexe Entscheidungen lassen sich anhand von Eingangsdaten, Verarbeitungsprozess und Entscheidungsergebnis beurteilen.

litätsobjekte sind dann insbesondere ihr Umfang und ihre Komplexität, sowie (auf wiederholte oder generalisierte Entscheidungssituationen bezogen) ihre Dynamik.

— *Rationalitätssubjekt* sind i.d.R. individuelle Akteure oder zusammenwirkende Akteursmehrheiten bzw. Organisationen.[23] Als Träger von Handlungen bzw. Entscheidungen müssen sie über die Voraussetzungen verfügen, die diese erfordern. Das Rationalitätssubjekt umfasst rationalitätsbeschränkende *Restriktionen*. Auf individueller Ebene sind diese Restriktionen in den Fähigkeiten der Akteure gegeben. Überindividuell kommt die Struktur der Interaktionsbeziehungen mit ihrem institutionellen[24] Rahmen zusätzlich zum Tragen. In mehrperiodischen Betrachtungen können sich die Fähigkeiten bzw. Restriktionen zudem im Zeitverlauf verändern. Individuelle und organisationale Ebenen sind dabei situationsabhängig interdependent, jedoch nicht gleich. So können z.B. bekanntermaßen aus individuell rationalem Verhalten Ergebnisse resultieren, die aus Sicht der Organisation suboptimal sind. Bei Verwendung des Rationalitätsbegriffs ist es daher bedeutsam, klar zu differenzieren, auf welches Rationalitätssubjekt Bezug genommen wird.

— Der *Rationalitätsgrad* kennzeichnet das in der betrachteten Subjekt-Objekt-Beziehung zu erwartende Rationalitätsniveau zwischen den Extrema vollständiger Rationalität im Sinne optimaler Handlungsauswahl und (tendenziell pathologischem) völlig irrationalem Verhalten. Bestimmt wird dieses (nur schwer und eher indirekt, z.B. anhand von Erfolgsgrößen quantifizierbare) Niveau letztlich im Zusammenwirken der Eigenschaften von Subjekt und Objekt. Unter der Voraussetzung, dass das Rationalitätssubjekt zumindest versucht, zu einer vorteilhaften Handlungsauswahl zu gelangen,[25] ist das zu erwartende Verhalten sowohl von den ihm gegebenen Restriktionen, als auch von den Eigenschaften des Rationalitätsobjektes abhängig.[26] Entsprechend der Eigenschaften von Subjekt und Objekt ist der Rationalitätsgrad als resultierende Größe zudem potentiell dynamisch.

Modelliert werden in der Mehrzahl der ökonomischen Theorien nicht die in einer Situation agierenden Subjekte, sondern die ihnen zugemessenen Entscheidungsfunktionen. So differenziert die wirtschafts- und sozialwissenschaftliche Literatur Theorien auch i.d.R. nicht anhand der *Fähigkeiten* des Rationalitätssubjekts, sondern anhand des in seiner Entscheidungsfunktion

---

[23] Vgl. Weber et al. (2001, S. 53).

[24] Der Begriff ‚institutionell' wird hier im institutionenökonomischen Sinn verwendet.

[25] Siehe hierzu auch Abschnitt 2.2.3.

[26] Vgl. Weber et al. (2001, S. 56 ff.).

abgebildeten *Rationalitätsgrades* in Modelle mit der Annahme *vollständiger* und Modelle mit der Annahme *begrenzter* Rationalität – auch wenn dies teilweise irreführend ist.[27]

Begrenzte Rationalität

Zur Ableitung rationalen Verhaltens wird in ökonomischen Theorien häufig auf entscheidungstheoretisch-normative Modelle zurückgegriffen. Insbesondere die statistisch orientierte Theorie subjektiver Nutzenerwartungswerte (SEU-Modell) zur Entscheidung unter Unsicherheit, die dem geschilderten Grundmodell folgt und dabei in der Bewertung der Ergebnismatrix eine Gewichtung entsprechend der Wahrscheinlichkeitseinschätzung des Akteurs vornimmt,[28] wird häufig als Referenz für rationales Verhalten herangezogen. Anforderungen, die ein den Kriterien des SEU-Modells entsprechendes, vollständig rationales Verhalten an das Rationalitätssubjekt stellt, bilden jedoch gleichzeitig den Ausgangspunkt der Kritik SIMONS an der Annahme vollständiger Rationalität. In realen Situationen ist eine konsistente Bewertung aller relevanten Handlungsalternativen häufig nicht möglich. Bereits in einfachen Situationen kann eine Optimierung schnell zu einem Problem hoher Komplexität führen, das selbst mit Hilfe von Computern nicht mehr exakt zu lösen ist.[29] Die Annahme vollständiger Rationalität impliziert, wenn sie unabhängig von einem konkret betrachteten Rationalitätsobjekt getroffen wird, uneingeschränkte kognitive Fähigkeiten der handelnden Subjekte. Somit wird sie, bezogen auf den Erkenntnisbereich der Wirtschafts- und Sozialwissenschaften, unrealistisch. Der Vorschlag SIMONS, die Annahme eines homo oeconomicus durch die Vorstellung von ‚Organismen' mit begrenztem Wissen und begrenzten Fähigkeiten zu ersetzen,[30] setzt dementsprechend zunächst beim *Rationalitätssubjekt* an.

An anderer Stelle rückt dagegen mit der *Prozessrationalität* ein *Rationalitätsobjekt* in den Fokus. Empirisch lässt sich feststellen, dass sich im Experiment auch bei einer Einschränkung auf einfache Objektbereiche, die mit realistischen Fähigkeiten zu bewältigen wären, typische *Rationalitätsverzerrungen* zeigen, die häufig jedoch auf im Alltag erfolgreiche heuristische Problemlösungsverfahren zurückzuführen sind.[31] Menschliche Rationalität zeigt sich – so wiederum SIMON – darin, dass zwar nur begrenzte Fähigkeiten zur Verfügung stehen, diese jedoch

---

[27] Vgl. Weber et al. (2001).

[28] Vgl. grundlegend Savage (1954).

[29] Vgl. Simon (1955, S. 103 ff.), Simon (1978b, S. 9 ff.), auch Simon (1990, S. 5 f.) am Beispiel des Schachspiels.

[30] Vgl. Simon (1955, S. 114).

[31] Vgl. insbesondere die Arbeit der Forscher um KAHNEMAN und TVERSKY, z.B. in Kahneman/Tversky (2002), zum Überblick McFadden (1999), Conlisk (1996, S. 670 f.), siehe auch später Abs. 2.2.2. Zu heuristischen Problemlösungsverfahren auch ausführlich Gigerenzer/Todd (1999).

durch vereinfachte Problemlösungsverfahren meist sehr effektiv genutzt werden.[32]
In der Modellierung begrenzter Rationalität lassen sich dabei nach RADNER zwei grundlegende Ansätze unterscheiden: „In particular, it is important to distinguish between (1) costly rationality [...] and (2) truly bounded rationality [...].“ [33] Im ersten Fall werden Fähigkeitsbeschränkungen als den Rationalitätsgrad mindernde Restriktionen oder als Kosten für zur Entscheidungsfindung benötigte Ressourcen[34] in (an sich rationale) auf dem SEU-Modell basierende Entscheidungskalküle integriert[35]. Nach RADNER kann diese Form der Modellierung als ‚erweitertes Savage-Paradima‘ bezeichnet werden.[36] Im zweiten Fall wird dagegen zusätzlich der grundlegende Entscheidungsmechanismus in Frage gestellt: Zu den gegebenen kapazitiven Beschränkungen treten Unsicherheiten und Unschärfen, mit denen die Regeln zur Interpretation der gegebenen Situation, zur Ableitung von Handlungsfolgen und zur Bewertung von Alternativen behaftet sind. Es ergeben sich Probleme, die letztlich zu dynamisch aktualisierten, ‚lernenden‘ Entscheidungsmodellen führen,[37] damit jedoch auch die bisherige Grenze entscheidungstheoretischer Modellierung erreichen.[38] Evolutionäre, stärker am Rationalitätssubjekt orientierte Modellansätze, wie sie in den ‚Evolutionary Economics‘ und ‚Computational Economics‘ verbreitet sind, gewinnen hier an Bedeutung.

2.1.2 Wissen und Information

Um zu Entscheidungen zu gelangen, benötigen Akteure *Wissen* über die gegebene Situation, Handlungsalternativen und mögliche Konsequenzen – häufig wird in diesem Zusammenhang auch von *Information* gesprochen. Der Begriff der Information wird dann zumeist jedoch durch Rückgriff auf den Begriff des Wissens definiert; der Begriff des Wissens bleibt dabei oft unscharf.[39] Im Folgenden sollen beide Begriffe präzisiert werden. Im Kontext des gewählten Themas werden zudem die Komposita *Informationsversorgung* und – mit Hinblick auf die später auszuführende Theorie – *Informationswert* näher erörtert.

---

32 Vgl. Simon (1978b).

33 Radner (1996, S. 1360).

34 RADNER nennt explizit Beobachtung, Informationsverarbeitung, Erinnerung und Kommunikation, vgl. Radner (2000, S. 638 ff.), auch Radner (1996, S. 1363)

35 Zu entsprechenden Modellierungstechniken vgl. ausführlich Rubinstein (1998).

36 Vgl. Radner (2000, S. 633), ähnlich Radner (1996, S. 1360). Strengenommen liegt jedoch keine Erweiterung im Wortsinn vor; das Modell SAVAGES wird lediglich in fortgeschrittener Form interpretiert; vgl. Radner (2000, S. 654).

37 Vgl. Radner (2000, S. 643 ff.).

38 “*I see the development of a theory of rational model revision as a major challenge posed by the problem of bounded rationality* [...].“, Radner (2000, S. 646), Hervorhebung im Original.

39 Vgl. Krcmar (2003, S. 17).

Wissen

Eine differenzierte Definition von Wissen zu schaffen, erscheint nicht unproblematisch und kann weit in philosophische Fragestellungen, die seit der Antike diskutiert werden, führen.[40] U.a. wurde die Frage, ob Wissen sicher bzw. wahr sein kann, in Verbindung mit der Methodik der Erkenntnisgewinnung intensiv diskutiert.[41] Daher wird in der Literatur häufig auf ein allgemeines, alltagssprachliches Vorverständnis zurückgegriffen oder ein bewusst als Arbeitsdefinition gesetztes Begriffsverständnis verwendet.[42] Die Definition des Wissensbegriffs wird zumeist mit Bezug auf den jeweils untersuchten Kontext problemspezifisch angepasst.[43]

Für die hier betrachteten Fragestellungen genügt es, Wissen als „[...] Kenntnis von Sachverhalten [...]"[44] bzw. als Bewusstsein von Denkinhalten[45] zu verstehen. Wissen ist demnach subjektiv und bedeutet eine individuelle geistige Zugriffsmöglichkeit auf (nicht zwingend ‚wahre') Beschreibungen von Fakten oder Zusammenhängen.

Oft wird zwischen explizitem, bewusst vorliegendem Wissen und implizitem, unbewusst vorhandenem Wissen differenziert.[46] In der westlichen Denktradition steht die – auf DESCARTES zurückgehende – wissenschaftliche Klarheit anstrebende und somit das Explizite betonende Wissensauffassung im Vordergrund. In der fernöstlich-japanischen Tradition spielt dagegen das implizite Wissen eine dominante Rolle. Insbesondere im Zuge der *Wissensmanagement*-Diskussion[47] hat diese Sichtweise in Verbindung mit dahinterliegenden Ansätzen der japanischen Philosophie Eingang in die betriebswirtschaftliche Forschung gefunden.[48] Wissensmanagement hat das Ziel, Wissensgenerierung, -transfer , -speicherung und -nutzung zielorientiert zu gestalten[49] – in der Literatur wird dabei auch stark die Transformation und Übertragung impliziten Wissens problematisiert.[50]

Inhaltlich lässt sich Wissen vielfältig differenzieren. Verbreitet ist die Unterscheidung von de-

---

40 Vgl. Picot et al. (2003, S. 119).

41 Vgl. Popper (1984, S. 449).

42 Vgl. Amelingmeyer (2004, S. 40 ff.); dort auch eine ausführliche Übersicht über unterschiedliche Wissensdefinitionen.

43 Vgl. Kunz (2006, S. 161).

44 Voß/Gutenschwager (2001, S. 10).

45 Vgl. Voß/Gutenschwager (2001, S. 10).

46 Vgl. Nonaka (1991); s.a. Weber (2004b, S. 103), Picot et al. (2003, S. 121), Krcmar (2003, S. 419), Voß/Gutenschwager (2001, S. 10), Amelingmeyer (2004, S. 47 f.).

47 Zum Wissensmanagement siehe ausführlich Kunz (2006, S. 25 ff.).

48 Vgl. Güldenberg/Helting (2004, S. 525 ff.); siehe z.B. Nonaka (1991), Nonaka/Konno (1998).

49 Vgl. Bea/Göbel (2002, S. 388 ff.); ähnlich Voß/Gutenschwager (2001, S. 317).

50 Vgl. dazu kritisch Schreyögg/Geiger (2003); in Erwiderung Güldenberg/Helting (2004).

klarativem und prozeduralem Wissen: Deklaratives Wissen bezieht sich auf Fakten und lässt sich i.d.R. sprachlich leicht artikulieren. Prozedurales Wissen bezieht sich auf Vorgänge und Fähigkeiten und ist nur schwer in Worte zu fassen.[51] Zudem lassen sich unterschiedliche Wissensgebiete (z.B. Naturwissenschaft, Geisteswissenschaft etc.) differenzieren; weiterhin kann man Metawissen als Wissen über Wissensinhalte, Wissensverfügbarkeit, Wissensträger oder Einsatzmöglichkeiten von Wissen unterscheiden.[52] Eine pragmatische inhaltliche Differenzierung trifft HAYEK: Er unterscheidet situatives, ‚soziales' und allgemeines, ‚wissenschaftliches' Wissen am Beispiel des Wissens des Kaufmanns und des Wissen des Ingenieurs. „The former kind of knowledge has little to do with the permanent properties of classes of things which the engineer studies, but is knowledge of a particular human situation."[53]
Träger von Wissen sind stets Individuen. Aus der Interaktion innerhalb von Organisationen können sich jedoch überindividuelle Wissensmuster bilden, die auch als ‚organisationales Wissen' bezeichnet werden – die dynamische Veränderung desselben, ‚organisationales Lernen' wird häufig als Grundlage von Unternehmenserfolg im Wettbewerb betont.[54] Wissen, dessen Inhalt von Mitgliedern einer Gruppe geteilt wird, lässt sich als ‚kollektives Wissen' bezeichnen; auch hierbei kann es sich um impliztes und explizites Wissen handeln.[55]

Information

Der Begriff *Information* ist eng mit dem Wissensbegriff verknüpft. Information zählt insbesondere seit Beginn der 1990er Jahre zu den bedeutendsten Schlagwörtern der betriebswirtschaftlichen Literatur.[56] Eine einheitliche Definition des Informationsbegriffes existiert jedoch nicht.[57] Zum Teil wird versucht, einen Informationsbegriff aus physikalischen Erkenntnissen abzuleiten[58] – im wirtschaftswissenschaftlichen Kontext wird Information jedoch meist in Bezug auf entscheidungstheoretische Überlegungen definiert. Die diversen Definitionen rekurrie-

---

[51] Ausführlich zur Differenzierung ind deklaratives und prozedurale Wissen vgl. Diaper (1989, S. 42 f.); typische Beispiele für prozeduralen Wissens sind das Wissen, wie man Fahrrad fährt, schwimmt o.ä. .

[52] Vgl. Amelingmeyer (2004, S. 49 f.).

[53] Hayek (1979, S. 175).

[54] Die begriffliche ‚Vermenschlichung' der Organisation in diesem Kontext ist nicht unumstritten, vgl. Bea/Göbel (2002, S. 387).

[55] Die Begriffsabrenzungen werden in der Literatur z.T. unterschiedlich verwandt, vgl. Picot et al. (2003, S. 120 f.). Zur weiteren begrifflichen Differenzierung organisationalen Wissens vgl. Chua (2002), Kunz (2006, S. 168 ff.); zum Begriff des organisationalen Lernens Kunz (2006, S. 65 ff.).

[56] Vgl. Picot (2002, S. 171 f.).

[57] Eine Übersicht über verschiedene Definitionsansätze findet sich bei Maier/Lehner (1994, S. 7);.

[58] So z.B. Boisot/Canals (2004, S. 56 ff.) unter Bezug auf die Quantenmechanik. S.a. Landauer (1999).

ren auf unterschiedliche Kriterien. Nach einem Ansatz von BODE lassen sich unterschiedliche Begriffsauffassungen anhand der folgenden Merkmale typisieren[59]:

Semiotik: In der Literatur werden unterschiedliche Informationsbegriffe verbreitet anhand anhand der semiotischen Dimensionen Syntax, Semantik und Pragmatik differenziert.[60]. Die *syntaktische* Ebene ist die Ebenen der Zeichen, der Möglichkeiten der Codierung. Auf der *semantischen* Ebene steht die Bedeutung von Information im Vordergrund. Die *pragmatische* Ebene bezieht sich auf die Wirkung von Information, d.h. i.d.R. auf resultierende Entscheidungen und Handlung. Häufig wird nach BERTHEL zusätzlich die *Sigmatik*, die sich mit der Abbildung der Realität auf die Zeichenwelt befasst, als vierte Sprachdimension unterschieden.[61]

Zustandsbezug[62]: Information kann *statisch*, als Bestandsgröße oder *dynamisch*, als über den Prozess des sich bzw. jemanden Informierens wirkende Kraft verstanden werden.

Neuheitsgrad: Neuheit aus Sicht des Empfängers wird häufig als Kriterium des Informationsbegriffes angeführt; eine derartige Auffassung führt zu einem *individualistisch-subjektiven* Informationsverständnis. Im *objektiven* Informationsverständnis ist der Informationscharakter dagegen nicht vom Kenntnisstand des Empfängers abhängig.

Wahrheitsgehalt: Einige Autoren fordern, dass Information per Definition wahr sein muss oder in einer Kommunikationssituation zumindest vom Sender für wahr gehalten werden muss; die Abgrenzung von Information erfolgt *wahrheitsabhängig*. Im *wahrheitsunabhängigen* Verständnis ist der Wahrheitsgehalt kein definierendes Kriterium.

Träger: Kann Information nur von Menschen getragen werden, liegt ein *menschgebundenes* Informationsverständnis vor; kann Information auch auf (anderen) Medien gespeichert werden, so kann von einem *ungebundenen* Ansatz gesprochen werden.

---

[59] Vgl. zu den ersten fünf dargestellten Merkmalen Bode (1997, S. 451 ff.); insgesamt auch Voß/Gutenschwager (2001, S. 20).

[60] Vgl. hierzu auch Shannon/Weaver (1949, S. 95 f.).

[61] Vgl. Berthel (1975, S. 23 ff.). Für die Abgrenzung des Informationsbegriffes weniger relevant erscheinen die semiotischen Bereiche der *Statistik* und der *Apobetik*, vgl. Bode (1997, S. 452); letztere befasst sich nicht mit der tatsächlichen, sondern mit der intendierten Wirkung von Zeichen, vgl. Lehner et al. (1995, S. 174).

Repräsentation: Das Verständnis von Information kann auf bestimmte Repräsentationsformen eingeschränkt werden. So lassen sich rein *numerische*, *linguistische* und *universelle*, d.h. auch Klänge und Bilder umfassende Repräsentationsformen unterscheiden.[63]

In der wirtschaftswissenschaftlichen Literatur werden vorwiegend pragmatische, entscheidungsorientierte Definitionen des Informationsbegriffs gewählt. In der deutschsprachigen Betriebswirtschaftslehre wird Information häufig nach WITTMANN als " [...] *zweckorientiertes Wissen*, also solches Wissen, das zur Erreichung eines Zweckes, nämlich einer möglichst vollkommenen Disposition eingesetzt wird [...]"[64] definiert. Information ist in diesem Verständnis eine Teilmenge des Wissens, die der Vorbereitung von Entscheidungen dient. Die Definition erfolgt auf der pragmatischen Ebene und in statischem Verständnis. BODE ordnet den Informationsbegriff WITTMANNS zudem als objektiv, wahrheitsorientiert und nicht-menschgebunden ein.[65] Eine Eingrenzung bezüglich der Repräsentationsform liegt nicht vor, so dass von einem universellen Verständnis auszugehen ist.
Auch in der internationalen ökonomischen Literatur wird häufig eine Definition auf pragmatischer Ebene, in bewusster Abgrenzung zum von SHANNON und WEAVER selbst als rein syntaktisch eingeordneten ‚nachrichtentechnischen' Informationsbegriff[66] gewählt: „The aspect of *Decision-relevance* has been brought forward [...] as a corrective to attempts to quantify economically relevant information by the ‚bit' measure of communications theory."[67] Information wird in der ökonomischen Theorie meist über ihre Wirkung auf die subjektiven Erwartungen individueller Akteure definiert: „But it is *changes* in belief distributions – a process, not a condition – that constitute here the essence of information."[68] Operationalisiert wird dies i.d.R. durch ein entscheidungstheoretisches Modell: *A priori* (ohne die hinzukommende Information) vorliegende Erwartungen eines Akteurs werden durch Information modifiziert. Aus mit dem

---

63 Die Unterscheidung nach der Repräsentationsform nimmt BODE nur implizit vor, indem er versucht, auf dieser Basis eine eigene Abgrenzung von Daten, Information und Wissen zu bilden, vgl. Bode (1997, S. 457 ff.). Die hier dargestellte sechste Dimension bei BODE identifizieren auch Voß/Gutenschwager (2001, S. 20).

64 Wittmann (1959, S. 14), Hervorhebung im Original.

65 Vgl. Bode (1997, S. 455).

66 Vgl. Shannon (1948), Shannon/Weaver (1949). Zum Überblick über das nachrichtentechnisch Konzept s.a. Langer (2002, S. 28 ff.).

67 Hirshleifer (1973, S. 33), Hervorhebung im Original.

68 Hirshleifer (1973, S. 31), Hervorhebung im Original. Ähnlich Boisot/Canals (2004, S. 47): „[...] *information is an extraction from data that, by modifying the relevant probability distributions, has a capacity to perform useful work on an agent's knowledge base.*", Hervorhebung im Original.

Zustand der Umwelt verbundenen *Signalen*, aus verfügbaren *Daten*[69] lassen sich Rückschlüsse auf den tatsächlichen Umweltzustand ziehen, was einen Entscheidungsträger zu einer Anpassung seiner subjektiven Erwartungen *a posteriori* führt.[70] Information wird somit *dynamisch*, als eine den Wissensstand des Entscheiders verändernde *Kraft* aufgefasst. Information ist in ihrer verändernde Wirkung auf die a priori-Erwartungen des Akteurs bezogen und somit *subjektiv* und *menschgebunden*. Sie kann zudem die Erwartungen in eine falsche Richtung führen, ist also *nicht wahrheitsgebunden*.

In Verbindung mit der auf Seite 21 getroffenen Differenzierung in ‚soziales' und ‚wissenschaftliches' Wissen wird jedoch deutlich, dass mit der dargestellten Operationalisierung nur eine Veränderung ‚sozialen' Wissens, also des Wissens über aktuelle Zustände, abgebildet wird. Unter der Annahme eines ansonsten vollkommen rationalen Akteurs ist dies unkritisch, da dieser (wie der homo oeconomicus) über vollständige ‚wissenschaftliche' Information verfügt. In einer derartigen Betrachtung lässt sich der entscheidungstheoretisch-dynamische Informationsbegriff auch in Beziehung zum statischen Informationsbegriff WITTMANNS setzen: Relevante Unterschiede im zweckorientierten Wissen müssen beim rationalen Akteur Unterschiede im ‚sozialen' Wissen sein, dies bedeutet in diesem Fall die Kenntnis jener Signale, welche die Erwartungen des Akteurs verändern. Erst wenn das ‚wissenschaftliche' Wissen selbst veränderlich wird und Akteure über allgemeine Gesetze oder übergeordnete Eigenschaften der Situation *lernen* können, wird der dynamische Aspekt der Differenzierung relevant. Es wird nicht nur die a-posteriori-Wahrscheinlichkeits-Einschätzung des Akteurs durch zum Zeitpunkt einer Entscheidung vorliegende Daten beeinflusst, bereits die a-priori-Wahrscheinlichkeits-Einschätzung des Akteurs und die die Einschätzung bildenden Regeln sind durch vorherige ‚Erfahrungen', d.h. durch in der Vergangenheit aufgenommene Information, geprägt. Da diese Arbeit die Auswirkungen von Information in veränderlicher Umwelt mit lernenden Akteuren betrachten will, wird ein dynamisch-subjektiver Informationsbegriff im geschilderten Sinne benötigt.

Informationsversorgung

Wie dargestellt sind die für diese Arbeit in hohem Maß relevanten Begriffe ‚Wissen' und ‚Information' in der Literatur sehr heterogen definiert. Da Information und Wissen in dieser Arbeit *subjektbezogen* verstanden werden, entsteht speziell gegenüber der am (objektiven) WITT-

---

[69] Auch der Datenbegriff wird in der Literatur unterschiedlich gefasst; hier und im folgenden werden Daten im Sinne von Boisot/Canals (2004, S. 46) als unterscheidbare physische Zustände, die dauerhaft oder flüchtig sein können verstanden. Flüchtige, nur momentan erfassbare Zustände als Spezialfall der Daten werden als ‚Signale' bezeichnet.

[70] Vgl. z.B. Laux (2005, S. 338), Burgfeld (1998, S. 27); Lehner et al. (1995, S. 187 ff.).

MANN'SCHEN Informationsbegriff angelehnten deutschsprachigen Literatur ein terminologisches Anschlussproblem. Lässt sich die Begriffsnutzung jeweils einzeln i.d.R. noch präzise handhaben[71], so wird dies bei zusammengesetzten Wörtern schwierig, da diesen z.T. über die Wortbestandteile hinausgehende, losgelöste Bedeutungen zukommen. Insbesondere in Begriffen wie ‚Informationsversorgung', ‚Informationsangebot' oder ‚Informationsnachfrage', die mit dem ‚Austausch von Information[72]' verbunden sind, geht der Wortsinn bei Verwendung der hier benutzten Definitionen verloren, wie am Terminus ‚Informationsversorgung' verdeutlicht werden soll: In Verbindung mit dem Informationsbegriff WITTMANNS bedeutet Informationsversorgung die Beschaffung und Bereitstellung des für eine bestimmte Aufgabe oder einen Zweck benötigten Wissens. Wissen wurde jedoch subjektiv als *geistige Zugriffsmöglichkeit* auf Beschreibungen von Fakten oder Sachverhalten definiert.[73] Eine Bereitstellung geistiger Zugriffsmöglichkeiten erscheint aber – zumindest im intersubjektiven Sinn der Versorgung einer anderen Person – als problematisches Konstrukt. Auch unter Verwendung des skizzierten ‚dynamischen' Informationsverständnisses bleibt der Begriff der Informationsversorgung unpräzise: Information ist subjektiv, sie entsteht erst, wenn Daten bzw. Signale rezipiert werden. Informationsversorgung im Wortsinn ist folglich nicht unmittelbar möglich; es können lediglich Daten bereitgestellt oder übermittelt werden. Information entsteht nur indirekt, aus der Verarbeitung von Daten vor dem individuellen Hintergrund des vorhandenen Wissens des Entscheiders. Strenggenommen kann daher nur von Datenversorgung, nicht von Informationsversorgung gesprochen werden.

Um sprachlich nicht völlig von der etablierten Literatur abzuweichen, wird für das Weitere dieser Arbeit eine *Konvention* getroffen, die auf einer begrifflichen Synthese beruht und die Sprachfähigkeit im betrachteten Kontext erhalten soll: Informationsversorgung wird als Bereitsstellung von Daten verstanden, mit dem Ziel, einem Entscheider geistigen Zugriff auf relevante Fakten und Zusammenhänge zu ermöglichen und so sein Wissen zu verändern. Informationsversorgung ist dann sowohl in Bezug auf eine zu versorgende zweite Person, als auch reflexiv möglich.[74]

---

71 Im Falle abweichender Bedeutung wird diese im Folgenden in Text oder Fußnote herausgestellt.

72 ‚Information' wird an dieser Stelle im WITTMANN'SCHEN Sinn verwendet.

73 Siehe Abschnitt 2.1.2.

74 Andere auf den ‚Austausch von Information' bezogene Begriffe werden, sofern nicht anders dargestellt, analog definiert; auch Informationsgüter oder Informationsprodukte stellen dementsprechend Güter bzw. Produkte in (Signal- oder) Datenform dar.

Informationswert

Im Rahmen wirtschaftswissenschaftlicher Fragestellungen taucht häufig der Begriff des Informationswerts, zumeist als Wert potentiell bereitzustellender Daten auf. Vor dem Hintergrund der genannten Differenzierungen des Informationsbegriffes wird deutlich, dass auch hier kein einheitliches Begriffsverständnis vorliegen kann. Neben der Frage nach dem Gegenstand der Bewertung tritt hier zusätzlich noch die Frage nach der Bewertungsmethode und dem Bewertungsmaßstab hinzu. Eine mögliche begriffliche Eingrenzung basiert auf den geschilderten semiotischen Ebenen. Der Begriff ‚Wert' impliziert einen Nutzen – ein Informationswert muss demnach auf der pragmatischen Ebene angesiedelt sein. Damit unterscheidet er sich von allgemeineren Informations*maßen*, die auf syntaktischer und semantischer Ebene verbleiben. Während z.B. das wohl bekannteste Informationsmaß nach SHANNON und WEAVER[75] Struktur und Aussagegehalt einer Nachricht beurteilt und in Verbindung mit dem Vorwissen des Empfängers und seiner Erwartung seine Überraschung als Informationsgehalt misst,[76] entsteht ein Informationswert im ökonomischen Sinne erst durch eine Einbettung in eine Entscheidungssituation, d.h. durch die Verknüpfung mit Handlungsalternativen, Handlungsauswahl und Handlungsfolgen.[77] Ein Informationswert ist damit jedoch subjektiv. Ist eine betrachtete Nachricht subjekt- und situationsspezifisch, kann aber zumeist auch kein Marktpreis für sie angenommen werden. Die resultierende Information ist abhängig von ihrem Verwender, eine objektive Wertbestimmung ist dann nicht möglich. Eine Bewertung kann nur anhand der möglichen Veränderungen der Nutzenpositionen von Informationsanbieter und -verwender, letztlich also in einer Preisverhandlung erfolgen.[78]

Für den Informationsverwender stellt sich dabei jedoch ein weiteres Problem: Er kann die Folgen einer Nachricht nur dann abschätzen, wenn er zumindest die möglichen Inhalte kennt. Dies bedeutet, die Form der Aussage und der Raum ihrer möglichen Ausprägungen müssen dem Verwender ex ante bekannt sein. GLASER spricht von benötigten "[...] Vorinformationen [...]"[79] über die möglichen Wissensstände nach der Informationsbeschaffung. FERSCHL formuliert das Informationswertproblem daher nicht unter Bezug auf eine konkrete Nachricht, sondern auf die Nutzung einer Menge möglicher alternativer Nachrichten, einer ‚Informationsstruktur': Hat ein Entscheidungsträger, der mit einem Entscheidungsproblem konfrontiert wird, die Option, ei-

---

[75] Vgl. Shannon (1948), Shannon/Weaver (1949).

[76] Vgl. hierzu auch Menges (1982, S. 269 f.).

[77] Vgl. Ferschl (1982, S. 35 f.).

[78] Vgl. Teichmann (1973).

[79] Glaser (1980, Sp. 940).

ne Entscheidung unter Inanspruchnahme einer Informationsstruktur zu treffen, so entspricht der Informationswert dem maximalen Betrag, den der Entscheidungsträger ex ante bereit ist, für die Informationsstruktur zu zahlen.[80] Zur Ermittlung dieses Wertes werden in der Literatur im wesentlichen „Verfahren, die auf dem Kriterium von Bayes beruhen“[81] verwendet, also Verfahren, die jeweils auf Basis der Wahrscheinlichkeitseinschätzungen vor und nach Inanspruchnahme der Informationsstruktur die jeweils optimale Strategie bestimmen die Differenz der Erwartungswerte vorher und nachher als Informationswert bilden. Alternativ existiert auch der – im Ergebnis gleichwertige – Ansatz, zwar eine Strategie vor und nach Inanspruchnahme der Information zu bestimmen, beide Strategien jedoch anschließend unter der Annahme in Anspruch genommener Information zu bewerten.[82] Unabhängig von der Variante resultiert ein Brutto-Informationswert – abzüglich anfallender Informationskosten kann schließlich ein Netto-Informationswert gebildet werden.[83]

2.1.3 (Lernende) Akteure

Die Forschungshypothese der Arbeit folgt – wie einleitend vermerkt – der Grundidee des häufig kurz als ‚Akteursmodell‘ bezeichneten Ansatzes, der in mehreren Arbeiten mit dem Titel „Grundmodell einer dynamischen Theorie ökonomischer Akteure“[84] beschrieben worden ist und dessen Hintergrund nun kurz erläutert werden soll. Dabei wird zunächst auf die Idee der Erklärung sozialer Phänomene aus den Handlungen individueller Akteure eingegangen, ehe die im Akteursmodell verankerten Eigenschaften sowie die Idee lernfähiger Akteure vorgestellt werden.

Akteure als Mikro- und Makroelemente eines methodologisch-individualistischen Erklärungsmodells

Grundlage des Ansatzes bilden handelnde Individuen, *Akteure*. Das Akteursmodell „[...] will komplexe Strukturen aus den Handlungen von und zwischen ökonomischen Akteuren erklären.“[85]

---

[80] Vgl. Ferschl (1982, S. 58 f.).

[81] Drukarczyk (1974, S. 3).

[82] Vgl. insgesamt Drukarczyk (1974).

[83] Vgl. Glaser (1980, Sp. 936 ff.).

[84] Vgl. Bach et al. (1998) sowie die zweite Fassung Bach et al. (2002). Wurzeln hierzu mit Grundüberlegungen sind in den Forschungspapieren zum Begriff und zur Abgrenzung von Führungshandlungen Weber et al. (1995), Weber et al. (1996), sowie in der Dissertation von Grothe (1997) zur Ordnungsbildung in sozialen Systemen zu sehen.

[85] Bach et al. (1998, S. 2), Bach et al. (2002, S. 2).

Damit folgt es der auf MENGER zurückgehenden Forschungsstrategie, die als *methodologischer Individualismus* bezeichnet wird.[86] Bereits in Abschnitt 1.2 wurde aus der Komplexität sozialer Phänomene eine erschwerte Beobachtbarkeit gefolgert und festgestellt, dass sich soziale Phänomene häufig einem intuitiven Verständnis entziehen. Zur Erklärung oder Prognose eines Sachverhaltes, zur Darstellung von Prinzipien oder zur Ableitung von Mustern bedarf es daher der Bildung von Modellen, welche die betrachtete Problemstellung auf Basis theoretischer Annahmen rekonstruieren.[87] Für die Sozialwissenschaften ergibt sich die Notwendigkeit eines indirekten Problemzugangs über den Weg der *theoretischen Rekonstruktion*.

> „While the method of the natural sciences is, in this sense, analytic, the method of the social sciences is better described as compositive or synthetic."[88]

Basis dieser Rekonstruktion sind dabei stets Individuen: Das Erklärungsmodell des methodologischen Individualismus folgt dem in Abbildung 2.2 dargestellten, an die sog. ‚Coleman'sche Badewanne' angelehnten 2-Ebenen-Schema. Das als Interaktionsergebnis auf der Makroebene befindliche Explanandum wird in einem mehrteiligen Explanans unter Rückgriff auf die Mikroebene erklärt[89] :

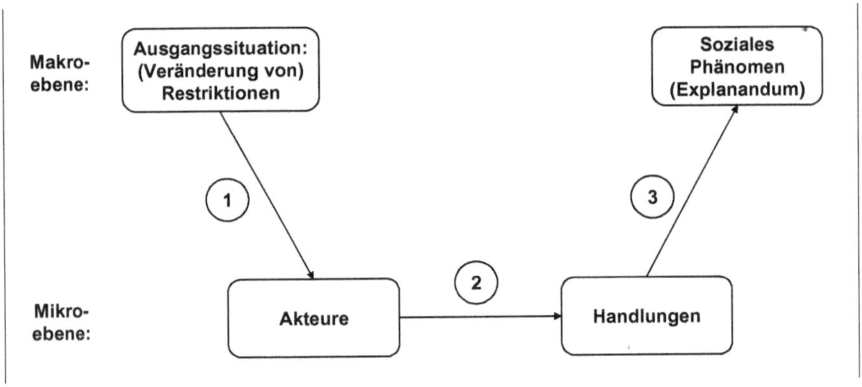

Abbildung 2.2: Erklärungsprinzip des methodologischen Individualismus in Anlehnung an die Coleman'sche Badewanne[91]

[86] Vgl. Arrow (1994, S. 2), zur Beziehung zu MENGER s.a.Hayek (1979, S. 66 f.; in Fn.).

[87] Vgl. Popper (2000, S. 350 f.).

[88] Hayek (1979, S. 67).

[89] Vgl. Gerecke (1998, S. 158 ff.).

[91] Darstellung nach Gerecke (1998, S. 158).

1.) Die für das Verhalten der Akteure relevanten *Handlungsbedingungen* bzw. *Restriktionen* werden anhand der gegebenen Situation problemspezifisch bestimmt.

2.) Anhand einer sog. *Mikrofundierung* werden die zu erwartenden Handlungen der Akteure abgeleitet. Eine Mikrofundierung lässt sich z.B. aus empirisch-statistischen Erhebungen oder aus entscheidungstheoretischen Regeln ableiten.[92] [93] Vor dem Hintergrund der Idee der pragmatischen Reduktion[94] wird deutlich, dass zur Mikrofundierung *nicht* der Anspruch einer *Mikrotheorie* gestellt wird: Zur Erklärung eines allgemeinen Musters kann von problembezogen bestimmten Verhaltenserwartungen ausgegangen werden, die sich in ihrer Begründung auf wenige relevante Faktoren beschränken.[95]

3.) Die Handlungen der Akteure werden aggregiert, wobei die zwischen den Akteuren bestehenden Beziehungen und die Interdependenzen ihrer Handlungen zu berücksichtigen sind. Die jeweilige Aggregationslogik wird dabei durch die Problemstellung bestimmt. Bei Annahme rationaler Akteure wird die Aggregation weitestmöglich von den Akteuren antizipiert – in der Modellierung wird die Aggregationslogik daher i.d.R. bereits Bestandteil des Entscheidungsmodells der Akteure.

In der Darstellung der ‚Badewanne‘ wird deutlich, dass die Beziehung zwischen Mikro- und Makroebene interdependent ist. Die Gestalt der Makroebene wird nicht nur durch die Akteure der Mikroebene bestimmt, sie ist gleichzeitig Teil der Handlungsbedingungen, an die sich die Akteure der Mikroebene anpassen.

Der Rückgriff auf die Mikroebene bedeutet in der Analyse sozialer Phänomene nicht zwingend einen Rückgriff auf natürliche Personen, auch wenn i.d.R menschliche Intentionen im Hintergrund vermutet werden.[96] Pragmatisch reduziert, in problemabhängiger Vereinfachung können z.B. auch Unternehmen oder Haushalte, die ihrerseits Makrophänomene in anderen Modellen[97] darstellen, die Akteure der Mikroebene bilden. Analog hierzu kennt das Akteursmodell das Konstrukt eines Akteurs höherer Ordnung (z.B. einer Unternehmung), der als Resultat direkt oder indirekt nutzenerhöhender Interaktionen beschrieben wird und über in den Individu-

---

[92] Vgl. Zintl (1989, S. 57 ff.).

[93] Die Akteure der Mikro-Ebene stellen i.d.R. ‚aktive‘ Elemente dar – in den Annahmen über ihr Verhalten liegt das ‚belebende Gesetz‘ des gebildeten Modells, siehe später Abs. 2.2.3.

[94] Siehe Abs. 1.2

[95] Auch bei Verwendung einer mikrotheoretischen Fundierung ließe sich die Frage ihrer Begründung stellen.

[96] Vgl. Suchanek (1994, S. 126).

[97] Vgl. hierzu insb. die institutionenökonomische Theorie der Unternehmung, u.a Williamson (2000), Richter (1990).

en nicht angelegte Eigenschaftsausprägungen verfügt. Dabei wird im Akteursmodell angenommen, dass sich Akteure unabhängig von der betrachteten Ebene anhand des gleichen Rahmens an Eigenschaften beschreiben lassen.

Subjektivistische Eigenschaften der Akteure

Zur Konkretisierung der Mikrofundierung werden den Akteuren Eigenschaften bzw. Fähigkeiten zugeschrieben sowie Handlungen als zielgerichtete „Faktorkombinationsprozesse" definiert.[98] Dabei wird bezüglich der Akteure zunächst in die grundlegenden Eigenschaften Wollen und Können differenziert.[99] Wollen beschreibt „[...] die Existenz gewünschter Zustände [...]"[100], deren Realisierung als Nutzen bezeichnet wird. Zum Können zählen die Fähigkeit zur Perzeption der gegebenen Situation, d.h. des Zustandes der Umwelt und des Akteurs selbst, sowie die Prognosefähigkeit (Bildung von Erwartungen über potentielle Handlungsfolgen) und die Bewertungsfähigkeit (Ordnung der erwarteten Konsequenzen hinsichtlich ihres Nutzens). In der Verbindung von Perzeptions-, Prognose- und Bewertungsfähigkeit lässt sich dabei eine Parallele zum Grundmodell der Entscheidungstheorie[101] erkennen: Die einzelnen Fähigkeiten beschreiben die Möglichkeit, ein Entscheidungsfeld wahrzunehmen, aus Alternativen und Konsequenzen eine Ergebnismatrix zu prognostizieren und in Bezug auf den jeweiligen Nutzen eine bewertete Entscheidungsmatrix zu bilden. Neben dieses ‚Antizipationsfähigkeit' genannte Fähigkeitsbündel tritt die sog. ‚Realisationsfähigkeit', Handlungen tatsächlich so umzusetzen, wie sie in die korrespondierende Prognose eingeflossen sind.[102] Weiterhin wird angenommen, dass die beschriebenen Fähigkeiten – zumindest potentiell – begrenzt sind. Akteure handeln vor dem Hintergrund einer möglicherweise eingeschränkten Wahrnehmung, eingeschränkter Prognose- und Bewertungsfähigkeiten, sprich vor dem Hintergrund subjektiver Restriktionen. Je nach dem, wie hart diese Restriktionen ausgeprägt sind, entsteht aus der methodologisch individualistischen damit sogar eine methodologisch-subjektivistische Perspektive, wie sie z.B. in der Marktprozesstheorie der österreichischen Schule vertreten wird.[103] Gleichzeitig liefert

---

98 Vgl. Bach et al. (1998, S. 5). Hiermit wird anscheinend eine Anlehnung an die traditionelle Betriebswirtschaftslehre GUTENBERGS gesucht, der Akteur erhält implizit die Fähigkeit zur Produktion.

99 Siehe hierzu bereits Weber et al. (1996, S. 13 ff.).

100 Bach et al. (1998, S. 3).

101 Siehe erneut Abb. 2.1, vgl. auch Sieben/Schildbach (1994, S. 15).

102 Vgl. Bach et al. (1998, S.2 f.).

103 Vgl. Meyer (2003, S. 212), Heine et al. (2006, S. 7 f.); zur Sichtweise der Marktprozesstheorie vgl. Picot et al. (2003, S. 32 ff.), Kirzner (1997). Hierzu auch HAYEK: „But the concrete knowledge which guides the action of any group of people never exists as a consistent and coherent body. It only exists in the dispersed, incomplete,

die Abkehr von der Annahme unbegrenzter Fähigkeiten den Raum für eine Veränderung derselben und damit die Grundlage zu einer zentralen Eigenschaft der beschriebenen Akteure: Ihrer Fähigkeit, zu lernen.[104]

Lernen als eigene Fähigkeit

Auch der *Begriff des Lernens* ist in der Literatur heterogen definiert und mit einer Vielzahl unterschiedlicher Theorien verknüpft. Die wichtigsten Ansätze zusammenfassend bezeichnet der Lernbegriff nach KUNZ als „[...] eine auf Erfahrung basierende, relativ stabile Veränderung der Wahrscheinlichkeit zur Durchführung eines speziellen Verhaltens“[105]. Dabei kann festgestellt werden, dass Lerneffekte nicht zwingend sofort nach außen erkennbar werden, sondern häufig erst bei passenden Bedingungen zu Tage treten, dass Lernen nur dann als solches zu bezeichnen ist, wenn eine Veränderung länger anhaltend ist und wenn die Ursache der Veränderung tatsächlich in einer Erfahrung des Akteurs zu suchen ist.[106]
Wie auch die Lernbegriffe, so entstammt auch das Feld der *Lerntheorien* vor allem verhaltenswissenschaftlichen Nachbardisziplinen; es lässt sich nach SCHÄFFER in drei Hauptgruppen differenzieren[107]:

Behavioristische Lerntheorien verknüpfen im Außenbild eines Akteurs beobachtbare Eingangs- und Ausgangseffekte miteinander (Stimulus-Response-/S-R-Modelle), treffen jedoch keine Annahmen über den zwischenliegenden Verabeitungsmechanismus. Lernen äußert sich demnach in veränderten Beziehungen zwischen Eingangs- und Ausgangseffekten. Hierzu zählen insbesondere die Grundideen des klassischen Konditionierens sowie des Verstärkungslernens.[108]

Kognitive Lerntheorien modellieren explizit einen zwischen Eingangs- und Ausgangseffekt liegenden Mechanismus (häufig als ‚Organismus‘ bezeichnet, daher S-O-R-Modelle). Im wesentlichen ergänzen sie die behavioristischen Ansätze durch die Annahme einer Abbildung der Akteursumwelt in internen Modelle der Akteure sowie durch die Annahme

---

and inconsistent form in which it appears in many individual minds, and the dispersion and imperfection of all knowledge are two of the basic facts from which the social sciences have to start.“ Hayek (1979, S. 49 f.).

104 Vgl. Bach et al. (1998, S. 6).

105 Kunz (2006, S. 152).

106 Vgl. Kunz (2006, S. 153).

107 Vgl. Schäffer (2001, S. 27 ff.).

108 Vertreter sind u.a. PAWLOW, THORNDIKE und SKINNER.

eines Rückkopplungsprozesses zwischen Handlung bzw. Entscheidung und zu Grunde liegendem internen Modell.[109]

Soziale Lerntheorien betonen in Ergänzung der behavioristischen und kognitiven Ansätze die Nicht-Isolation menschlichen Verhaltens. Neben der Verknüpfung von Eingangs- und Ausgangseffekten entsteht eine interaktive Lerndimension, die zum einen durch die Interdependenz des Handelns, zum anderen durch die Möglichkeit zu Beobachtung und Imitation geprägt ist.[110]

Das Akteursmodell greift die Grundidee der kognitiven Lerntheorie auf. Es wird angenommen, dass Akteure aufgrund ihrer Begrenzung in ihrer Handlungsfindung komplexitätsreduzierende Hilfskonstrukte verwenden, die aus Hypothesen über die relevanten Umstände bestehen und als interne Modelle bezeichnet werden. Diese internen Modelle werden durch die Akteure auf Grund der Differenz zwischen antizipierten und tatsächlich eingetretenen Handlungsfolgen weiterentwickelt, d.h. die zu Grunde liegenden Hypothesen in Folge ihrer Erfahrungen angepasst.[111] In der Formulierung des originären Akteursmodells erfolgt dieser Anpassungsprozess im Bezug auf die jeweilige Handlung im wesentlichen *ex post*. Nach SCHÄFFER lässt sich jedoch auch ein auf Informationsnutzung basierendes Lernen *ex ante* sowie ein ohne unmittelbaren Handlungsbezug stattfindes selbstreferentielles Lernen unterscheiden.[112] In der zweiten Fassung des Akteursmodells von 2002 wird die Lernfähigkeit daher weiter ausdifferenziert und betont, indem die Fähigkeiten des Akteurs in erster Indirektionsstufe nur noch in Lern- und Realisationsfähigkeit differenziert werden. Lernen wird zum zentralen Prozess der Informationsnutzung in einem umfassenden sowohl verfügbares Wissen als auch vorliegende Daten einbeziehenden Sinn. Die Antizipationsfähigkeit mit den Elementen Perzeption, Prognose und Bewertung wird in der Lernfähigkeit subsumiert. Zudem wird in der zweiten Fassung die Abbildung der Lernfähigkeit durch Ausweitung der Möglichkeit der Weiterentwicklung interner Modelle von der Auswertung eigener auf die Übernahme fremder Erfahrung erweitert, so dass auch die Idee sozialer Lerntheorien abgedeckt wird.[113]

Für die Annahme lernender Akteure ist eine weitere Prämisse essentiell: Mit der Beschränkung der Fähigkeiten des Akteurs ist auch seine Lernfähigkeit begrenzt. Der Akteur lernt nicht sofort perfekt (dies würde in ein approximativ rationales Model münden), sondern muss die rele-

---

[109] Vertreter sind u.a. TOLMAN, MILLER/GALANTER/PRIBAM, HACKER.

[110] Vertreter sind STAEHLE, ROTTER, BANDURA.

[111] Vgl. Bach et al. (1998, S. 6).

[112] Vgl. Schäffer (2001, S. 34).

[113] Vgl. Bach et al. (2002, S. 2 f.).

vanten Umweltzustände erkennen, passende Hypothesen bilden und testen. Differenzieren lässt sich dies anhand einer Einteilung der Informationsnutzung von HEINE, der drei Teilaspekte Wahrnehmung, Verständnis und Sprache unterscheidet, die sich in drei Teilaspekte des Lernens überführen lassen:

Wahrnehmung: Ein Akteur muss die problemadäquate Wahrnehmung der Umwelt erlernen, um differenziertes Verhalten ausprägen zu können.

Verständnis: Ein Akteur muss ein Verständnis der mit seinen möglichen Handlungen verknüpften Konsequenzen bilden, um seine Handlungen zu optimieren.

Kommunikation: Der Akteur muss die Interdependenz seiner Handlungen mit den Handlungen anderer Akteure erkennen, um für gegebene Situationen mit den Aktionen der anderen Akteure zu einem vorteilhaften Gleichgewichtspunkt gelangen.

Insgesamt stellt Lernfähigkeit eine knappe Ressource dar.[114] Damit einher geht auch eine Begrenzung des Lernerfolgs. Lernerfolg beschreibt letztlich, inwieweit es dem Akteur gelingt, die (erneut umfassend verstandene) verfügbare Information in nutzenstiftende Handlungen zu überführen.

2.2 Zugangswege zum Problem der Informationsversorgung

In der wirtschafts- und sozialwissenschaftlichen Literatur existieren diverse Versuche, sich dem Informationsversorgungsproblem theoretisch zu nähern und dieses aus verschiedenen Perspektiven zu analysieren. Im Folgenden werden einige dieser Ansätze, die zugleich wesentliche Strömungen der betriebswirtschaftlichen Forschung repräsentieren, inklusive ihrer Analyseschemata vorgestellt. Als ‚Sprungbrett‘ wird dabei ein noch stark in der traditionellen Betriebswirtschaftslehre verhafteter Ansatz gewählt, aus dem sich Verweise sowohl auf die anschließend beschriebenen die Beschränktheit menschlicher Fähigkeiten implizierenden verhaltensorientierten Sichtweisen, als auch zu interaktionsfokussierten organisationstheoretisch/ökonomi-

[114] Vgl. Schäffer (2001, S. 65); SCHÄFFER identifiziert insbesondere die Allokation der Ressource ‚Aufmerksamkeit‘ als kritisch.

schen Modellen und Strömungen (einschließlich der sog. Informationsökonomik) ableiten lassen. Vor dem Hintergrund der gewählten Fragestellung wird dann die Teamtheorie als spezieller informationsökonomischer Ansatz ausführlich vorgestellt. Den Schlusspunkt bilden jüngere, evolutionär-subjektivistische Ansätze, welche die Perspektiven teilweise wieder vereinen und zur Technik der Computersimulation führen.

2.2.1 Die Sichtweisen der traditionellen Betriebswirtschaftslehre

Das Problem der Informationsversorgung des Managements ist in der traditionellen betriebswirtschaftlichen Literatur seit langem präsent,[115] wird jedoch als solches häufig nur implizit thematisiert. In der traditionellen Betriebswirtschaftslehre herrscht ein spezifischer Zugangsweg vor, der anhand des (jüngeren) Ansatzes von BERTHEL herausgearbeitet werden soll. An ihm lässt sich der problemdominierte Charakter der gewählten Schemata verdeutlichen, zudem resultieren schließlich Verweise auch auf andere Problemdimensionen.

Informationsangebot, -nachfrage und -bedarf

Das Problem adäquater Informationsversorgung wird in der deutschsprachigen Literatur zu Controlling, Organisationstheorie und Informationsmanagement häufig in Anlehnung an BERTHEL[116] durch eine Differenzierung von auf die betrachtete Situation bezogenen Informationsmengen eingeführt.[117] Die Menge der durch Informationssysteme bereitgestellten Daten bildet dabei das zugängliche *Informationsangebot*, dem die geäußerte *Informationsnachfrage* gegenübersteht. Die Informationsnachfrage bildet eine Teilmenge des (subjektiven) *Informationsbedürfnisses*[118] der Entscheidungsträger, d.h. der Daten, die sie persönlich haben ‚möchten'. Informationsangebot und Informationsnachfrage sind i.d.R. nicht deckungsgleich. Häufig werden einerseits Daten bereitgestellt, die nicht nachgefragt werden, andererseits wird gleichzeitig

---

[115] Vgl. z.B. Schmalenbach (1933, S. 491), der den Zusammenhang von Informationserfordernisse und Unternehmensgröße thematisiert.

[116] Vgl. Berthel (1975), Berthel (1992).

[117] Beispiele finden sich ua. bei Weber (2004b, S. 119), Picot et al. (2003, S. 82), Krcmar (2003, S. 50), Voß/Gutenschwager (2001, S. 132).

[118] Der Terminus ‚Informationsbedürfnis' wird von Berthel (1992, Sp. 873) und Szyperski (1980, Sp. 905) als Bezeichnung genutzt; andere Autoren sprechen im gleichen Kontext von ‚subjektivem Informationsbedarf'.

[119] Eigene Erstellung, in Anlehnung an Picot et al. (2003, S. 82). Die Darstellung geht im Kern (ohne die Menge ‚Informationsbedürfnis') wahrscheinlich auf Berthel (1975, S. 30.) zurück.

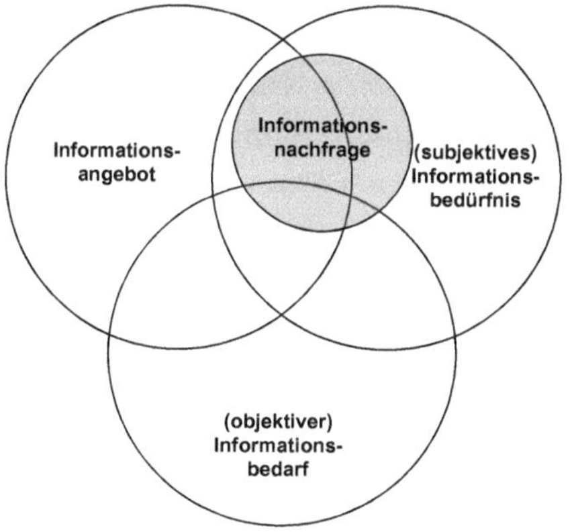

Abbildung 2.3: Informationsbedarf und Informationsversorgung[119]

ein Teil der Nachfrage nicht durch entsprechende Daten gedeckt. BERTHEL spricht bereits 1975 vom „[...] Mangel im Überfluss [...]."[120] Weder die tatsächlich nachgefragten, noch die lediglich gewünschten Daten müssen jedoch zur Lösung eines gegebenen Entscheidungsproblems geeignet sein. Die objektiv betrachtet zur Lösung der gegebene Problemstellung benötigten Daten bilden eine dritte Menge, die i.d.R. als (objektiver) *Informationsbedarf* bezeichnet wird. Der Zusammenhang zwischen Informationsangebot, -nachfrage, -bedürfnis und Informationsbedarf wird in Abbildung 2.3 in verbreiteter Darstellungsform veranschaulicht.[121] Neben den dargestellten Mengen wird die Schnittmenge zwischen Informationsangebot, -nachfrage und -bedarf häufig als *Informationsstand* bezeichnet.

Die entscheidende Größe in der Konzeption BERTHELS stellt jedoch der Informationsbedarf dar, der „[...] zur Zentralfigur von Informationssystemen aufrückt [...]."[122] Wenn die Informationsnachfrage eines Entscheidungsträgers vollständig durch das Informationsangebot befriedigt wird und gleichzeitig dem auf sein Entscheidungsproblem bezogen objektiven Informationsbedarf entspricht, bedeutet dies nach dem skizzierten Schema, dass der Entscheidungsträger über alle relevanten Daten und somit eine hinreichende Entscheidungsgrundlage verfügt. Bein-

---

120 Berthel (1975, S. 28), auch Berthel (1992, Sp. 875).

121 Vgl. Picot et al. (2003, S. 81 f.), Chwolka (2002, Sp.723 ff.), Berthel (1992, Sp. 872 ff.), Szyperski (1980, Sp. 905), ausführlich und grundlegend Berthel (1975, S. 27 ff.). Im Sinne der ‚Zweckorientierung' als Teil der WITTMANN'SCHEN Informationsdefinition bezeichnet BERTHEL die außerhalb des tatsächlichen Bedarfs liegenden Bereiche nicht als Informations- sondern als Nachrichtenangebot bzw. -nachfrage.

122 Berthel (1992, Sp. 876).

haltet zusätzlich das Informationsangebot keine unnötigen Daten, sind also Informationsangebot, -nachfrage und -bedarf *deckungsgleich*, so wäre der theoretische *Idealzustand* erreicht.[123] KRCMAR sieht daher das Ziel des Informationsmanagement in der Herstellung eines solchen *informationswirtschaftlichen Gleichgewichts* durch Ermittlung des objektiven Informationsbedarfs und entsprechende Beeinflussung von Angebot und Nachfrage.[124]

Orientierung am Planungsproblem

In der Praxis existiert eine Reihe von Verfahren zu Abschätzung eines objektiven Informationsbedarfs. Eine Analyse des Informationsbedarfs ermöglicht zunächst eine Eingrenzung der Informationsversorgung auf den Bereich sinnvoll verwertbarer Daten aus der Sicht einer zentralen Instanz.[125] Informationsbedarf ist im vorgestellten Verständnis eine durch das jeweilige Problem bestimmte, personenunabhängige Datenmenge, die für eine ideale Problemlösung benötigt würde. Sie ist ausschließlich an einer aus dem Unternehmensinteresse optimalen Entscheidung, d.h. am auf die einzelne Aufgabe reduzierten *Planungsproblem* orientiert – Probleme einer adäquaten Verteilung der Daten und ihrer Verarbeitung durch menschliche Akteure bleiben jedoch noch unberücksichtigt. Das Konzept des Informationsbedarfs folgt damit der Sichtweise der seinerzeit vorherrschenden *faktortheoretischen Betriebwirtschaftslehre* GUTENBERGS, welche Fragen der sozialen, interaktiven Dimension der Unternehmensführung als heuristische Annahme[126] *bewusst* weitgehend ausblendet, um sich zunächst auf die Analyse der Kerntatbestände von Leistungserstellung und -vermarktung zu konzentrieren.[127] Damit rückt die Faktorkombination als Essenz des Handelns in Unternehmung bzw. Betrieb[128] in den Vorder-

---

123 Vgl. Berthel (1992, Sp. 876).

124 Vgl. Krcmar (2003, S. 49 f.).

125 Zu Verfahren und Problemen der Informationsbedarfsermittlung vgl. Chwolka (2002, Sp. 728), auch Krcmar (2003, S. 57 ff.), Voß/Gutenschwager (2001, S. 131 ff.).

126 Siehe hierzu erneut den Verweis auf MUSGRAVE, Abs. 1.2 (S. 7).

127 Zur Darstellung und Einordnung des GUTENBERG'SCHEN Ansatzes vgl. auch Schanz (2004, S. 107 ff.). *Unternehmensführung* behält in der Auffassung GUTENBERGS stets ein der Wissenschaft unzugängliches *irrationales* Moment. Er gliedert daher Führungsaufgaben aus dem Elementarfaktor Arbeit aus und fasst sie im sog. *dispositiven Faktor* der Geschäfts- und Betriebsleitung zusammen, den er zwar instrumentell-funktional ausdifferenziert (Schreyögg (1998, S. 5 ff.)); den analytischen Kern seiner Arbeit verortet er jedoch außerhalb des organisatorischen Bereichs. So trifft GUTENBERG bereits 1929 programmatisch:„Es muß [...] die *Annahme gemacht werden, daß die Organisation der Unternehmung vollkommen funktioniert.* Durch diese Annahme wird die *Organisation als Quelle eigener Probleme ausgeschaltet* [...].“(Gutenberg (1929, S. 26), Hervorhebungen im Original gesperrt.)

128 Zur Diskussion der Begriffe ‚Unternehmung‘ und ‚Betrieb‘ vgl. Grochla (1993). Eine diesbezügliche präzise begriffliche Differenzierung wird im Kontext dieser Arbeit nicht benötigt.

grund der Theorie,[129] was seinen Ausdruck im Konstrukt der *Produktionsfunktion* als Kombination aus Arbeit, Betriebsmitteln und Werkstoffen sowie ergänzend der *Preis-Absatz-Funktion* zur Verknüpfung mit dem Markt sowie abgeleiteten Kosten- und Erlösfunktionen findet. Im Sinne der pragmatischen Reduktion lässt sich die Produktionsfunktion als zentrales *Schema*[130] zur Analyse Leistungsprozesses verstehen,[131] ebenso die Preis-Absatz-Funktion als Schema zur Untersuchung der Markgegebenheiten und zur daran anknüpfenden Entwicklung absatzpolitischen Instrumentariums sowie als Grundlage einer Preistheorie zur Bewertung eingebrachter und produzierter Güter.

Die benötigte Information (im allgemeinen Sinne) ist nicht Teil der analysierten Materie, sondern vielmehr Teil des Analyseergebnisses: Beide Schemata betrachten nicht den Wissensstand oder die Informationsversorgung der betrieblichen Entscheider. Sie helfen jedoch, für das jeweilige Unternehmen relevante grundlegende Informationsprobleme in der Planung ihres Handelns zu identifizieren: Sowohl Produktionsfunktion als auch Preis-Absatz-Funktion verknüpfen Handlungen (Faktoreinsätze, Preissetzung) mit Handlungsfolgen (Ausbringung, Absatzmenge) aus Sicht der betrachteten Einheit. Die Kenntnis einer Produktionsfunktion bedeutet im HAYEK'SCHEN Sinne[132] ‚wissenschaftliches' Wissen, die Kenntnis der Markt-Gegebenheiten bedeutet ‚soziales' Wissen. Aus diesem Wissen folgt, welche weitere Information benötigt wird, um in einer Entscheidungssituation zu einem vollständigen Bild der Situation und zu einer optimalen Wahl der Handlungsalternative zu gelangen: Es resultiert der Informationsbedarf.

Vor diesem Hintergrund wird verständlich, dass das Problem der Informationsversorgung bei GUTENBERG als Teil der ‚Organisation' trotz ihrer Bedeutung als Grundlage der Aufgabenerfüllung des dispositiven Faktors nur am Rande Beachtung findet.[133] Wenn Information oder

---

[129] „Die Kombination von elementaren Faktoren schlechthin ist die betriebswirtschaftliche und volkswirtschaftliche Aufgabe der Unternehmer in marktwirtschaftlichen Systemen."(Gutenberg (1983, S. 5)). GUTENBERG rückt explizit von den in den traditionellen Theorien der Unternehmung vertretenen Unternehmerfunktionen ab. In seiner Sicht ist es „[...] offenbar eine gewisse Verkennung der Unternehmerfunktion [...], wenn die Aufassung vertreten wird, die volkswirtschaftliche Aufgabe der Unternehmer bestehe in der Überlassung von Kapital [...] oder in der Übernahme der Geschäftführung der Unternehmen. Nicht diese Aufgaben als solche, so wichtig [...] sie [...] sein mögen, stellen die besondere Aufgabe der Unternehmer dar, auch nicht die ‚Durchsetzung neuartiger Kombinationen', wie SCHUMPETER sagt." (Gutenberg (1983, S. 5), Hervorhebung im Original.)

[130] S.a. Abs. 1.2.

[131] Z.T. lassen sich konkrete Produktionsfunktionen speziell im materiellen Fertigungsbereich ingenieurwissenschaftlich ermitteln, insbesondere im Bereich immaterieller Leistungen wird dies jedoch problematisch; vgl. Schweitzer (1979, Sp. 1494). Die Grundtypen der Produktionsfunktion sind daher m.E. primär konzeptionell, als Denkwerkzeuge zum Verständnis des Leistungserstellungsprozesses zu verstehen.

[132] Siehe Abs. 2.1.2 (S. 21).

[133] In späten Fassungen werden Informationssystem und Kommunikationsstruktur etwas ausführlicher betrach-

Wissen wie häufig zu lesen als Produktionsfaktoren bezeichnet werden, so unterstreicht dies zwar ihre Bedeutung, es steht jedoch – mit Ausnahme explizit Informations- bzw. Datenverarbeitender Leistungsprozesse wie z.B. im Journalismus – im Widerspruch der dem faktortheoretischen Ansatz zu Grunde liegenden analytischen Perspektive.[134]

Verweis auf das Verhaltens- und das Organisationsproblem

Das Konzept BERTHELS lässt sich – historisch betrachtet – in einer Übergangsphase der Betriebswirtschaftslehre einordnen. Ist die Sichtweise des Informationsbedarfs – wie dargestellt – noch deutlich in der faktortheoretischen Denkweise zu verorten, so werden mit den potentiell vom Informationsbedarf abweichenden Mengen Informationsangebot und -nachfrage zumindest implizit weitergehende organisatorische und verhaltensorientierte Fragestellungen angesprochen.[135] Zwar bleiben die *Organisationsprobleme* i.e.S. der Koordination der Entscheidungen unterschiedlich informierter Entscheidungsträger und der Motivation derselben noch ausgeblendet – so berücksichtigt das Konzept z.B. nicht, dass eine am objektiven Informationsbedarf ausgerichtete Bereitstellung entscheidungsunterstützender Information für einen Entscheidungsträger aus Sicht des Unternehmensinteresses nachteilig sein kann, wenn dieser Entscheidungsträger abweichende Interessen verfolgt[136] – die Problematisierung der Informationsversorgung an sich stellt jedoch bereits eine Hinwendung zu organisationalen Problemen dar. Zudem werden erste *Verhaltensprobleme* thematisiert. Auch hier berücksichtigt die Konzeptionalisierung des Informationsversorgungsproblems auf Basis der Idee des objektiven Informationsbedarfs weder die Fähigkeit realer Entscheider, Information ‚richtig' zu nutzen, noch die dynamische Veränderung dieser Fähigkeit. Dies kontrastiert jedoch mit der bereits die im Konzept angelegten potentiellen Divergenz zwischen objektivem Informationsbedarf und Informationsnachfrage, die eine prinzipielle kognitive Begrenzung des Entscheiders impliziert. Bereits BERTHEL selbst weist auf mögliche sigmatische und semantische Störungen in der Verständi-

tet, ohne jedoch zu einer theoretischen Integration zu gelangen. Dabei wird auf die aufkommende Informationsökonomik, insbesondere auf den – in dieser Arbeit später noch darzustellenden – Ansatz MARSCHAKS verwiesen. Vgl. Gutenberg (1960, S. 114 und S. 187 ff.) im Unterschied zu Gutenberg (1983, S. 133 und S. 267 ff.).

134 Versuche, Information oder Wissen als Produktionsfaktor in etablierte Produktionsfaktorsysteme zu integrieren, existieren vielfältig, sind jedoch weitgehend umstritten. Die Vorschläge reichen von der Einordnung von Information bzw. Wissen als zusätzlicher Elementarfaktor über die Zuordnung zu bestehenden Elementarfaktoren bis hin zur Einordnung von Information bzw. Wissen als Eingangsgröße des dispositiven Faktors. Vgl. im Überblick Teubner (2005), eine ausführliche Meta-Betrachtung liefert auch Seidenberg (1998).

135 Zur sozialwissenschaftlichen und verhaltenswissenschaftlichen Öffnung der Betriebswirtschaftslehre vgl. ausführlich Schanz (2004, S. 113), auch Wöhe (1993, S. 78 ff. u. S. 82 ff.).

136 Vgl. Chwolka (2002, Sp. 727).

gung zwischen einem Sender und einem Empfänger, d.h. auf divergierende Interpretationen einer Nachricht in Hinblick auf die jeweilige Aussage und ihre Bedeutung, hin.[137] Die Möglichkeit pragmatischer Störungen, also suboptimaler Nutzung der übertragenen Nachricht wird jedoch nicht weiter in die Konzeption einbezogen. Das Informationsbedarfs-Konzept enthält damit trotzdem einen nützlichen *heuristischen Hinweis* auf die Bedeutung des Subjekt-Charakters des Informationsempfängers. Dies wurde in der Literatur weiter ausgebaut, wie z.B. bei SZYPERSKI, der eine Abhängigkeit des Informationsbedarfs u.a. von einer variablen Expertise der Entscheidungsträger sieht[138] und somit ein dynamisches Moment einbringt. Insbesondere aufgrund der unzureichenden Erfassung des Organisationsproblems reicht das BERTHEL'SCHE Konzept jedoch nicht aus, um alleine hieraus das Design eines Informationssystems zu bestimmen. Es eignet sich jedoch als erstes Denkwerkzeug im HAYEK'SCHEN Sinne zur Charakterisierung des Problems. In einschlägigen Lehrbüchern zu Informationsmanagement, Controlling oder Unternehmenstheorie wird der Ansatz BERTHELS daher i.d.R. durch weitere Ansätze ergänzt, die einerseits durch die Beschreibung von neo-institutionalistischen bzw. informationsökonomischen Denkansätzen Interaktionsprobleme thematisieren sowie andererseits dem Gedanken begrenzter Rationalität mit der Beschreibung weiterer Ansätze zur Beschreibung individuellen Informationsverhaltens Rechnung tragen. Eine Integration zu einem geschlossenen theoretischen Modell findet jedoch nicht statt.

2.2.2 Die verhaltensorientierte Perspektive

Als verhaltensorientiert werden hier diejenigen Teilgebiete der betriebswirtschafliche Forschung bezeichnet, welche sich explizit mit den realen Eigenschaften menschlicher Akteure befassen. Im Kontext der Fragestellung dieser Arbeit sind hier jene Theorien von Relevanz, welche die menschliche Informationsverarbeitung thematisieren. Es folgt daher ein Überblick sowohl zu betriebswirtschaftlich-empirischen als auch zu psychologisch oder soziologisch orientierten Ansätzen.

Betriebswirtschaftliche Entscheidungsforschung

In der deutschen Betriebswirtschaftslehre wurde SIMONS Bounded-Rationality-Postulat[139] zunächst im entscheidungsorientierten Ansatz HEINENS aufgegriffen. Der Ansatz HEINENS zielt

---

137 Vgl. Berthel (1975, S. 25 f.).

138 Vgl. Szyperski (1980, Sp. 906).

139 Siehe hierzu bereits Abs. 2.1.1.

explizit auf eine theoretische Durchdringung der Funktionsweise des bei GUTENBERG stets entproblematisierten dispositiven Faktors. Willensbildung, Informationsversorgung und soziale Interaktion in Entscheidungsprozessen werden Gegenstand betriebswirtschaftlicher Forschung.[140] Der entscheidungsorientierte Ansatz wird zum Ausgangspunkt einer sozial- und verhaltenswissenschaftlichen Öffnung der deutschsprachigen Betriebswirtschaftslehre.[141] Anknüpfend lassen sich zum einen eine entscheidunglogisch-normative, zum anderen eine empirisch-deskriptive Strömung identifizieren.[142] Während Forschungsbemühungen, die einem logisch-normativen Verständnis folgen, versuchen, Entscheidungssituationen zu typisieren und Lösungsverfahren für die jeweiligen Entscheidungsprobleme zu entwickeln,[143] damit jedoch im tendenziell beim Planungsproblem der Unternehmung verharren, untersucht die empirisch-deskriptive Strömung das tatsächliche Verhalten menschlicher Entscheidungsträger.

Bezogen auf das Problem der Informationsversorgung ist diesbezüglich auf die grundlegende Forschung von *Witte* und *Hauschild* hinzuweisen, die im Bereich der empirischen Entscheidungsforschung Pionierarbeit mit Felduntersuchungen und Experimenten zum Informations- und Entscheidungsverhalten im betriebswirtschaftlichen Kontext geleistet haben.[144] Nicht theoretisch optimale Entscheidungen und dazu erforderliche Informationsversorgung, sondern tatsächliches *Informationsverhalten* und resultierende reale Entscheidungen werden betrachtet. Unter Informationsverhalten wird „[...] das auf Information gerichtete Tun und Unterlassen von Menschen“[145] verstanden, d.h. alle Aktivitäten die sich auf Informationsangebot und Informationsnachfrage, sowie Informationsverarbeitung beziehen. Paradigmatische Annahme bzw. auch in der Forschung ausdifferenziert Leithypothese ist dabei, dass die Informationsverarbeitungs-Fähigkeiten des Menschen begrenzt sind: „Es ist [...] unzweckmäßig, von der Modellfigur eines ‚homo informaticus‘ auszugehen [...].“[146] So konnte WITTE in Bezug auf Entscheidungen von Personenmehrheiten zeigen, dass höhere Informationsversorgungsaktivität allein nicht zwingend zu besseren Entscheidungen führt, sondern dass vielmehr ein abgestimmtes Niveau von Informationsversorgungs und Informationsnachfrage-Aktivität die Entscheidungs-Effizienz positiv beeinflusst. Zudem ergab sich, dass das Informations-Angebot die Informationsnachfrage

---

140 Vgl. Heinen (1976, S. 18 ff.).

141 Vgl. Schanz (2004, S. 113), auch Wöhe (1993, S. 78 ff. u. S. 82 ff.).

142 Vgl. Schanz (2004, S. 113), auch Wöhe (1993, S. 78 ff. u. S. 82 ff.).

143 Wöhe (1993, S. 78 ff.).

144 Vgl. u.a. Witte (1972), Hauschild et al. (1983).

145 Witte (1975, Sp.1916).

146 Witte (1972, S. 1).

positiv beeinflusst.[147] Im Überblick über die Forschung zu menschlichen Informationsverhalten und Entscheidungseffizienz ist jedoch festzustellen, dass es praktisch nicht möglich ist, darüber hinausgehend allgemeine Informationsverhaltens-Muster zu identifizieren. Es existieren vielmehr viele Einzelfaktoren, die ihre Wirkung situativ und subjektabhängig entfalten und sich zusammenfassend lediglich in Form eines Ordnungsrahmens darstellen lassen, wie er in Abbildung 2.4 dargestellt ist. Nach GEMÜNDEN geht wesentlicher Einfluss (naheliegender Weise)

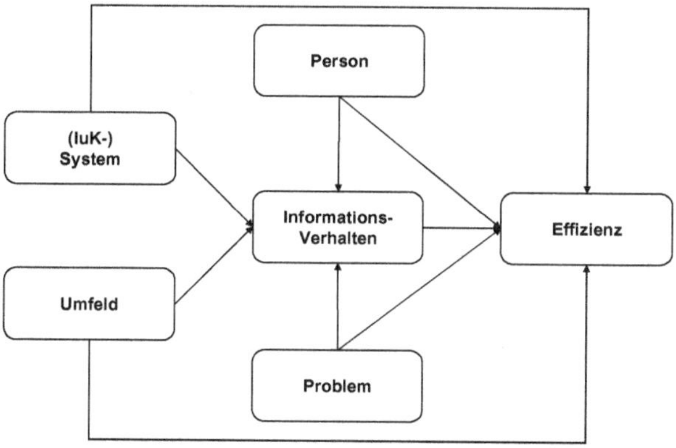

Abbildung 2.4: Determinanten von Informationsverhalten und Entscheidungseffizienz[148]

von der Problemsituation selbst aus. Die dem Problem und den verfügbaren Daten beigemessene Bedeutung und sowie die jeweilige Entscheidungsunsicherheit beeinflussen das Informationsverhalten deutlich, ebenso die gegebene zeitliche Restriktion. Im Unterschied zur entscheidungstheoretischen Sichtweise ist das Verhalten damit jedoch nicht vollständig bestimmt. Personale Eigenschaften wie soziodemographische Merkmale, kognitive Verhaltenstendenzen[149] sowie motivationale Faktoren[150] sind im Einzelfall von starkem Einfluss; von geringerer Bedeutung scheinen dagegen individuelle Leistungspotentiale[151] zu sein. Weiterhin sind das jeweilige Entscheidungsumfeld und ebenso die Gestaltung des Informations- und Kommunikati-

---

[147] Vgl. Witte (1972, insb. S. 58 u. S. 79 f.).

[148] In Anlehnung an Gemünden (1992, Sp. 1017).

[149] Z.B. Extroversion oder Introversion, rationale oder gefühlsmäßige Steuerung.

[150] Z.B. Leistungsmotivation, Neugier, Streben nach Klarheit.

[151] Z.B. Test-Intelligenz, Quantitative Fähigkeiten.

onssystems wesentliche Einflußfaktoren.[152]
Als bedeutende personale Größe wird die Problemlösungserfahrung der Entscheidungsperson hervorgehoben. Bei Personen mit hoher Expertise wurde festgestellt, dass diese unabhängig von ihrem unmittelbaren Fachgebiet in der Lage waren, Probleme schnell zu strukturieren und zu treffsicheren Hypothesen zu gelangen.[153] Damit resultiert jedoch auch ein impliziter Verweis auf die *Notwendigkeit einer dynamischen Betrachtung des Informationsversorgungsproblems*: „[...] Expertenfähigkeit ist kein statisches Merkmal.“ [154]
Die dargestellten Ergebnisse können nur ein Schlaglicht auf das Spektrum der betriebswirtschaftlichen Entscheidungsforschung werfen. Es existiert eine Vielzahl weiterer Arbeiten – letztlich lassen sich Empirie und die Modellbildung hier auf Grund des eingangs diskutierten Unendlichkeitsproblems[155] endlos vertiefen. Trotz der hohen Bedeutung menschlichen Entscheidungsverhaltens für das Verständnis betriebswirtschaftlicher Probleme sowie für die Managementlehre bewegt sich seine Erforschung jedoch – je nach Verständnis des Faches – an der Grenze der Betriebswirtschaftslehre als wissenschaftlicher Disziplin bzw. über diese hinaus im interdisziplinären Raum. So haben viele Modelle, die zum Verständnis der Realität sowie in der Management-Praxis hilfreich sind, psychologischen bzw. soziologischen Charakter.

Informationspathologien

Vor allem in Verbindung mit der wachsenden Informationsflut und zunehmender Entscheidungskomplexität sind die menschlichen Informationsverarbeitungsstrategien häufig der gegebenen Situation nicht gewachsen. Es kommt zu ungewolltem Fehlverhalten in der Informationsgewinnung, -weitergabe und -nutzung, die SCHOLL in Anlehnung an WILENSKY als *Informationspathologien* bezeichnet.[156] Zu diesen Pathologien zählen die akteursbezogenen Probleme

— der Schaffung einer adäquaten Wissensbasis,

— einer zu starken Fokussierung des Wissens und daraus folgender Betriebsblindheit,

— Informationsüberlastung,

— falscher Selbsteinschätzung und

— die Unfähigkeit (sich selbst) Fehler einzugestehen.

---

[152] Vgl. Gemünden (1992, Sp. 1016 ff.).

[153] Vgl. Gemünden (1992, Sp. 1024 f.).

[154] Gemünden (1992, Sp. 1025).

[155] Siehe bereits Abs. 1.2.

[156] Vgl. Scholl (1992, Sp. 901), Wilensky (1967).

Aus der psychologischen Kognitionsforschung, insbesondere aus den Arbeiten von KAHNEMANN und TVERSKY, ist eine Reihe von Experimenten bekannt, die zeigen, wie sich Menschen in bestimmten Situationen anders verhalten, als es im entscheidungstheoretischen Sinne rational wäre. Dabei zeigt sich in Summe, dass es meist *heuristische Entscheidungverfahren* sind, die im Alltagsleben nützlich sind, jedoch in isolierten, speziellen Entscheidungsituationen zu kurz greifen und zu Rationalitätsverlusten führen. Tabelle 2.1 gibt einen Überblick über prominente Effekte und ordnet diese den im Akteursmodell vorgestellten Grundfähigkeiten Wahrnehmung, Prognose und Bewertung zu. So zählt auch SCHOLL explizit einen naiven Realismus, die Überbetonung von Fakten oder quantitativen Daten gegenüber Interpretationen und qualitativen Aussagen sowie die Überbetonung von Erfahrung gegenüber theoretischem Wissen, aber auch die Gefahr einer Aktionsblockade durch übermäßige Analyse als Informationspathologien auf. In der Psychologie existiert eine Vielzahl von Erklärungsansätzen, die speziell den Umgang mit Information in Entscheidungsprozessen erklären. Als Meilensteine zu nennen sind hier u.a. FESTINGERS Theorie der kognitiven Dissonanz, die besagt, dass Akteure stets versuchen, Information insgesamt stimmig, konsonant zu halten und Informationen entsprechend subjektiv geleitet interpretieren,[158] sowie KUHLS Action-Control-Theorie, laut der vorausgewählte Handlungintentionen durch Beeinflussung des Informationsprozesses stabilisiert werden[159] und MONTGOMERYS Search for Dominance Structure-Theorie. Letztere besagt, dass Akteure in Entscheidungsprozessen zunächst relevante Eigenschaften/Attribute von Alternativen suchen, um dann eine Vorauswahl von Alternativen vorzunehmen. Unter diesen Alternativen wird eine dominante Alternative gesucht – ist diese nicht erkennbar, wird die vorhandene Information solange umbewertet, bis eine dominante Alternative entsteht.[160]

Neben den genannten Indiviualeffekten fasst SCHOLL unter den Begriff der Informationspathologien auch interaktionsbezogene Phänomene, u.a. Group-Think-Effekte und Interface-Gap-Probleme[161] sowie interessenpolitische Informationsverzerrungen, die bereits sozio-psychologischen oder soziologischen Charakter haben.[162] [163]

---

157 Eine Übersicht über viele der dargestellten Effekte liefert Hirshleifer (2001, S. 1539,ff.). Eine große Zahl relevanter Aufsätze findet sich im Sammelband von Kahneman/Tversky (2002).

158 Vgl. Festinger (1964).

159 Vgl. Kuhl (1984).

160 Vgl. Montgomery (1989), Montgomery (1993). Siehe hierzu auch die Experimente von Tyszka (1985), Holyoak/Simon (1999).

161 Der Begriff Interface-Gap bezeichnet Kommunikationsprobleme zwischen Experten unterschiedlicher Spezialisierungen, vgl. Tertilt (1978).

162 Z.B. Verschweigen schlechter Nachrichten vor übergeordneten Hierarchieebenen, Verfälschung von Information gegenüber potentiellen Konkurrenten, Veränderungs-Ignoranz in bürokratischen Systemen.

163 Zu Informationspathologien vgl. im Überblick Scholl (1992, Sp. 901). Für viele weitere Literaturhinweise sei an dieser Stelle Dipl.-Kffr. ANNA BASLER und Dipl.-Kffr. SOPHIE NIETFELD herzlich gedankt.

Effekt	Beschreibung	Quelle(n)
Wahrnehmungsbezogen:		
Salience-Effekt	Vermehrte Aufmerksamkeit auf Hervorhebungen durch Farbe oder Bewegung.	Taylor (1982)
Mere-Exposure-Effekt	Bevorzugung häufig wahrgenommener Merkmale.	Bornstein (1989)
Accessibility-Effekt	Verstärkte Wahrnehmung erwarteter Signale.	Bruner (1957)
Abstraktionsignoranz	Deutliche geringere Berücksichtigung von abstrakt gegebenen Daten im Vergleich zu konkreten Informationen.	Borgida/Nisbett (1977)
Framing	Beeinflussbarkeit durch die Art der Darstellung, z.B. durch Referenzpunkte- oder Maßstäbe, irrelevante Alternativen oder durch Irrelevante Fakten (z.B. Sunk-Costs).	Tversky/Kahneman (1984), Tversky/Kahneman (1986), Laughhunn (1984), Kühberger (1998)
Cluster-Illusion	Glaube, in zufälligen Mustern Regelmäßigkeiten und Abhängigkeiten entdecken zu können	Gilovich et al. (1985)
Confirmation-Bias	Interpretation neuer Information vor dem Hintergrund einer vorgefassten Meinung, Suche nach unterstützender Information.	Lord et al. (1979), Wason (1966)
Prognosebezogen:		
Representativeness-Heuristik	Zurechnung erhöhter Wahrscheinlichkeiten zu Ereignissen, die in wesentlichen Charakteristika Ähnlichkeit mit bekannten Zuständen haben.	Kahneman/Tversky (1972), Tversky/Kahneman (1983)
Law-of-small-numbers-Heuristik	Überschätzung der Repräsentativität kleiner Stichproben	Tversky/Kahneman (1971)
Availablility-Heuristik	Höhere Wahrscheinlichkeitszurechnung für Ereignisse, die leichter erinnert werden.	Tversky/Kahneman (1973)
Gambler's Fallacy	Schätzung einer bedingten Wahrscheinlichkeit bei (bekannter) stochastischer Unabhängigkeit von Ereignissen	Clotfelter/Cook (1993)
Base-rate-Fallacy	Vernachlässigung einer bekannten Grundverteilung, Überbewertung neuer Information.	Kahneman/Tversky (1973), Camerer (1995)
Überschätzung kleiner Wahrscheinlichkeiten	Überbewertung geringer wahrgenommener Restrisiken bei der Bildung subjektiver Wahrscheinlichkeiten	Tversky/Kahneman (1984)
Bewertungsbezogen:		
Biased Self-Attribution	Zuschreibung von Erfolgen zu eigenem Handeln, von Mißerfolgen zu externen Einflüssen	Miller/Ross (1975), Taylor/Brown (1988)
Overconfidence / Over-optimism	Überschätzung des eigenen Wissensstandes bzw. der eigenen Fähigkeiten	Glaser et al. (2005), Svenson (1981), Odean (1998)
Prudence-Trap	Übervorsichtiges Handeln	Hammond et al. (1998)
Mental-Accounting	Getrennte geistige Behandlung z.B. von Gewinnen und Verlusten.	Thaler (1985)
Verlustaversion	Asymmetrische Risikofreude bei möglichem Gewinn oder möglichem Verlust	Kahneman/Tversky (1979)
Endowment-Effekt	Asymmetrisches Verhältnis zwischen Zahlungsbereitschaft und Forderung für Kauf und Verkauf identischer Dinge, Unterbewertung von Opportunitätskosten.	Thaler (1980, S. 44), Kahneman et al. (1990), Weber (1993b)
Regret-Aversion	Abneigung gegen potentielles Bedauern einer Entscheidung, folglich Ausweichen oder Modifizieren der Entscheidung.	Thaler (1980, S. 44), Loomes/Sugden (1982)
Status-Quo-Effekt	Bevorzugung des gegebenen Zustands, damit verbundene Asymmetrie im Bedauern unterlassener positiver Handlungen gegenüber unternommener negativer Handlungen	Samuelson/Zeckhauser (1988), Spranca et al. (1991)
Ambiguity-Aversion	Bevorzugung von Alternativen mit bekannter Verteilung der Konsequenzen gegenüber Alternativen mit unbekannter Verteilung.	Ellsberg (1961), Camerer/Weber (1992) Fox/Tversky (1995).
Certainty-Effekt	Überbewertung sicherer Ergebnisse gegenüber unsicheren.	Tversky/Kahneman (1986, S. 265 ff.), Allais (1953)
Familiarity-Bias, Home-Bias	Bevorzugung von Alternativen aus einem bekannten Bereich, z.B. Kapitalmarkt-Produkten aus dem jeweiligen Heimatland.	Coval/Moskowitz (1999)
Halo-Effekt	Tendenz zur Bewertung von Alternativen anhand eines einzelnen markanten Attributes.	Nisbett/Wilson (1977), Thorndike (1920)
Narrow-Bracketing / Narrow-Framing	Isolierte Alternativenbeurteilung unter Vernachlässigung des Gesamtzusammenhangs.	Read et al. (1999), Kahneman/Lovallo (1993)

Tabelle 2.1: Prominente psychologische Entscheidungsverzerrungen[157]

Kommunikationsorientierte soziologische Ansätze

Weniger die Wirkung von Informations-, denn die Bedeutung von Kommunikationsprozessen steht im Fokus der meisten soziologischen Ansätze. *Kommunikation* ist im Verständnis LUHMANNS konstitutiv für soziale Systeme und wird von diesen wiederum selbst hervorgebracht. Kommunikation selbst ist nicht ex ante gegeben, sondern muss auch zunächst herausgebildet werden.

Im radikal konstruktivistischen Verständnis von MATURANA/VARELA sind bereits die kognitiven Systeme (bzw. die Gehirne) der Akteure in sich operational geschlossen. Solche Systeme können zwar externe Signale empfangen, ordnen diesen jedoch keine feste Bedeutung zu. Sie erzeugen eigene informationelle Zustände, die (letztlich hypothetische) Konstruktionen der Umwelt sind. Einem Signal wird somit stets eine individuell pfadabhängig geprägte ‚konnotative' Bedeutung beigemessen. Kommunikation kann demnach nur dann erfolgreich sein, wenn Sender und Empfänger dem verwendeten Signal z.B. auf Grund geteilter Erfahrungen ähnliche konnotative Bedeutungen beimessen, d.h. einen sog. ‚konsensuellen' Bereich teilen.[164]

WATZLAVICK/BEAVIN/JACKSON zerlegen Kommunikation in Einzelaspekte. Ihre fünf Axiome verdeutlichen mögliche Angriffspunkte für Kommunikationsstörungen:

1.) Es ist keine Nicht-Kommunikation möglich,

2.) Kommunikation hat stets einen Inhalts- und einen Beziehungsaspekt,

3.) Beziehungen sind durch Interpretationsweisen und Kausalwahrnehmungen der Kommunikation (sog. Interpunktion) geprägt,

4.) Kommunikation kann digital (explizit sprachlich) und analog (im impliziten Ausdruck, z.B. durch Gestik) erfolgen,

5.) zu Grunde liegende Beziehungen können symmetrisch (zwischen gleichen Partnern) oder komplementär (zwischen ungleichen Partnern) sein.

Die Axiome von WATZLAVICK/BEAVIN/JACKSON bieten einen Ordnungsrahmen zur Analyse von Kommunikationsprozessen. Sie eigenen sich damit z.B. zur Strukturierung der Auswahl geeigneter Kommunikationsmedien in der Informationssystem-Gestaltung.[165]

Sowohl in dieser Funktion ähnlich, als auch hierzu inhaltlich verwandt ist der Ansatz von

---

[164] Vgl. Picot et al. (2003, S. 103 ff.).

[165] Vgl. Watzlawick et al. (1996), im Überblick auch Picot et al. (2003, S. 93 f.).

SCHULZ VON THUN, der jedoch nicht die Kommunikation als ganze, sondern die einzelne Nachricht zum Gegenstand hat. Nach SCHULZ VON THUN umfasst jede Nachricht vier (Teil-)Botschaften, nämlich Selbstoffenbarung, Sachinhalt, Beziehung und Appell. Während Sachinhalts- und Beziehungsaspekt bereits in den Axiomen von WATZLAVICK/BEAVIN/JACKSON wiederfinden, stellen Selbstoffenbarungsaspekt und Appell darüberhinausgehende Inhalte dar, die sowohl intendiert als auch nicht intendiert vermittelt werden können. Wie bereits bei WATZLAVICK/BEAVIN/JACKSON bergen alle vier (Teil-)Botschaften das Potential für Missverständnisse in der Kommunikation, wenn Sender und Empfänger sie unterschiedlich gewichten und deuten.[166] [167]

Wenn auch weniger direkt, dennoch ebenfalls im Kontext kommunikativer Aspekte zu sehen ist die Theorie des Informationsverhaltens nach O'REILLY. Auch O'REILLY stellt nicht den instrumentellen Nutzen der Information in den Vordergrund, sondern den sozialen Kontext des Informationsverhaltens. Dieses ist demnach zwar auch von den Eigenschaften der konkreten Aufgabe bzw. des konkreten Problems abhängig, genauso jedoch auch von der gegebenen Organisationsstruktur, vorhandenen Anreiz- und Kontrollsystemen, dem etablierten Normen- und Wertegefüge sowie von formalen und informalen Machtbeziehungen geprägt. Das tatsächliche Informationsverhalten ist demnach letztlich das Resultat eines Kosten-Nutzen-Kalküls, das die Beschaffungskosten der Information und den erwarteten Nutzen aus der Beachtung der Information gegen die möglichen Sanktionen aus Nichtbeachtung abwägt. Dem für Dritte sichtbaren Informationsverhalten kann dabei eine kommunikative Wirkung als Signal zukommen.[168] FELDMANN/MARCH stellen dazu passend fest, dass das sichtbare Informationsverhalten in schwer beurteilbaren Situationen häufig auch als Bewertungssubstitut zur Beurteilung von Entscheidungen herangezogen wird und – damit einhergehend – Informationen häufig nicht zur tatsächlichen Entscheidungsfundierung verwendet, sondern lediglich zur äußeren Rechtfertigung unabhängig getroffener Entscheidungen ‚symbolisch' genutzt werden.[169]

---

166 Vgl. Schulz von Thun (1993), sowie Picot et al. (2003, S. 95 ff.)..

167 Ein weiterer, jedoch ähnlich gelagerter Ansatz ist das didaktisch ausgerichtete TALK-Modell NEUBERGERS erwähnt, vgl. hierzu auch Picot et al. (2003, S. 97 f.).

168 Vgl. O'Reilly (1983).

169 Vgl. Feldman/March (1981).

2.2.3 Die ökonomische Perspektive

Die Diskussion des Organisationsproblems fällt in die Domäne der ökonomischen Theorien. Innerhalb dieser existieren dabei verschiedene Ansätze, die sich speziell im Umgang mit dem Informationsversorgungsproblem unterscheiden lassen. Als Ausgangspunkt dazu wird zunächst die Informationsprobleme ausblendende traditionelle Ökonomik betrachtet, bevor der Schritt zur modernen Informationsökonomik dargestellt wird. Zum Verständnis ökonomischer Schemata wird dann die methodische Rolle der Rationalitätsannahme besprochen, ehe schließlich anhand aktueller Ansätze dargestellt wird, wie sich hieraus verschiedene Schemata zur Untersuchung unterschiedliche Aspekte der Informationsversorgung und ihrer Auswirkungen auf das Koordinations- und Motivationsproblem ergeben.

Traditionelle Ökonomische Theorie

Lange Zeit hat die Ökonomik der Frage der Bedeutung von Information kaum Beachtung geschenkt:

> „One should hardly have to tell academicians that information is a valuable resource: knowledge *is* power. And yet it occupies a slum dwelling in the town of economics. Mostly it is ignored: the best technology is assumed to be known; the relationship of commodities to consumer preferences is a datum. And one of the information-producing industries is treated with a hostility that economists normally reserve for tariffs or Monopolists.“[170]

In den traditionellen ökonomischen Theorien dominieren Ansätze, die nicht nur unbeschränkt rationales Entscheidungsverhalten, sondern auch *vollständige Information* aller Marktteilnehmer voraussetzen: Die Theorie schliesst zwar im Sinne des methodologischen Individualismus vom Verhalten der Elemente einer Mikroebene auf Phänomene einer Makroebene, die neoklassischen mikroökonomischen Marktgleichgewichtstheorien[171] blenden jedoch durch die Annahme einer *transparenten Umgebung* und eines stets optimal handelnden *homo oeconomicus* innerhalb der Mikroebene bestehende Probleme der Verteilung von Wissen und Informationsversorgung vollständig aus. Kern des Interesses sind nicht individuelle Interaktionsprozesse, sondern die aggregierten Interaktionsergebnisse in Form entstehender Gleichgewichtszustände. Unterschiedliche Gegebenheiten an Ressourcen, Technologien, Präferenzen und Marktformen lassen sich so zwar in einer komparativ-statischen Analyse in Bezug auf das jeweilige Marktergebnis vergleichen. Verfügbares Wissen lässt sich jedoch nur indirekt und in Bezug auf

[170] Stigler (1961, S. 213), Hervorhebung im Original kursiv.

[171] Vgl. hierzu und im Folgenden Picot et al. (2003, S. 30 f.).

einen gesamten Markt über die seine Rahmenbedingungen abbilden: Die zur Verfügung stehenden möglichen Produktionsfunktionen, sowie Ressourcen und Präferenzen von Anbietern und Nachfragern lassen sich auch als Abbild des Wissens über Technologie, Ressourcenzugang und Verwendungsmöglichkeiten von Gütern verstehen. So lässt sich zwar z.B. die Allokationswirkung einer neuen Technologie durch Variation eines Parameters einer Produktionsfunktion untersuchen; der Weg dorthin bleibt jedoch intransparent.

Informationsökonomik

Erst die *Informationsökonomik* befasst sich mit interaktionsbezogenen Informationsproblemen und ihren Auswirkungen – es werden Situationen betrachtet, in denen verschiedene Akteure über (potentiell) unterschiedliches Wissen oder unterschiedlichen Informationszugang verfügen.[172] Auch hier wird weiterhin eine fundamentale methodologisch individualistische Perspektive vertreten,[173] mit der Betrachtung unterschiedlicher Informationszugänge klingen jedoch bereits erste leicht subjektivistische Züge an. Zur Informationsökonomik zählen Modelle zur Frage der Informationssuche[174], -produktion und -aquisition auf Märkten[175], ebenso wie Fragen der Koordination und Motivation von Agenten in Organisationen.[176] Letzere sind speziell für Organisationsfragen von besonderer Relevanz:

— Das *Koordinationsproblem* besteht in der Frage, wie Informationsstrukturen und Entscheidungsregeln *mehrerer* Entscheider so gestaltet werden können, dass die resultierenden Handlungen insgesamt möglichst nah an einem gewünschten Ergebnis liegen.

— Das *Motivationsproblem* resultiert aus dem Einfluss von Individualinteressen der Akteure, die vom Unternehmensinteresse abweichen. Es sind daher Anreizbedingungen zu identifizieren, die in der vorliegenden Interessenlage bei gegebenen Informationen zu Handlungsentscheidungen führen, die in Summe möglichst nah an einem gewünschten Ergebnis liegen.[177]

---

[172] Vgl. Milgrom (1981, S. 380).

[173] Hierzu ARROW:„It is a touchstone of accepted economics that all explanations must run in terms of the actions and reactions of individuals.“ Arrow (1994, S. 1).

[174] Vgl. z.B. Stigler (1961); der Aufsatz prägte zudem den Begriff der ‚Economics of Information‘.

[175] Vgl. Stiglitz (2000).

[176] Vgl. z.B. Arrow (1964), Arrow (1985). Zur Informationsökonomik allgemein s.a. Leuz (2002, Sp. 737 ff.).

[177] Zu Koordination und Motivation als Organisationsproblemen vgl. Laux/Liermann (2002, S. 7 f.), Jost (2000a, S. 24 f.), Jost (2000b, S. 454 ff.) Milgrom/Roberts (1992, S. 25 ff.). Wegweisend Arrow (1964).

Grundlage informationsökonomischer Analysen ist die Annahme eines unter gegebenen Informationsrestriktionen rationalen Verhaltens der beteiligten Akteure: Die homo oeconomicus-Annahme bildet den gemeinsamen Nukleus der ökonomischen Ansätze. In der Informationsökonomik wird diese durch eine spezifische Bereichsannahme[178] ergänzt: Sie wird durch die (häufig jedoch nur implizit formulierte) Restriktion einer beschränkten Wahrnehmungsfähigkeit der Akteure, die in einer angenommenen (z.B. asymmetrischen) Informationsverteilung resultiert und in ihren Folgen diskutiert wird, ergänzt.[179] Damit ist weiterhin eine Operationalisierung der Verhaltensannahme durch die normative Entscheidungstheorie möglich, angepasst wird die Modellierung des jeweiligen Entscheidungsfeldes. Dort lassen sich auch über die Informationsbeschränkungen hinausgehende, weitere Restriktionen abbilden – auch solche, welche die Prognose- und Bewertungsfähigkeit betreffen.[180] Durch das Festhalten am entscheidungstheoretischen Nukleus bleiben die Modelle jedoch im Rahmen der Kategorie, die nach RADNER als ‚erweitertes Savage-Paradima' bzw. ‚costly rationality' bezeichnet werden kann.[181]

Funktion der Rationalitätsannahme zur Modellbelebung

Die entscheidungtheoretisch operationalisierte Annahme rationalen Verhaltens der Akteure bildet als *Rationalitätshypothese*[182] eine Konkretisierung von POPPERS offen formuliertem Rationalitätsprinzip[183] und stellt das *belebende Gesetz*[184] informationsökonomischer Modelle dar: Versteht man Wissenschaft als Suche nach Mustern oder Regelmässigkeiten, so ist diese Suche nur unter der *Annahme* sinnvoll, dass solche Muster bzw. Regelmässigkeiten existieren. Es wird unterstellt, dass es einen (funktionalen) Zusammenhang zwischen einer gegebenen Situation und den zu erwartenden Handlungen der mit der Situation konfrontierten Akteure gibt. Um die Intentionaliät menschlichen Handelns[185], letztlich um die menschliche Freiheit modellhaft zu integrieren, werden die Handlungen (neben den sonstigen Situationsbedingungen) in Beziehung zu individuellen Zielen gesetzt. Aus der Annahme der Existenz eines funktionalen Zusammenhangs und der Integration von *Zielen* folgt dann eine Konstellation, in der Akteure nicht rein

---

178 Siehe hierzu erneut die Unterscheidung nach MUSGRAVE, Abs. 1.2 (S. 7).

179 Vgl. ähnlich Meyer (2005, S. 17).

180 Zur Technik der Modellierung vgl. erneut Rubinstein (1998).

181 Siehe auch Abschnitt 2.1.1.

182 Vgl. Vanberg (2004, S. 2 f.).

183 Das Rationalitätsprinzip ist in POPPERS bewusst gewählter *Minimalformulierung* (vgl. hierzu Popper (2000, S. 355)) „[...] offensichtlich ein *fast leeres* Prinzip.“(Popper (2000, S. 352), Hervorhebung im Original.)

184 Zur Notwendigkeit eines belebenden Gesetzes in der Modellbildung vgl. Popper (2000, S. 351 f.).

185 Zur Bedeutung der Intentionalität menschlichen Handelns vgl. auch Suchanek (1994, S. 85 f.).

zufällig, sondern auf Basis subjektiver Handlungsbedingungen und ihrer individuellen Ziele logisch nachvollziehbar, *situationsgerecht* handeln. In der Informationsökonomik bedeutet dies, dass die Akteure zwar nicht über vollständige Information verfügen, die individuell verfügbare Information jedoch stets optimal ausnutzen. Dadurch lassen sich im Modell die Grenzbereiche der realiter vorhandenen Handlungspielräume der Akteure ausloten. Aufgrund der abstrakt getroffenen Annahme der Existenz eines zielorientierten funktionalen Zusammenhangs können die Akteure, wie POPPER sagt, „[...] ‚ausagieren', was in der Situation *enthalten* war."[186] Die empirische Leere des Rationalitätsprinzips führt zudem zu einer weiteren Stärke des Ansatzes: *Seiner integrativen Kraft*[187]. Eben durch jene Leere wird es erst möglich, weitere zusätzliche Annahmen einzubinden, ohne dass diese mit den Grundlagen des Modells kollidieren können.

Ausrichtungen

Die Kombination einer rationalen Handlungstheorie mit verschiedenen Informationsrestriktionen hat sich als, mächtiges' Konzept gezeigt: In den letzten Jahren haben informationsökonomische Ansätze große Bedeutung in der betriebswirtschaftlichen und auch allgemein sozialwissenschaftlichen Forschung erlangt. ARROW bezeichnet die Entwicklung der Informationsökonomik als wichtigsten wissenschaftlichen Fortschritt der Ökonomik im 20. Jahrhundert überhaupt.[188] In der internationalen Literatur zum ‚Accounting' hat sich, ausgehend von den Arbeiten von FELTHAM und DEMSKI[189], ein eigener informationsökonomisch ausgerichteter Forschungzweig etabliert, der eine Informationsversorgungs-orientierte Perspektive anstelle des traditionellen bewertungsorientierten Verständnisses des Rechnungswesens (im allgemeinen Sinne) betont.[190] Im deutschen Sprachraum wird diese Bedeutung der Informationsökonomik für die Analyse von Fragestellungen von Controlling und Unternehmenssteuerung seit längerem vor allem durch EWERT vertreten.[191]

In jüngerer Zeit sind innerhalb der informationsökonomischen Modelle jene besonders prominent, die aus Informationsasymmetrie und unvollständigen Verträgen resultierende Motivations-

---

186 Popper (2000, S. 353), Hervorhebungen im Original.

187 Der Ausdruck ‚integrative Kraft' ist aus ähnlichem Zusammenhang von WITTE entliehen, vgl. Witte (1998, S. 739).

188 „I consider this to be the greatest development of the century and one which has virtually no precedent in the nineteenth century." Arrow (2001, S. 300).

189 Vgl. u.a. Feltham/Demski (1970).

190 Zum Gegensatz der Perspektiven sowie zum Literatur-Überblick vgl. Mattessich (2006).

191 Vgl. z.B. Ewert (2003), Ewert (1992).

probleme anhand von Prinzipal-Agenten-Beziehungen analysieren.[192] Explizit auf die Gestaltung von Informationssystemen beziehen sich u.a. auch HESS und WALL. So diskutiert HESS die Verbesserung der Informationsversorgung eines Prinzipals durch Führungsinformationssysteme: Der Einsatz neuer Technologien eröffnet für den Prinzipal neue Wege im Monitoring und Screening und damit zur Verringerung der Informationsasymmetrie zwischen ihm und dem Agenten. Aus der Art des Informationsdefizits des Prinzipals und der Möglichkeit des Agenten, das Arbeitsergebnis zu beinflussen, werden Anforderungen an die inhaltliche und funktionale Gestaltung eines Führungsinformationssystems abgeleitet.[193] Die Informationsökonomik wird so zum Analyseinstrument auf einer abstrakten modelltheoretischen Ebene, von der aus auf die konkrete Lösungsebene geschlossen werden kann.[194]

Deutlich breiter formuliert adressiert das Forschungprogramm von WALL[195] komplexe *Wechselwirkungen* zwischen Systemgestaltung und Systemnutzung vor dem Hintergrund divergierender Interessen. Diskutiert werden z.B. Probleme strategischer und inkompetenter Nutzung eines Informationssystems durch den Agenten in Verbindung mit verschiedenen Gestaltungsdimensionen des Informationssystems (Durchdringungsgrad, Datenzugriffsmöglichkeit, Automatisierungsgrad, Integrationsgrad).[196] Auch wird z.B. dargestellt, wie die Partizipation von Agenten in Form von Bereichsmanagern an der Gestaltung von Führungsinformationssystemen bereits Raum zu opportunistischem Handeln bieten kann.[197] Durch die Kombination verschiedener Konstellationen der Prinzipal-Agenten-Beziehung in Verbindung mit unterschiedlichen Systemvarianten und Entscheidungskomplexen[198] eröffnet das Forschungsprogramm von WALL zwar ein weites Feld der Analyse – durch die Einbeziehung von Informationssystemen als zusätzliches variables Element entsteht jedoch ein Ansatz hoher Komplexität, wie auch bereits die Vielzahl der sich aus Wall (2002) ergebenden Fälle zeigt.

Deutlich abstrakter, jedoch explizit auf Controlling und Informationsmanagement bezogen ist die Arbeit SCHILLERS mit dem sprechenden Titel „Vom Nutzen (un-)informierter Agenten"[199], welche die festgestellte Schwäche einer reinen Ausrichtung der Informationsversorgung am

---

[192] So befasst sich z.B. Macho-Stadler/Pérez-Castrillo (2001) unter dem Stichwort Economics of Information nahezu ausschließlich mit Prinzipal-Agenten-Modellen. Zum Prinzipal-Agenten-Ansatz vgl. ausführlich Meyer (2004a).

[193] Vgl. Hess (1999).

[194] Vgl. Hess (2003, S. 431 f.).

[195] Wall (2003a)

[196] Vgl. Wall (2003b), Wall (2002).

[197] Vgl. Wall (2003b), Wall (2003a).

[198] Vgl Wall (2002, S. 34 ff.)

[199] Schiller (2001, S. 3).

Planungsproblem-dominierten Informationsbedarf veranschaulicht: Dargestellt wird ein Prinzipal-Agenten-Szenario, in dem der Agent bei verfügbarem Kosteninformationssystem die genaue Kenntnis der Kosten eines Auftrages zu Lasten des Prinzipals ausnutzen kann, während ihm dies ohne das Kosteninformationssystem nicht möglich wäre. Im Unterschied zur reinen Moral-Hazard-Situation,[200] resultiert aus dem im Beispiel abgebildeten Adverse-Selection-Problem eine Situation, in der es aus Sicht des Prinzipals vorteilhaft sein kann, dem Agenten nur restriktive Informationsversorgungsmöglichkeiten bereitzustellen.[201]

Insgesamt stellt die spezifische Konstellation aus Prinzipal und Agent einen für die Analyse von Anreizproblemen und unvollständigen Verträgen nützlichen Idealtypus dar. Die Informationsverteilung zwischen den Akteuren bildet dabei den Ausgangspunkt der Erklärungsstrategie. Aus einer typischerweise asymmetrischen Konstellation heraus werden Interessenkonflikte virulent. Entstehende Ineffizienzen lassen sich nun darstellen, anknüpfend können Möglichkeiten zu ihrer Überwindung durch Variation der Anreizgestaltung analysiert und diskutiert werden.[202]

Für Fragestellungen, die nicht das Motivations-, sondern das Koordinationsproblem der Organisation betreffen, erscheint die geschilderte Erklärungsstrategie aufgrund ihrer Ausrichtung auf die Anreizproblematik jedoch weniger geeignet. Steht nicht der interindividuelle Interessenkonflikt, sondern die für individuelle Entscheidungen und resultierende Aggregateffekte relevante Informationsverteilung im Fokus der Analyse, liegt es im Gegensatz dazu sogar nahe, im Sinne der pragmatischen Reduktion[203] die Anreizproblematik (zumindest vorübergehend) ganz auszublenden: Als Ausgangspunkt für die Untersuchung von Koordinationsproblemen erscheint der Idealtypus des Interessenkonflikt-freien Teams geeignet. Jener Weg wird durch die ‚Economic Theory of Teams', die Teamtheorie beschritten, die im folgenden Abschnitt ausführlicher dargestellt wird.

---

200 SCHILLERS Referenzfall hierzu ist Baiman/Sivaramakrishnan (1991).

201 Vgl. Schiller (2001).

202 Vgl. Meyer (2005, S. 16 ff.). Zur Heuristik von Prinzipal-Agenten-Modellen vgl. ausführlich Meyer (2004a).

203 Siehe auch Abs. 1.2 (S. 6).

2.2.4 Abstraktion von Wollensproblemen im informationsökonomischen Ansatz der Teamtheorie

Die Teamtheorie betrachtet interdependente Entscheidungen dezentral agierender interessenhomogener Akteure mit potentiell unterschiedlichem Informationszugang. Sie geht auf JACOB MARSCHAK zurück[204] und wurde von ihm vor allem gemeinsam mit ROY RADNER ausdifferenziert und fortentwickelt.[205] Historisch betrachtet bildet die Teamtheorie den ersten Ansatz, entscheidungstheoretische Modelle auf von Personenmehrheiten getroffene Entscheidungen auszuweiten. Sie hat – ihrerseits stark durch die Arbeit von NEUMANN/MORGENSTERN[206] inspiriert – die moderne ökonomische Theorie wesentlich beeinflusst.[207] [208] Sie bildet ausgänglich zudem die explizite Grundlage FELTHAM/DEMSKIS informationökonomischer Perspektive des ‚Accountings'.[209]

Im Folgenden soll zunächst ihre Besonderheit dargestellt werden: Die Annahme des Interessenkonflikt-freien Teams. Vor dem Hintergrund des Akteurs-orientierten Ansatzes dieser Arbeit wird anschließend ihr methodologisch-individualistisches Erklärungsmodell dargestellt, um anschließend dessen heuristisches Potential zu verorten.

Die Teambedingung

Im allgemeinsprachlichen Sinn wird unter einem ‚Team' i.d.R. eine Gruppe von Personen verstanden, die gemeinsam auf ein bestimmtes Ziel hin zusammenwirken; als Lehnwort aus dem Englischen lässt es sich im Deutschen auch mit Mannschaft, Arbeitsgruppe oder -kollektiv übersetzen.[210] Die Teamtheorie nach MARSCHAK/RADNER verfolgt das Ziel, das Verhalten solcher

---

[204] Vgl. initial Marschak (1954), Marschak (1955).

[205] Vgl. Marschak/Radner (1972) als umfassendes Werk.

[206] Speziell v. Neumann/Morgenstern (1944).

[207] Die Teamtheorie kann als eine der Pionierleistungen der Informationsökonomik bezeichnet werden, vgl. Weil (1973, S. 478). Das Gesamtwerk MARSCHAKS bildet einen der wesentlichen Ausgangspunkte der formalen Organisationstheorie. Vgl. Arrow (1978, S. 71), Baetge (1977, Sp. 553).

[208] Zu Leben und Werk MARSCHAKS vgl. Hagemann (1997). Zum Hintergrund der Teamtheorie insb. Hagemann (1997, S. 245). Zum Kreis der Mitarbeiter und Schüler MARSCHAKS zählten neben RADNER weitere der größten Ökonomen des vergangenen Jahrhunderts, so u.a. ARROW, DEBREU, HAAVELMO, KLEIN, KOOPMANS, LEONTIEF, MARKOWITZ, MODIGLIANI, SAMUELSON und WALD, auch HERBERT SIMON. Vgl. Hagemann (1997, S. 242 u. S. 247).

[209] Vgl. Feltham/Demski (1970, S. 623).

[210] Zur Übersetzung vgl. LEO Dictionary Team (2007, Team).

Gruppen bei unterschiedlichen Informations-Gegebenheiten zu beschreiben und Hinweise zur effizienten Koordination von Teams zu geben. Zu diesem Zweck wird der Begriff des Teams präzisiert. Die Grundannahmen der Teamtheorie lassen sich dabei in die folgenden Axiome fassen:[211]

Individuelle Rationalität: Alle Akteure entscheiden gemäß einer individuellen Präferenzfunktion, die eine eindeutige Bewertung (Transitivität) und Ordnung (Vollständigkeit) der möglichen Umweltzustände ermöglicht.

Transitive und vollständige Gruppenpräferenzen: Es existiert eine übergeordnete Präferenzfunktion für die betrachtete Gesamtheit der Akteure, d.h. der Gruppe (bzw. Organisation), die eine eindeutige Ordnung der Umweltzustände aus Sicht der Gruppe ermöglicht.

Pareto-Optimalität: Ist ein erster Umweltzustand für alle Akteure nicht schlechter als ein anderer zweiter Zustand, so ist er auch aus Sicht der Gruppe nicht schlechter als der zweite Zustand.

Solidarität: Ein Umweltzustand, der aus Sicht der Gruppe einem zweiten Zustand vorgezogen wird, wird auch aus Sicht jedes individuellen Akteurs dem zweiten Zustand vorgezogen.[212]

Diese Axiome zusammen werden häufig als *Teambedingung* bezeichnet. Das Axiom der individuellen Rationalität ist dabei jedoch eher als allgemeine analytische Grundannahme [213] zu verstehen. Als Teambedingung *i.e.S.* sollen daher hier die anderen, die Interessenhomogenität der Akteure bestimmenden Axiome bezeichnet werden. Diese eignen sich zur Differenzierung unterschiedlicher organisatorischer Formen: Nur wenn alle erfüllt werden, kann von einem echten *Team* gesprochen werden.[214] Das gemeinsame Werk von MARSCHAK und RADNER konzentriert sich dabei fast völlig auf die Analyse echter Teams. Dadurch kommt es zu einer vollständigen Abstraktion von Wollensproblemen – es verbleibt ein reines *könnensbedingtes Koordinationsproblem*.

---

211 Zur Axiomatik vgl. Marschak (1954, S. 188), Albach (1969, Sp. 1630 f.), Baetge (1977, Sp. 554), Poensgen (1976, Sp. 3846), die lediglich in der Gruppierung der Aussagen variieren.

212 Mit der Erfüllung des Solidaritätsaxioms wird das Axiom der Pareto-Optimalität automatisch erfüllt, vgl. Poensgen (1976, Sp. 3846).

213 Siehe auch die Ausführungen unter Abs. 2.2.3 (S. 49).

214 Wird das Solidaritätsaxiom nicht erfüllt, so wird von einer *Gemeinschaft* gesprochen (Poensgen (1976, Sp. 3846) übersetzt Marschak (1954, S. 189) wörtlich mit *Stiftung*); sind die Gruppenpräferenzen zudem nicht vollständig, spricht man lediglich von einer *Koalition*. Vgl. Marschak (1954, S. 189), Albach (1969, Sp. 1631).

Erklärungsmodell der Teamtheorie

Wie in allen informationsökonomischen Ansätzen wird in der Teamtheorie ein methodologisch-individualistisches Erklärungsmodell gewählt. In einer gegebenen Situation muss ein jeder Akteur eines Teams auf Basis der für ihn individuell verfügbaren Information eine isolierte Handlungsentscheidung treffen. Im Resultat sind die Handlungen aller Akteure dabei miteinander und mit dem gegebenen Zustand der Umwelt verknüpft. Alle Teammitglieder streben auf Grund der Teambedingung dieselben Resultate an. Dies wird zumeist durch eine gemeinsame (Team-) Auszahlungsfunktion dargestellt.[215]
Die Methodik der Teamtheorie lässt sich in den Kategorien von COLEMANS 2-Ebenen-Konzept beschreiben. Abbildung 2.5 gibt hierzu einen Überblick.

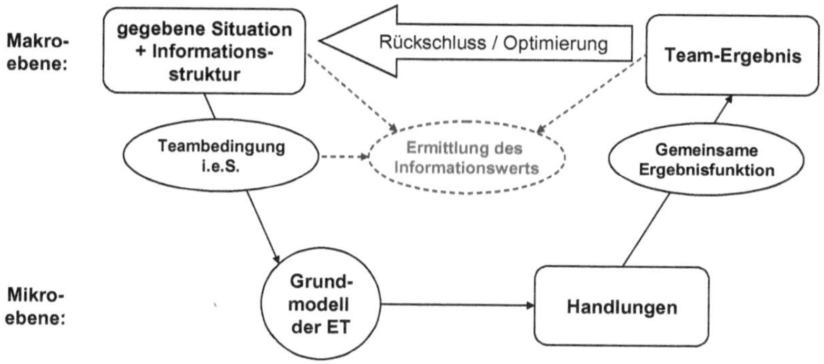

Abbildung 2.5: Die Teamtheorie im 2-Ebenen-Schema des methodologischen Individualismus[217]

Die Annahme individueller Rationalität verweist auf das als Handlungstheorie verwendete entscheidungstheoretische Modell. Im Detail sind es die formal-analytischen Überlegungen aus SAVAGES „Foundations of Statistics"[218], innerhalb deren Rahmen Entscheidungen mit variabler Unsicherheit modelliert werden. Das Ausmaß der Unsicherheit ist dabei vom Informationszugang der Akteure abhängig. Eine Entscheidung eines Akteurs basiert nicht nur auf der subjektiven a-priori Einschätzung von Umweltzustand und Handlungsfolgen, sondern auf einer von

---

215 Zur formalen Darstellung siehe auch später Abs. 3.2.2.

217 Eigene Erstellung, in Anlehnung an Gerecke (1998, S. 158) (siehe auch Abbildung 2.2).

218 Savage (1972).

zusätzlicher Information abhängigen a-posteriori Einschätzung.[219] Die Teambedingung i.e.S. bildet neben den Informationsrestriktionen die bedeutsamste Handlungsbedingung: Durch das Interessenkonflikt-freie Setup der Situation ergibt sich eine Fokus-Verschiebung gegenüber den verbreiteten Prinzipal-Agenten-Modellen. Die entscheidungstheoretische Modellierung kann sich auf die Abbildung der Möglichkeiten des Informationszugangs der einzelnen Akteure – ihrer sog. *Informationsstruktur* – als zentralem Parameter konzentrieren und diskutiert anschließend die möglichen an die jeweilige Informationsstruktur angepassten Entscheidungsregeln bzw. ihre Bündelung in Entscheidungsfunktionen.[220] Die Analyse der Handlungen eines Teams wird jedoch erst interessant, wenn die Aktionen der Akteure in einem ergebniswirksamen Zusammenhang stehen. Daher existiert i.d.R. als Transformationsannahme eine gemeinsame Ergebnisfunktion für das gesamte Team, welche die Handlungen der Akteure koppelt und mit der gegebenen Situation zu einen bewerteten Ergebnis (z.B. einer Auszahlung) verknüpft. MARSCHAK/RADNER analysieren nun in exemplarischen Situationen die Auswirkungen unterschiedlich gestalteter Informationsstrukturen. Zentral ist dabei die Ermittlung eines (pragmatischen) Informationswertes, der als Differenz der Nutzen-Erwartungswerte der jeweils besten Entscheidungsfunktion einerseits für die betrachtete und andererseits für eine als Referenz verwendete Informationsstruktur gebildet wird.[221] Von hieraus ist nun ein Rückschluss auf die Vorteilhaftigkeit der zu Grunde liegenden Informationsstruktur bzw. ein Optimierungskalkül möglich.

Einordnung der Teamtheorie

Obwohl der einzelne Akteur als methodologisch-individualistische Fundierung lediglich den Ausgangpunkt für Überlegungen zu meist im Fokus stehenden überindividuellen Phänomenen bildet, sind die Modellierung verschiedener Eigenschaften von Informationsstrukturen, die Ableitung optimaler Entscheidungsfunktionen und die Optimierung wiederum der Informationsstrukturen jedoch auch bereits im Ein-Akteur-Fall anwendbar und interessant:

> „In this sense, the theory of teams occupies a middle ground between the theory of decision for a single person and the theory of games.“ [222]

Die Teamtheorie ermöglicht nicht nur die Bestimmung optimaler (Team-)Strategien für gegebene dezentralisierte Informationsstrukturen, sondern auch den Vergleich alternativer Informations-

---

[219] Vgl. Marschak/Radner (1972, S. 46).

[220] Vgl. Albach (1969).

[221] Vgl. Glaser (1980). Siehe hierzu auch erneut Abs. 2.1.2 (S. 26).

[222] Radner (1992, S. 1403).

strukturen unter der Annahme ihrer optimalen Nutzung.[223] Daher ist die Entwicklung der Teamtheorie auch nicht nur vor dem Hintergrund wirtschaftswissenschaftlicher Probleme zu betrachten, sondern bewusst als allgemein organisationstheoretischer Ansatz zu verstehen.[224] Dennoch ist die Teamtheorie aus der betriebswirtschaftlichen Literatur weitgehend verschwunden. So wird die Teamtheorie häufig auf Grund der als unrealistisch empfundenen Teambedingung als empirisch gehaltlos dargestellt,[225] dabei wird jedoch ihr heuristischer Wert als analytisches Schema übersehen.

Zudem stellt z.B. WEIL am Beispiel des ‚Airline-Reservation-Problems' fest, dass mit den gewachsenen Möglichkeiten der Informations- und Kommunikation-Technologie die praktischen Anwendungsbereiche der Teamtheorie geschwunden seien. Die Entwicklung von Entscheidungsregeln für dezentral agierende Agenten sei durch die Möglichkeiten der Computertechnologie überflüssig geworden.[226] Doch auch dieses Argument greift zu kurz: So ist es z.B. gerade ein Teilbereich der Informatik, in der die Teamtheorie noch immer eine bedeutende Rolle spielt. In der Forschung zu verteilten Systemen, zu Anwendungen mit dezentral agierenden und entscheidenden Agenten, z.B. mit Robotern, stellt die Teambedingung nicht nur eine sinnvolle, sondern auch eine realistische Prämisse dar, während gleichzeitig die Kommunikationsmöglichkeiten einen Engpass bilden, mit unterschiedlichen Eigenschaften behaftet oder kostenintensiv sein können.[227] Für die Anwendung der Teamtheorie zur Lösung betriebswirtschaftlicher Probleme wird jedoch weniger die geringe Zahl der möglichen Anwendungen, noch die Teambedingung als unrealistische Prämisse, sondern eher die Komplexität der Abbildung realer Probleme in teamtheoretischen Modellen zum Hindernis: „Bei einigermassen realitätsnahen Problemen explodiert der Lösungsraum [...]."[228] So stellt auch RADNER fest: „It soon became evident that even some simple problems in team theory could quickly become analytically – and even computationally – intractable, *from the point of view of the organiser.*" [229] Entsprechend zeigen PYNADATH / TAMBE, dass die Konstruktion optimaler Handlungs- und Kommu-

---

223 Vgl. Radner (1987, S. 9).

224 Es existiert z.B. auch ein enger Bezug zu militärischen Fragestellungen. So findet sich in Marschak (1955) eine Reihe von Beispielen zu militärischen Erwägungen. Als Beispiel für einen Organisator, der mit teamtheoretischen Problemen konfrontiert wird, wird neben dem Unternehmensberater auch der Autor eines Armeehandbuches genannt (Marschak/Radner (1972, S. 125)).

225 Zur Kritik an der Teamtheorie vgl. ausführliche Schüler (1978, S. 347).

226 Vgl. Weil (1973, S. 478).

227 So stellt die Teamtheorie eine wesentliche Grundlage der Forschung zu sog. Communicative Multiagent Team Decision Problems (COM-MDTP) dar, vgl. Pynadath/Tambe (2002, S. 390); ähnlich auch Bernstein et al. (2000), Xuan et al. (2000).

228 Baetge (1977, S. 557).

229 Radner (1996, S. 1366), Hervorhebung im Original kursiv.

nikationsstrategien bei verteiltem Informationszugang zu Problemen sehr hoher Komplexität (NP-vollständige, NEXP-vollständige Probleme) führen kann.[230] Die entstehende Komplexität steht auch einer Auflösung der Teambedingung entgegen. Es existieren zwar Sonderfälle, wie das von GROVES formulierte Team-Anreizproblem[231], für die isoliert Lösungen bestimmbar sind.[232] Insgesamt lässt sich jedoch feststellen, dass die Teamtheorie in ihrer Anwendung selbst ein Beispiel für die Grenzen menschlicher Rationalität bietet:

> „Rather, it is that the task of designing decision rules that satisfy Savage's consistency requirements is beyond the intellectual capabilities of any organiser or team of organisers“[233]

Der Nutzen der Teamtheorie ist für die Betriebswirtschaftslehre daher nicht in ihrer praktischen Anwendung auf konkrete Problemen zu sehen, sondern vielmehr konzeptioneller Natur: Durch die Modellierung unterschiedlicher Eigenschaften von Informationsstrukturen schafft die Teamtheorie eine Grundlage zur theoretischen Diskussion der Wirkung unterschiedlicher Parameter der Informationsversorgung jenseits der Frage nach der Deckung eines inhaltlich determinierten Informationsbedarfs. So stellt auch ZISCHEK als Fazit seiner Analyse von Implikationen der Teamtheorie auf die Gestaltung von Entscheidungs-Unterstützungs-Systemen fest: „Nicht die Ableitung optimaler Verhaltensregeln wurde als praxisrelevantes Ergebnis der Teamanalysen identifiziert, sondern die Bestimmung eines groben Maßes für den Anpassungs- und Koordinationsbedarf einzelner betrieblicher Teilentscheidungen [...].“[234] Er kommt dabei auch zu dem Schluss, „[...] daß die Teamtheorie einen Beitrag zur rational-analytischen Durchdringung eines Schlüsselproblems der organisatorischen Gestaltungspraxis zu leisten vermag.“[235] Die Teamtheorie bildet somit weiterhin ein nützliches Denkwerkzeug. Ein jüngeres Beispiel hierzu liefert BUXMANN zum Thema der Gestaltung von Entscheidungsnetzwerken, in dem er den Trade off zwischen sinkenden Transaktionskosten (Tendenz zur Dezentralisierung) und erhöhter Entscheidungsgeschwindigkeit durch gestiegene Rechenleistung (Tendenz zur Zentralisierung) bei unterschiedlichen Entscheidungsalgorithmen in einem teamtheoretisch fundierten Modell simuliert.[236]

---

230 Vgl. Pynadath/Tambe (2002, S. 398 ff.).

231 Vgl. Groves (1973).

232 Auf diese Weise sind auch Teamtheorie und Prinzipal Agenten-Theorie verbunden. Übliche Prinzipal-Agenten-Modelle lassen sich als Spezialfall wiederum des GROVES'SCHEN Ansatzes darstellen. Vgl. Radner (1987, S. 24).

233 Radner (1996, S. 1366).

234 Zischek (1987, S. 240).

235 Zischek (1987, S. 240).

236 Vgl. Buxmann (1999).

2.2.5 Die evolutionär subjektivistische Perspektive

In der beschriebenen Form sind die auf dem SEU-Modell der Entscheidungstheorie beruhenden informationsökonomischen Ansätze, damit auch der vorgestellte Ansatz der Teamtheorie, nicht in der Lage, Rationalitätsbeschränkungen im Sinne von RADNERS ‚truely bounded rationality' abzubilden.
‚Truely bounded rationality' bedeutet nicht nur, dass die verfügbare Information und damit die Qualität des Entscheidungsfeldes nicht für eine optimale Entscheidung ausreicht, sondern auch dass die Bildung von Ergebnis- und Entscheidungsmatrix, sowie die abschließende Entscheidungsauswahl eingeschränkt werden. Bezogen auf das Können eines Akteurs folgt somit nicht nur eine begrenzte Wahrnehmungsfähigkeit, sondern auch eine begrenzte Entscheidungsfähigkeit. Dies bedeutet, dass die Beurteilung von Situationen und die Ableitung von Handlungsfolgen in der Prognosefähigkeit, die Bewertung von Konsequenzen und schließlich auch die jeweilige Handlungsauswahl veränderlichen Restriktionen unterliegen können.
Um diese Lücke zu schließen, verwendet der noch junge Zweig der (z.T. auch mit dem Zusatz ‚Agent-Based' bezeichneten) ‚Computational Economics' zumeist heuristische Entscheidungsmodelle, die in Computerprogrammen abgebildet und zur Simulation von des Verhaltens von Agenten bzw. Akteuren eingesetzt werden. Dies ermöglicht nicht nur eine dynamische Gestaltung akteursexterner Restriktionen, sondern auch die Abbildung von Fähigkeitsbeschränkungen und Lernprozessen.

Substitution von ‚Optimalität' durch ‚Zweckmässigkeit'

Auf den ersten Blick erscheint die Substitution normativer Entscheidungsmodelle durch weniger eindeutige, heuristisch orientierte Verfahren als Widerspruch zum Postulat, zur Modellbelebung am Rationalitätsprinzip festzuhalten. Tatsächlich verlieren viele heuristische Modelle durch subjektivistisch-pfadabhängige Entwicklungsmöglichkeiten ihre Eindeutigkeit. Trotzdem kann jedoch weiterhin angenommen werden, dass der Akteur nach einer *möglichst* optimalen Entscheidung strebt. Das Rationalitätsprinzip kann im Modell lediglich nicht mehr durch die Hypothese abgebildet werden, dass der Akteur für jeden Einzelfall eine logisch eindeutig ableitbare optimale Entscheidung trifft.
Betrachtet man ihre methodische Rolle, kann festgestellt werden, dass die strenge Form der Rationalitätsannahme primär in der Aufgabe der Situationsanalyse begründet ist.[237] Sie lässt sich als Heuristik-Annahme im Sinne MUSGRAVES[238] betrachten. Es ist daher möglich, zu einem die Realität differenzierter erfassenden Ersatzkonstrukt zu gelangen.

---

[237] Vgl. Heine (2006, S. 46).

[238] Siehe Abs. 1.2 (S. 7).

VANBERG schlägt dazu vor, an die Stelle der unmittelbaren Rationalitätsannahme die Annahme einer mittelbaren, übergeordneten Rationalität zu setzen: Er bezeichnet diese Annahme als ‚Zweckmäßigkeit'.[239] Entscheidungen werden nicht mehr an jede Umwelkonstellation individuell angepasst, die Anpassung erfolgt letztlich über die Situation hinaus an die Umwelt als Ganze mit ihren allgemeinen Eigenschaften und auf Grund akteursspezifischer Erfahrungen. „[...] human action is rational, *given the factual nature and state of the world*."[240]

Das grundlegende Postulat VANBERGS steht im Einklang mit der Forderung SIMONS, nicht ergebnisrationales, sondern prozessrationales Verhalten einer Modellbildung zu Grunde zu legen, teilt damit aber auch die Probleme von SIMONS Ansatz. Während ergebnisrationale Handlungen meist zumindest theoretisch bestimmbar sind, ist es deutlich schwieriger, die Rationalität eines Prozesses bzw. die über einem weiteren Kontext zu bestimmende Zweckmäßigkeit einer Verhaltensweise zu beurteilen. Die Zweckmässigkeit einer Handlung lässt sich letztlich nur vor dem Hintergrund der jeweils subjektiven Erfahrung und der resultierenden Einschätzung der Situation betrachten. In entscheidungstheoretischen Kategorien formuliert, bedeutet dies eine Dynamisierung von Entscheidungsfeld und Entscheidungsfunktion in Wechselbeziehung untereinander und in Abhängigkeit von Umweltzuständen und Handlungsergebnissen. Entscheidungsmodelle sind demnach nicht a priori zu bestimmen, sondern stellen sich als pfadabhängige Gebilde dar. SIMON hat versucht, vor diesem Hintergrund zu einer positiven Theorie prozeduraler Rationalität, welche Erkenntnisse aus der Komplexitätstheorie, der sogenannten ‚Artificial Intelligence' (AI) und der Kognitionspsychologie verbindet, zu gelangen.[241]

VANBERG verbleibt dagegen zunächst beim abstrakten Charakteristikum der Zweckmässigkeit und überträgt dieses auf das gesamte Entscheidungsmodell. Rational muss demnach letztlich weder jede einzelne Entscheidung, noch eine bestimmte Gruppe von Entscheidungen sein. Die Rationalität liegt in der Zweckmässigkeit der Grundanlage des Entscheidungsmodells selbst und im Mechanismus verborgen, mit dem sich das Entscheidungsmodell entwickelt. Wird die Annahme getroffen, dass Aufbau und Entwicklung des Entscheidungsmodells zweckmässigen Regeln, einem rationalen ‚Programm' folgen, ist dem Anspruch des Rationalitätsprinzips genüge getan.[242] Ein Entscheidungsmodell kann so durchaus Zufallseinflüsse, Fehlversuche u.ä. inkorporieren und so über die Wahrnehmungsrestriktion hinausgehende Könnensdefizite des Akteurs simulieren und bleibt dennoch im so erweiterten Sinne rational, solange es insgesamt zu einer

---

239 Vgl. Vanberg (2004, S. 4).

240 Vanberg (2004, S. 4), Hervorhebung im Original kursiv.

241 Vgl. Simon (1978a).

242 Vgl. Vanberg (2004, S. 11 f.); Grundlage der Überlegungen VANBERGS zum programmbasierten Verhalten ist dabei Mayr (1988, S. 30 ff.).

situativen Anpassung führt. Wesentlich ist dabei auch nicht der absolute Grad der Anpassung, sondern die bloße Tatsache, dass eine Anpassung stattfindet.
Mit dem Ansatz der Zweckmässigkeit und der Formulierung entsprechender Programme ergibt sich die Möglichkeit zur Abbildung von truely bounded rationality im Sinne RADNERS. Mit dem Wegfall des Optimalitätsanspruches sind die Entscheidungen des Akteurs jedoch nicht mehr eindeutig bestimmt, sondern eben pfadabhängig definiert, was bereits bei geringen Zufallseinflüssen zu unvorhersehbarem Verhalten führen kann. Mit Modellen, die lediglich auf der Annahme zweckmäßigen Verhaltens basieren, können somit i.d.R. keine scharfen Prognosen erstellt werden. Es bleibt jedoch möglich, sie (vor dem Hintergrund der Ausführungen in Abschnitt 1.2) zur Erklärung und Erzeugung von Mustern heranzuziehen.[243] Eben dies soll in dieser Arbeit geschehen. Dabei wird auf eine Theorie zurückgegriffen, die VANBERG explizit als Beispiel für die Abbildung von Rationalität im Sinne der Annahme zweckmässigen Verhaltens nennt: HOLLANDS Theorie der regelbasierten adaptiven Agenten basierend auf Learning Classifier Systems.[244].

Learning Classifier Systems

> „Learning Classifier Systems (LCS) [...] are a machine learning technique which combines reinforcement learning, evolutionary computing and other heuristics to produce adaptive systems.“[245]

Learning Classifier Systems finden vielfach Verwendung: Sie werden zur Musterentdeckung im Data Mining, als heuristische Optimierungsverfahren und zur Steuerung von Simulationen und technischen Anwendungen eingesetzt.[246] Auch in den Wirtschafts- und Sozialwissenschaften werden sie seit einigen Jahren zur Simulation des Verhaltens adaptiver Agenten verwendet.[247] Ihr Ursprung liegt jedoch, als Konzept des ‚machine learning‘, in der Forschung zur ‚Artificial Intelligence‘ (AI), einem Forschungszweig der Informatik, der sich mit symbolischer Wissensrepräsentation und Problemlösungsverfahren befasst.[248] Im Original geht der LCS-Ansatz auf

---

243 Zum Zusammenhang zu den Überlegungen HAYEKS vgl. auch Vanberg (2004, S. 16).

244 Vanberg (2004, S. 12 f.).

245 Bull (2004, S. 3).

246 Vgl. Bull (2004, S. 5).

247 Beispiele hierfür sind Marengo (1992), der organisationale, interdependente Entscheidungen auf Basis eines vereinfachten Holland-LCS modelliert, Vriend (1995) zur Simulation von Phänomenen der Selbstorganisation auf Märkten, Welch et al. (1998) zur Simulation der Entscheidungen der Prüfer eines amerkanischen Rechnungshofes. Weitere Beispiele sind u.a. Langer (2002), Kunz (2006), Heine (2006).

248 Zum Begriff der AI vgl. kurz Hansen/Neumann (2005, S. 372). Die häufig zu findende Übersetzung ‚Künstliche Intelligenz‘ (KI) wird in dieser Arbeit nicht verwendet. Sie ist als wörtliche Übertragung aufgrund im deutschen Sprachverständnis abweichenden Sinngehaltes irreführend.

HOLLAND zurück, der ihn auch maßgeblich mit fortentwickelt hat.[249] Allgemein versteht man unter LCS regelbasierte, adaptive Systeme, „[...] that classify problem-situations they encounter, and that respond to *types of situations* based on repertoires of rules [...]“[250] LCS entscheiden auf Basis von Regeln, die sie – meist zufällig initalisiert – anhand der Erfahrung unterschiedlicher Umweltkonstellationen über die Zeit, d.h. über eine Reihe von Zyklen aus Entscheidung und Feedback evolutionär fortbilden. Inzwischen existiert eine Reihe unterschiedlicher Typen von LCS, die mit den Zielen der Effektivitätssteigerung zur Verbesserung des Lernerfolgs, der Vereinfachung bzw. Effizienzsteigerung und mit spezifischem Anwendungsfokus entwickelt wurden: Besonders bekannt sind dabei neben dem LCS von HOLLAND das bewusst vereinfachte[251] ‚Zeroth-Level-Classifier System‘(ZCS) und das ‚XCS‘ von WILSON.[252] Beschreiben und differenzieren lassen sich die Typen von LCS dabei anhand von drei Bereichen

— Aufbau der Regelbasis

— Entscheidungsverfahren

— Lernverfahren

Namensgebend, und damit grundlegend allen Typen gemeinsam, ist die Abbildung der Regelbasis in einer Menge einzelner ‚Classifier‘(wie exemplarisch in Abbildung 2.6 dargestellt). Zentraler Bestandteil eines Classifiers ist eine Regel, die (im Standardfall) Produktionsform besitzt, d.h. sie besteht aus jeweils einer Bedingung und verknüpft diese mit einer Aktion („Wenn-Dann-Form“). Im Classifier werden i.d.R. außerdem weitere Attribute, z.B. ein Stärke-Wert, gepflegt, die Auskunft über den in der Vergangenheit mit der Regel verbundenen Erfolg geben.

---

249 Erste regelbasierte Entscheidungssysteme, Classifier Systems entwickelt Holland (1971); mit der ‚Erfindung‘ des genetischen Algorithmus in Holland (1975) sind die wesentlichen Bausteine vorhanden. Die erste erfolgreiche Simulation zur Suche eines Auswegs in einem Labyrinth mit LCS ist dokumentiert in Holland/Reitman (1978). Der in der Literatur häufig erwähnte, jedoch nicht in allen Varianten verwendete ‚Bucket Brigade‘-Algorithmus wird in Holland (1985) beschrieben. Zur Historie vgl. auch Wilson/Goldberg (1989, S. 1), Holland/Miller (1991).

250 Vanberg (2004, S. 13), Hervorhebung im Original kursiv.

251 Vgl. Wilson (1994, S. 1)

252 Zur variantenübergreifenden Einführung sei insbesondere auf Bull (2004) hingewiesen. Der Ansatz von HOLLAND findet sich ausführlich u.a. bei Holland et al. (1986, S. 102 ff.), zu ZCS vgl. Wilson (1994), Bull/Hurst (2002), zu XCS vgl. u.a. Butz et al. (2001), Butz/Wilson (2002). Andere Typen sind z.B. das wie ZCS bewusst einfach gehaltene, aber genauigkeitsorientierte YCS, vgl. Bull (2003), das mit Bedingungen aus Fuzzy-Sets arbeitende X-FCS vgl. Carse/Pipe (2001) oder das Bedingungen aus neuronalen Netzen arbeitende NCS, vgl. Bull/O'Hara (2001), Bull (2002).

253 Eigene Erstellung.

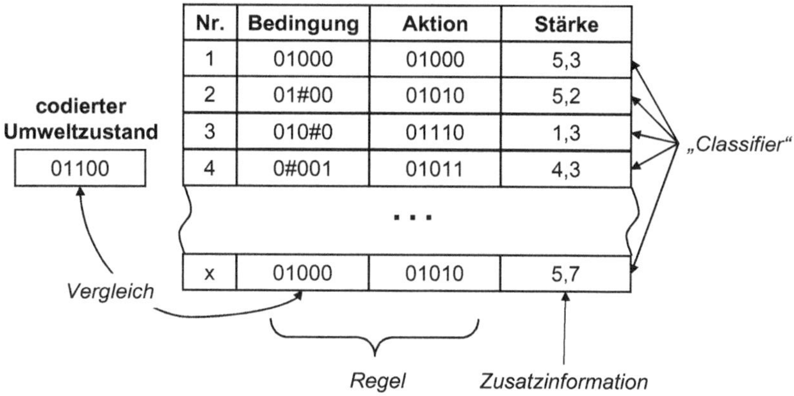

Abbildung 2.6: Aufbau eines Classifier Systems[253]

Bereits im Aufbau der einzelnen Classifier ergeben sich Varianten: So werden i.d.R. Syntax und Länge der Regelbestandteile an den Anwendungskontext angepasst, ebenso werden je nach Entscheidungs- und Lernverfahren unterschiedliche zusätzliche Attribute benötigt. Bezogen auf das Classifier System ist es zumeist der Umfang der Regelmenge, d.h. die Anzahl der Classifier die sowohl typ-, als auch problemspezifisch variiert.

Auch die verwendeten Entscheidungsmechanismen sind im Detail unterschiedlich, aber im Grundprinzip zumeist zumindest ähnlich. Typischer Weise wird zur Entscheidung in einer konkreten Einzelsituation zunächst die aktuelle Umweltsituation über einen definierten Wahrnehmungsmechanismus (‚detector‘) empfangen und zu einer Nachricht codiert. Zur Codierung von Nachrichten in Bedingungs- und Aktionsteil wird meist eine Folge von Binärzeichen, d.h. aus ‚0‘ und ‚1‘, verwendet. Für den Bedingungsteil wird häufig zusätzlich ein *Wildcard*- oder *Joker*zeichen, z.B. ‚#‘ eingeführt, das für beide Möglichkeiten steht, so dass sich ein ternäres Alphabet ergibt.[254] Diese Art der Codierung ist jedoch nicht zwingend: So stellen z.B. BULL/O'HARA ein LCS vor, in dem Bedingungen durch neuronale Netze repräsentiert werden.[255] Nach der Codierung findet meist eine Vorselektion von Regeln statt, deren Bedingungsteil in festgelegtem Maße mit der Eingangsnachricht übereinstimmt. Danach wird für al-

---

254 Vgl. z.B. Holland et al. (1986, S. 104 f.), Wilson/Goldberg (1989, S. 8 f.).

255 Vgl. Bull/O'Hara (2001). In anderen LCS werden Bedingungen über Zugehörigkeitsfunktionen von Fuzzy-Sets abgebildet, z.B. Carse/Pipe (2001). Siehe auch Fn.252. In dieser Arbeit wird später eine Codierung über Symbole und Mengen eingeführt.

le Elemente der vorselektierten Regelmenge auf Basis ihrer Attribute ein Eignungswert oder Ergebniserwartungs-Wert ermittelt, anhand dessen schließlich, z.B. stochastisch als mit dem Eignungswert gewichtete Zufallsauswahl (‚Roulettewheel'-Verfahren) eine Regel ausgewählt wird.[256] Die im Akionsteil dieser Regel codierte Aktion wird nun in Abhängigkeit vom Typ des LCS entweder direkt durch einen Ausführungsmechanismus (‚effector') umweltwirksam umgesetzt (so z.B. im ZCS), oder zunächst in einer Nachrichtenliste gespeichert, aus der sie auch als Eingangsnachricht in einer erneuten Iteration weiterverarbeitet werden kann (so in HOLLANDS LCS).

Im Anschluss an die Entscheidungsphase folgt im typischen LCS eine Lernphase. Die meisten LCS verfügen über einen verstärkungsbasierten und mit ‚genetischen' Operationen arbeitenden Lernmechanismus. Grundlage der Lernphase ist dabei zunächst eine – i.d.R. kontextspezifisch definierte – Erfolgsermittlung. Dabei wird für die Resultate umweltwirksamer Aktionen ein Nutzen- bzw. Auszahlungswert ermittelt. Anhand der Regelanwendung im aktuellen, z.T. auch in vorhergegangenen Zeitschritten werden dann die Attribute der Classifier im LCS aktualisiert. Unterschiede zwischen den LCS-Typen bestehen in der Verteilung des Auszahlungswertes, insbesondere im Umgang mit Regeln, die in Entscheidungssequenzen nur mittelbar zum Erfolg geführt haben. Das bekannteste Verteilungsverfahren ist HOLLANDS ‚Bucket-Brigade'-Algorithmus. Zur Regelauswahl wird in einem Auktionsverfahren für jeden Classifier ein Gebot ermittelt, das danach vom Stärkewert des Auktionsgewinners, d.h. des aktivierten Classifiers abgezogen und an seine Vorgänger der Vorrrunde verteilt wird. Der Stärkewert des Auktionsgewinners wird dafür um den (mit einem Faktor skalierten) Auszahlungswert erhöht: Bietet ein Classifier in der Auktion mehr als diesen Wert, verringert sich seine Stärke, bietet er weniger, wird sie erhöht.[257] In WILSONS ZCS wird dieser Algorithmus bewusst vereinfacht: Der Stärkewert eines aktivierten Classifiers wird nicht mehr um ein variables Gebot, sondern um einen fixen relativen Anteil β reduziert. Anschließend erhält der Classifier einen Anteil von ebenfalls β der erzielten Auszahlung, zusätzlich in der Folgeperiode einen Anteil γ der Stärke

---

256 Vgl. Wilson/Goldberg (1989, S. 6). Die Wahl eines nicht-deterministischen Entscheidungsverfahrens zielt dabei auf eine Auflösung des von WILSON/GOLDBERG als „exploration vs. exploitation"-Dilemma bezeichneten FEL'DBAUM'SCHEN Dualitätsproblems bei unbekannten Situationseigenschaften. Vgl. zum Problem dualer Controller einführend Wittenmark (2002), grundlegend Fel'dbaum (1961).

257 Vgl. Holland (1985). Weniger bekannt ist dagegen z.B. GREFENSTETTES ‚Profit-Sharing-Plan', nach dem alle zwischen zwei Auszahlungen aktivierten Regeln jeweils gleich entlohnt werden, vgl. Grefenstette (1988). Zur Diskussion der Vor- und Nachteile der gebräuchlichsten Algorithmen, Gebots-, Besteuerungs- und Umverteilungsmechanismen vgl. Wilson/Goldberg (1989, S. 3 ff.).

der dann aktivierten Classifier.[258] Es ergibt sich eine „[...] *implicit bucket brigade*“,[259] mit der besonderen Eigenschaft, dass der Stärkewert bei $\gamma = 0$ einen gleitenden Durchschnitt der unmittelbar erzielten Erfolge mit exponentieller Glättung bildet, zu dem bei $\gamma > 0$ ein Zuschlag addiert wird, der als Diskontierung mittelbarer Erfolge verstanden werden kann.

Eine jüngere Weiterentwicklung des LCS-Ansatzes stellen *Accuracy-based-LCS* dar, deren wichtigsten Vertreter WILSONS XCS bildet. Bei diesen LCS wird neben einem Stärkewert als Erfolgsprognose zusätzlich die Prognosegenauigkeit verfolgt. Als Selektionskriterium in Entscheidungphase und im genetischen Algorithmus steht dann nicht mehr nur der Regelerfolg zur Verfügung, sondern es kann auch berücksichtigt werden, wie stark die Resultate der von einem Classifier ausgelösten Aktionen vom erwarteten Erfolg abgewichen sind.[260]

Nach einer Reihe von Zyklen aus Entscheidungen und Stärkewert-Aktualisierung kristalisiert sich heraus, welche Regeln in Bezug auf die gegebenen Umweltsituationen mehr- und welche weniger erfolgreich waren, so dass innerhalb der Menge der zur Verfügung stehenden Classifier die in Bezug auf die Historie best-geeigneten Regeln ermittelt werden können. Meist enthält die Menge der zur Verfügung stehenden Classifier jedoch nicht den vollständigen Raum möglicher Kombinationen aus Bedingung und Aktion, so dass zur Identifikation optimaler Lösungen zusätzlich zur Ausbeutung der vorhandenen Regeln ein *Entdeckungsverfahren* angewendet werden muss. Zu diesem Zweck verwendet man sog. *genetische Algorithmen*, deren Operationen biologischen Prozessen entlehnt sind[261]: Durch einen Prozess zur *Selektion* werden mutmaßlich ungeeignete Classifier aus dem LCS aussortiert, diese werden durch neue, aus einer *Kreuzung* (Crossover) hervorgegangene Classifier ersetzt. Hierzu werden i.d.R. Kopien von eher erfolgreichen Classifiern erstellt, zufällig in Bestandteile zerlegt, rekombiniert und zum LCS als Ersatz für die aussortierten Classifier hinzugefügt. Zusätzlich wird gelegentlich[262] ein zufällig ausgewähltes Zeichen eines Bedingungs- oder Aktionteils eines Classifiers willkürlich verändert, was als *Mutation* bezeichnet wird. Durch den genetischen Algorithmus wird verhindert, dass ein LCS erstarrt und das Regelset bei einem lokalen Optimum verharrt. Durch Selektion und Kreuzung wird das Potential der vorhandenen Regelbestandteile erforscht, durch Mutation gelangen echte Innovationen in das LCS. Ausgehend von einer ausgangs (meist) randomisierten Regelzusammensetzung kommt es durch die Verstärkung erfolgreicher Regeln und durch den genetischen Algorithmus zur einer Anpassung der Classifier an die im Modell ge-

---

258 „$fitness([A]) \leftarrow fitness([A]) + \beta\,[Reward + \gamma\, fitness([A]_{+1}) - fitness([A])]$ “, Bull (2004, S. 8).

259 Wilson (1994, S. 6) nach Goldberg (1989), Hervorhebung im Original kursiv.

260 Vgl. Butz et al. (2001, S. 2 f.), auch Butz/Wilson (2002).

261 Vgl. Holland (1992).

262 D.h. i.d.R. mit einer gegebenen Wahrscheinlichkeit von ca. 0,2 %.

gebene Problemsituation. Die Gegebenheiten der Umwelt werden nach und nach in den Regeln des LCS abgebildet. Durch ihre Bewährung in den durchlaufenen Situationen entsteht eine Sammlung bewerteter wenn-dann-Aussagen, die i.w.S. als Theorie[263] bezeichnet werden kann. Die Entwicklung der Regeln „[...] can be characterised as learning by construction of mental models."[264]

Relevante Modelle

Die Abbildung menschlicher Entscheidungen durch Computersimulationsprogramme ist ein noch recht neuer Zugangsweg zu diversen Forschungsfeldern und bietet nicht zuletzt auf Grund der hohen Zahl der mit der Idee der Zweckmäßigkeit verbundenen Freiheitsgrade eine Vielzahl von Ansatzpunkten zur Vertiefung und Ergänzung. Dem entsprechend erstreckt sich die Forschung im Gebiet der (Agent Based) Computational Economics über ein weites inhaltliches Spektrum. Vorliegende Forschungsarbeiten reichen von allgemeinen Grundlagen bis hin zu speziellen Modellen und Anwendungen. TESFATSION liefert hierzu einen ausführlichen Überblick; häufig abgedeckte Felder sind demnach:[265]

— Grundlagen

  - Forschung zur Abbildung von Lernen und allgemein kognitiven Prozessen, insbesondere auch die auf dem Ansatz HOLLANDS aufbauende Forschung zu LCS
  - Verbesserung von Methodik und methodisch-praktischer Modellierungstechnik einschließlich der Entwicklung von Software-Werkzeugen
  - Verknüpfung von Simulation und empirischer Forschung

— Untersuchung der Entstehung von Institutionen[266]

  - Herausbildung von Verhaltensmustern und Normen
  - Entstehung von Kooperationen und Netzwerken

— Untersuchung der Funktionsweise von Institutionen

  - Bottom-up-Abbildung von Marktprozessen, sowohl mit Bezug zur Kapitalmarkttheorie als auch zur Untersuchung spezifischer lokaler Marktphänomene

---

263 Siehe hierzu auch erneut Abs. 1.2.

264 Holland et al. (1986, S. 102).

265 Zur Aufstellung vgl. Tesfatsion (2003), eigene Strukturierung.

266 Wegweisend u.a. Axelrod (1984), Axelrod (1997b).

- Modellierung organisationaler Phänomene, insbesondere Koordinations- und Motivationsprozesse verbunden mit organisationalem Lernen
- Anwendungsorientierte Modellierung alternativer Marktprozesse mit automatisierten Prozessen, bis hin zum e-Business

Als Problem der Koordination ist die inhaltliche Fragestellung dieser Arbeit wesentlichen der *Modellierung organisationaler Phänomene* zuzurechnen. International sind in diesem Bereich die Forschungsarbeiten von MARENGO[267] sowie OUKSEL/MIHAVICS/CHALOS[268] zu erwähnen. MARENGO zeigt anhand von durch vereinfachte HOLLAND-LCS repräsentierter Agenten, wie aus individuellen Lernprozessen in der Interaktion mehrerer Akteure ein emergenter organisationaler Lernprozess entsteht und vergleicht die Vor- und Nachteile dezentral und zentral koordinierter Entscheidungsprozesse.[269] OUKSEL/MIHAVICS/CHALOS untersuchen die Vor- und Nachteile von Organisationsformen mit einer zwei- und dreistufig hierarchischen sowie mit einer mehrheitsbasierten Entscheidungsfindung bei unterschiedlicher Verteilung bedeutsamer Informationen auf die involvierten Agenten. Sie zeigen, dass flache, mehrheitsbasierte Entscheidungsmechanismen bei gleichmässiger Verteilung von durch Informationsbestandteile repräsentierten Kompetenzen sehr schnell ein hohes Lernniveau erreichen können, während die hierarchischen Organisationsformen eher bei ungleichen Verteilungen der Kompetenzen schnellere und bessere Erfolge erzielen. Während die den Zwischenebenen der Hierarchie bei ungleichen Verteilungen eine Filterfunktion relevanter Informationen zukommt, hemmen diese bei gleichmässigen Informationsverteilungen die Lerngeschwindigkeit.[270]
Mit engem Bezug zum eingeführten Akteursmodell sind im Bereich der Modellierung organisationaler Phänomene die Arbeiten von LANGER, KUNZ und HEINE zu nennen, die darüberhinaus auch Grundlagenfragen diskutieren. So beginnt LANGER zunächst mit einer mikrotheoretischen Ausdifferenzierung des Akteursmodells, um so die dort getroffenen Annahmen zu konkretisieren und in einem spezifischen Learning-Classifier-System zur Simulation umzusetzen – Langer stellt dabei auch explizite Verknüpfungen zu Erkenntnissen der verhaltensorientierten Forschung her.[271] Bedeutsam ist dabei der implizit vollzogene Schritt zu einem sozialen Lernmodell, das die Möglichkeit eines expliziten *Wissens*transfers durch Austausch von Regelbestandteilen zwischen den Akteuren im Modell verankert. In Simulationsexperimenten, in

---

[267] Vgl. Marengo (1992), Marengo (1996).

[268] Ouksel et al. (1997).

[269] Zur Ausführlichen Darstellung der Arbeiten MARENGOS siehe auch Heine (2006, S. 93 f.).

[270] Vgl. Ouksel et al. (1997).

[271] Langer (2002, S. 27 ff.).

denen die einzelnen Wirkmechanismen des konkretisierten Modells vorgestellt werden, kann LANGER schließlich zeigen, wie sich ein interindividueller Wissensaustausch[272] für die Akteure positiv auswirkt und wie dieser Effekt im Fall einer dynamischen Netzwerkbildung mit vertrauenswürdigen Austauschpartnern weiter gesteigert werden kann.[273] Die Arbeit von LANGER bildet auch die Grundlage der Arbeit von KUNZ, die auf ihr aufbauend ein differenzierteres Modell zum Transfer von Handlungswissen aufbaut und damit abstrakte Wissensmanagement-Prozesse simuliert. Dabei gelingt es KUNZ, zu zeigen, dass gezieltes Wissensmanagement *nicht nur* bei hoher Umweltdynamik Vorteile für Entscheidungsprozesse im Unternehmen bringen kann.[274] Weniger auf Wissen, sondern auf die Nutzung von *Information* im Sinne der Definitionen dieser Arbeit bezieht sich dagegen HEINE. Grundlage der Untersuchung bildet das o.a. Modell von MARENGO, dessen ebenfalls LCS-basiertes Lernmodell jedoch aktualisiert und verbessert wird. HEINE nutzt das Setup MARENGOS über den Nachweis organisationalen Lernens hinaus zur Untersuchung der Wirkung von Controlling-Information, die als Ergebnisbezogene Information die Akteure entscheidungs-nachgelagert, *ex post* erreicht und von diesen im Lernprozess (in Anschluss an den durch RICH und CAPLAN geprägten Begriff) ‚konzeptionell'[275] verarbeitet wird. Damit erweitert HEINE das in der Informationsökonomik stark vertretene Problem der Anreizgestaltung um eine dynamische Dimension, in der Anreize nicht nur die Richtung von Entscheidungen, sondern auch die Richtung organisationaler Lernprozesse beeinflussen können. So gelingt es u.a., zu zeigen, dass durch gezielte, vorübergehende Eingriffe in die Anreizstruktur nachhaltig in den internen Modellen verankerte Lerneffekte erzielt werden können.[276] Darüber hinaus bietet die Arbeit auch methodologische Referenzpunkte: Sie folgt eng dem in der Arbeitsgruppe ‚Akteursmodell' des Lehrstuhls für Controlling und Telekommunikation an der WHU ausgearbeiteten Vorgehensmodell einer schrittweisen Ausdifferenzierung in Anlehnung an LINDENBERGS (später noch vorzustellende) Methode der abnehmenden Abstraktion.[277] [278]

---

[272] Langer (2002, S. 259) sprich von „Imitation".

[273] Langer (2002, S. 259 ff.).

[274] Vgl. Kunz (2006).

[275] Vgl. Heine (2006, S. 27 ff.), auch Rich (1975), Caplan (1975).

[276] Vgl. Heine (2006, S. 170 ff.).

[277] Zur MDA siehe Abs. 3.1.1. Zur Arbeitsgruppe Akteursmodell sei hier bereits auf Heine et al. (2006) verwiesen.

[278] Vgl. insgesamt Heine (2006).

2.3 Zwischenergebnis

Durch die Erörterung der grundlegenden Begriffe und durch die Diskussion unterschiedlicher theoretischer Zugangswege zum Problem der Informationsversorgung wurde die erste Forschungsfrage umfassend beantwortet.

— Für die Erfassung und Abbildung der Fragestellung der Arbeit relevante Begriffe wurden definiert, zueinander in Beziehung gesetzt und methodisch eingeordnet.

  ≻ Mit der Präzisierung des Entscheidungsbegriffes und der Erörterung des Grundmodells der Entscheidungstheorie wurde die Grundlage einer modellhaften Formalisierung von Entscheidungen gelegt.

  ≻ Durch die Ausdifferenzierung des Rationalitätsbegriffes wurde der grenztypische Charakter vollständig rationalen Handelns herausgearbeitet; gleichzeitig wurde die Schwierigkeit der modelltheoretischen Fassung von ‚truely bounded rationality' im Sinne RADNERS verdeutlicht.

  ≻ Der häufig unscharfe Begriff der Information wurde vom Begriff des Wissens abgegrenzt und klar definiert. Für die Fragestellung der Arbeit wurde ein dynamischer Informationsbegriff gefunden.

  ≻ Über die Definition des Akteursbegriffes im Sinne von BACH ET ALII[279] wurde der damit implizierte, für diese Arbeit fundamentale methodologisch-individualistische bzw. subjektivistische Ansatz verdeutlicht.

  ≻ Anknüpfend am Akteursmodell wurde die Idee interner bzw. mentaler Modelle als Repräsentanz des zu Entscheidungsprozessen eingesetzten Wissens der Akteure eingeführt und damit zudem der Zugang zum Begriff des Lernens eröffnet.

— Mit der Beschreibung der zugrunde liegenden Paradigmen, der verwendeten Methodik und der Vorstellung exemplarischer Forschungsarbeiten wurde ein Überblick über die unterschiedlichen mit dem Informationsversorgungsproblem verbundenen theoretische Strömungen gegeben.

  ≻ In der Diskussion der Konzeptionalisierung BERTHELS wurden das betriebswirtschaftliche Planungsproblem, das Organisationsproblem und das Verhaltensproblem als Aspekte des Informationsversorgungsproblems herausgearbeitet.

---

[279] Vgl. Bach et al. (1998).

- Das im wesentlichen durch die traditionelle Betriebswirtschaftslehre analysierbare Planungsproblem bestimmt lediglich einen idealtypischen Informationsbedarf, der für die Problemlösung eines punktualisierten rationalen Entscheiders benötigt würde – mit den Schemata der traditionellen Betriebswirtschaftslehre ist eine Analyse der beiden anderen Teilprobleme jedoch nicht möglich.
- Die betriebswirtschaftlich-empirische, psychologische und soziologische Forschung erklären Ursachen und Wirkungszusammenhänge zu diversen Verhaltensproblemen. Sie können auf Grund des Unendlichkeitsproblems zwar nicht zu allgemeinen, abgeschlossenen Erklärungsmodellen gelangen, bieten jedoch Orientierungspunkte und Analyseschemata zum Verständnis konkreter Problemfälle. Dabei lassen die Ergebnisse vor allem der psychologischen Forschung zusammenfassend den Schluss zu, dass viele (vermeintliche) Informationspathologien in heuristischen, selbst-stabilisierenden Anpassungsstrategien menschlicher Akteure begründet sind. Aus soziologischer Perspektive zeigt sich menschliches Informations-, Kommunikations- und Entscheidungsverhalten dabei zudem als hochgradig kontext- und pfadabhängig vor dem jeweils individuellen Erfahrungshintergrund.
- Die am Rationalitätsprinzip orientierte Informationsökonomik hat sich zur Analyse von Organisationsproblemen bewährt. Die Annahme rationaler Akteure verleiht ihr modelltheoretische Präzision und eine hohe integrative Kraft. Die Teamtheorie als Teil der Informationsökonomik ermöglicht durch die paradigmatische Entproblematisierung von Interessenkonflikten eine isolierte Analyse von rein könnensbedingten Organisationsproblemen. Ihre spezifische Technik zur Modellierung von Informationsstrukturen macht sie (wie bereits bei FELTHAM/DEMSKI) zudem zu einem geeigneten Aufsetzpunkt für die weitere Modellbildung.
- Jüngeren, subjektivistischen Ansätzen ist es gelungen, durch eine Substitution der klassischen Rationalitätsannahme mit der Annahme zweckmässigen Verhaltens Modelle zu bilden, die der Annahme von ‚truely bounded rationality' im Sinne RADNERS gerecht werden. Mit ihnen lassen sich auch in dynamischer Form wissens- bzw. könnensabhängige organisationale Probleme nachbilden und analysieren. Dabei haben sich speziell die Computersimulation als Modellierungstechnik und die Abbildung lernender Entscheidungsmodelle auf Basis von HOLLANDS Learning Classifier-Systems bewährt.

Die Modellbildung in dieser Arbeit versucht nun, die Vorteile des informationsökonomischen Ansatzes der Teamtheorie mit den Stärken eines subjektivistisch-zweckmässigen Ansatzes zur Modellierung von ‚truely bounded rationality' zu verbinden.

3 Modelltheoretische Integration der Annahme lernender Akteure

3.1 Lindenbergs Methode der abnehmenden Abstraktion in einer Computersimulation

Die grundlegende Annahme dieser Arbeit, die Annahme lernender Akteure, muss nun in in ein ökonomisches Modell integriert werden. Um hier zielgerichtet voranzuschreiten und die Gefahr zu vermeiden, ekklektizistisch zu argumentieren, ist ein methodisch kontrolliertes Vorgehensmodell bedeutsam.[1] Daher wird hierzu auf ein bewährtes Verfahren der schrittweisen Ausdifferenzierung zurückgegriffen, das im Folgenden als ‚Methode der abnehmenden Abstraktion' (MDA) vorgestellt werden soll. Anschließend wird die zur Mustergenerierung als sinnvoll identifizierte Modellierungstechnik der Computersimulation näher betrachtet, ehe schließlich aus der Verbindung der MDA mit dem für die Entwicklung von Computersimulationen nutzbaren objektorientierten Paradigma der Programmierung konkrete Richtlinien für die Umsetzung in dieser Arbeit entwickelt werden.

3.1.1 Kontrollierte theoretische Integration mit der Methode der abnehmenden Abstraktion

Die Methode der abnehmenden Abstraktion wird zunächst als generelles Vorgehensmodell zur schrittweisen Ausdifferenzierung theoretischer Modelle vorgestellt, ehe auf die konkrete

---

[1] Vgl. Heine et al. (2006, S. 8).

Strukturierung und heuristische Anleitung zur Ausdifferenzierung LINDENBERGS eingegangen wird.[2]

Theoretische Integration durch abnehmende Abstraktion

Ökonomische Modelle bleiben häufig sehr abstrakt und zeichnen sich z.T. nur noch durch einen geringen Realitätsbezug aus. Gelegentlich, so der Anschein, steht die Eleganz des Modells stärker im Vordergrund als seine Aussage. ALBERT hat diese Tendenz als *Modellplatonismus* kritisiert und eine stärkere Realitätsorientierung gefordert.[3] Ähnlich betrifft auch die Kritik SIMONS an den Rationalitätsanahmen, die mit der Verwendung des homo oeconomicus zur Mikrofundierung ökonomischer Modelle verbunden sind, die empirische Kontraevidenz.[4]
Die Theorie- bzw. Modellbildung befindet sich in einer ‚Zwickmühle‘: Mit steigender Abstraktion vergrößert sich der Anwendungsbereich einer Theorie und somit ihre analytische Kraft. Gleichzeitig verliert sie jedoch an Realitätsnähe: Je abstrakter eine Theorie wird, desto mehr Idealisierungen setzt sie voraus. Umgekehrt müssen Modelle zur realitätsnahen Abbildung i.d.R. ‚maßgeschneidert‘ werden, d.h. es sind Annahmen und Parameter zu berücksichtigen, die in anderen Fällen abwegig oder überflüssig erscheinen.[5]
Es besteht der in der wirtschaftswissenschaftlichen Forschung in den meisten Fällen anzutreffende *trade-off* zwischen wissenschaftlicher Strenge (‚*rigour*‘) und praktischer Anwendbarkeit (‚*relevance*‘).[6] Versuche, einerseits zu ökonomisch aussagekräftigen, mustergenerierenden Modellen zu gelangen, andererseits den Anschluss an die Vielfalt der Erkenntnisse der verhaltensorientierten Forschung zu wahren und gleichzeitig ein wissenschaftliches, methodisch kontrolliertes Vorgehensmodell zu wahren, führen zum *Problem der theoretischen Integration*. Als solches bezeichnet SUCHANEK „[...] die *Schwierigkeit, verschiedene einzelne Erkenntnisse im Hinblick auf eine Problemstellung in einen systematischen Zusammenhang bringen zu können*, wobei dieser Zusammenhang *hinreichend einfach und verständlich* sein muß, um eine rationale Kritik und Diskussion zu ermöglichen.“ [7] Der Versuch, einen Bogen zwischen abstrakter

---

[2] Die dargestellten Überlegungen zur Methode der Abnehmenden Abstraktion sind stark durch die Diskussionen in der Forschungsgruppe Akteursmodell am Lehrstuhl für Betriebswirtschaftslehre, insbesondere Controlling und Telekommunikation der Wissenschaftlichen Hochschule für Unternehmensführung - Otto Beisheim School of Management in Vallendar geprägt. Zu den Ergebnissen dieser Arbeitsgruppe vgl. Heine et al. (2006), zur MDA LINDENBERGS speziell S. 15 ff.

[3] Vgl. Albert (1965).

[4] Vgl. u.a. Simon (1955), Simon (1959).

[5] Vgl. Lindenberg (1991, S. 4 f.).

[6] Vgl. Nicolai (2004).

[7] Suchanek (1994, S. 1), Hervorhebung im Original.

Theorie und der Abbildung einer konkreten Problemstellung zu spannen, birgt Risiken: Der ‚imperialistische' Ansatz, alle Aspekte des betrachteten Sachverhaltes aus einer Theorie heraus zu erklären, wird den Erkenntnissen anderer Disziplinen häufig nicht hinreichend gerecht. Eine großzügige Einbindung fremder Theorien läuft dagegen Gefahr, inkommensurable Positionen miteinander zu vermischen und birgt zudem das Risiko, ekklektizistisch zu geraten.[8] Um logische Brüche zu vermeiden und gleichzeitig die Transparenz der Modellierung zu wahren, erscheint daher ein sequentielles Vorgehen plausibel. Zunächst abstrakt beginnend erfolgt die Annäherung an die Realität durch eine schrittweise konkreter werdende Modellierung: Man spricht von der *Methode der abnehmenden Abstraktion*[9].

Die MDA nach Lindenberg

Eine auf die methodologisch-individualistische Erklärungsstrategie zugeschnittene Operationalisierung dieser Methode expliziert LINDENBERG.[10] Er empfielt einen mehrstufigen, ‚kaskadierenden' Modellaufbau über mehrere Abstraktionsebenen bzw. den sequentiellen Aufbau mehrerer Modelle zunehmenden Details. Zentral ist die Modellierung des individuellen Akteurs aus

— einer *Kerntheorie*, die als (tendenziell leere, aber grundlegende) Handlungstheorie auf individueller Ebene in der Modellentwicklung konstant bleibt,

— und *Brückenannahmen*, welche die Kerntheorie modifizieren oder ergänzen.

Abnehmende Abstraktion bedeutet in Bezug auf die Abbildung des Individuums somit stets *Ausdifferenzierung der Brückenannahmen*. Durch die zweiteilige Abbildung des Individuums lassen sich derartige Modelle gegenüber Theorien abgrenzen, in denen getroffene Zusatzannahmen nicht von den Kernanahmen zu unterscheiden sind und die LINDENBERG daher als „[...] Bastard-Theorien [...]"[11] bezeichnet. Durch die Notwendigkeit, Brückenannahmen explizit zu treffen und mit der jeweiligen Kerntheorie zu verknüpfen, entstehen sauber modularisierte Theoriegebäude, deren einzelne Bestandteile separat veränderbar und so in ihrer Bedeutung testbar bleiben. Die sog. Bastard-Theorien erlauben dagegen ad-hoc-Annahmen ohne Bezug zur Kerntheorie, mit denen sich Inkonsistenzen beliebig überdecken lassen und verlieren so in ihren Bestandteilen an Überprüfbarkeit.

---

[8] Vgl. Osterloh/Grand (1995).

[9] Vgl. Albert (1987, S. 108 f.), auch Lindenberg (1991, S. 42 ff.).

[10] Vgl. hierzu und im Folgenden Lindenberg (1991), Lindenberg (1992).

[11] Lindenberg (1991, S. 51)

Im Kontext des methodologisch-individualistischen Erklärungsmodells sind im Modell neben den Annahmen über die Individuen zusätzlich

— *Akteursannahmen*, welche die Rollen bzw. das Set-Up der Akteure in der betrachteten Interaktionsbeziehung beschreiben,

— *Transformationsannahmen*, die die Aggregation der resultierenden Handlungen bestimmen

— und *Messmodellannahmen*, die der Auswertung des Modells dienen

zu treffen.

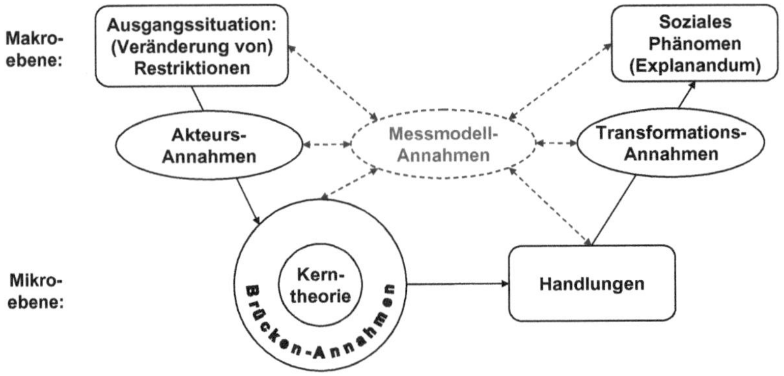

Abbildung 3.1: Lindenbergs MDA im Schema des methodologischen Individualismus [12]

Abbildung 3.1 hilft, die Verbindung zwischen LINDENBERGS Methode der abnehmenden Abstraktion um dem Erklärungsschema des methodologischen Individualismus zu verdeutlichen: Die Akteursannahmen verorten die Akteure in ihrem situativen Grundkontext und führen zu konkreten Handlungsbedingungen; Kerntheorie und Brückenannahmen bilden die Mikro-Ebene des Erklärungsmodells ab. Sie umfassen die Handlungtheorie und beschreiben die resultierenden Handlungen. Durch die Transformationsannahmen wird die Ergebnisverknüpfung mit der

[12] Eigene Darstellung, in Anlehnung an Gerecke (1998, S. 158) (siehe auch Abbildung 2.2).

Makro-Ebene hergestellt. Messmodell-Annahmen gehören nur mittelbar zum Erklärungsmodell. Sie stellen jedoch eine forschungsnotwendige Ergänzung dar, da sie die relevanten Beobachtungsgrößen definieren und ein logisch abstraktes Modell durch konkrete Parameterisierung in einen (real oder virtuell) beobachtbaren Versuch überführen.

Heuristische Empfehlungen Lindenbergs

Für den *Prozess* der Ausgestaltung bzw. Entwicklung der jeweiligen Annahmen gibt LINDENBERG *heuristische Empfehlungen*. Leitlinie ist dabei „[...] das Ziel, das Modell so einfach wie möglich und so komplex wie nötig zu machen, auch wenn man nie genau weiß, wann dieser Zustand erreicht ist."[13] Er empfielt, mit minimaler Komplexität zu beginnen, und dann zunächst jene Bereiche zu problematisieren, die mit Annahmen von geringerer Unsicherheit verbunden sind: Zunächst sind nach LINDENBERG ‚einfachere', die (ökonomische) Logik der Situation betreffende sog. *strukturelle Brückenannahmen* zu treffen. *Kognitive Brückenannahmen*, die letztlich die eigentlichen Fähigkeiten der Akteure modifizieren, sind erst danach und möglichst sparsam in das Modell zu integrieren. Als Abbruchbedingung für die Ausdifferenzierung bildet LINDENBERG ein simples Grenzkosten/Grenznutzenkalkül, räumt diesbezüglich jedoch auch der Erfahrung des Modellierers einen hohen Stellenwert ein. Zudem rät er dazu, regelmässig zu versuchen, Ergebnisse detaillierterer Modelle in abstrakteren Versionen nachzubilden, um Vereinfachungsmöglichkeiten zu erkennen.[14] Zusammenfassend lässt sich LINDENBERGS Methode der Abnehmenden Abstraktion in sechs Grundsätzen sowie zwei Hauptschritten beschreiben, die in Abbildung 3.2 dargestellt sind. Im Folgenden ist nun zu diskutieren, wie sich ein solches Vorgehen konkret in einem Computersimulations-basierten Modell umsetzen lässt.

3.1.2 Computersimulation als Forschungsmethode

Speziell im Bereich evolutionär-ökonomischer Modelle hat sich die Technik der ‚Computersimulation' – wie dargestellt – als leistungsfähiges Instrument zur Ableitung resultierender Muster gezeigt. Methodisch kann sie dabei jedoch sowohl reines Hilfsmittel, als auch integraler Bestandteil der jeweiligen Arbeiten sein. Ihre (mögliche) Rolle in der Theoriebildung ist da-

---

[13] Lindenberg (1991, S. 65).

[14] Zum Überblick über das Vorgehensmodell vgl. Lindenberg (1991, S. 66 ff.), auch Lindenberg (1992, S. 18 f.).

[15] Quelle: In enger Anlehnung an Heine et al. (2006, S. 17). Nicht dargestellt wurden die hier insgesamt nicht ausgeführten Verweise auf die Heuristiken der ‚sozialen Produktionsfunktion' und des ‚Framings'.

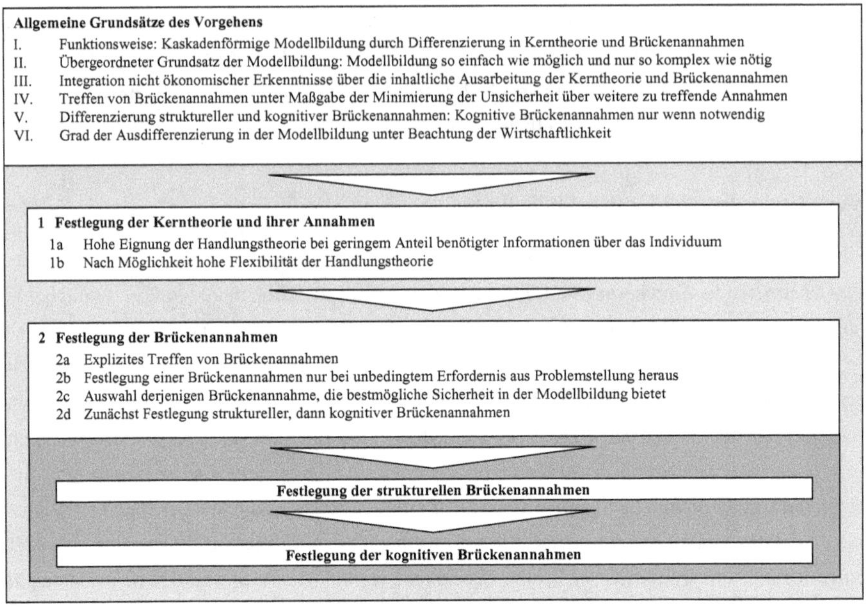

Abbildung 3.2: Grundsätze und Regeln der MDA Lindenbergs [15]

her zunächst noch zu diskutieren; anschließend wird der unterschiedliche Bezug verschiedener Simulationstechniken zum methodologisch-individualistischen Erklärungsmodell dargestellt.

Simulation als Theorieexplikation in Programmform

In der Betriebswirtschaftslehre, bzw. in den Sozialwissenschaften allgemein werden traditionell drei *Forschungsstrategien* unterschieden: Bei *sachlich-analytischen* Argumentationen werden auf Basis vorliegender Aussagen argumentativ Hypothesen zum betrachteten Problembereich abgeleitet; GROCHLA spricht von einer „[...] gedanklichen Simulation der Realität [...].“[16] In *formal-analytischen* Forschungsansätzen werden i.d.R. stark abstrahierte Modelle der Realität gebildet, die in der theoretischen Ableitung von Hypothesen jedoch aufgrund der Anwendung mathematischer Methoden hohe Präzision und Allgemeinheit erreichen können: Die Deduktion erfolgt durch algebraische Umformung und Anwendung allgemeingültiger Sätze; aus (axiomatischen) Annahmen werden in Beweisverfahren allgemeingültige Theoreme abgeleitet. Die *empirische* Forschungsstrategie dient der Verknüpfung der Theorie mit der Realität: Sie dient der

[16] Grochla (1993, Sp. 1808).

Beschreibung von Phänomenen und der Überprüfung von Hypothesen.[17]
Sachlich- und formal-analytischen Modellen dienen der Darstellung und deduktiven Ableitung von Theorien; die Theorieexplikation erfolgt in erstgenannten tendenziell *natürlich-sprachlich*, in letzteren notwendigerweise *mathematisch*. LINDENBERG nennt die erste Form *literarischen Stil*, während er die zweite Form als *formalen Stil* bezeichnet.[18]
Computersimulationen lassen sich Variante der Darstellung im formalen Stil verstehen: Sie sind Modelle eines Sachverhaltes, die diesen durch theoretische Aussagen in Programmform beschreiben. Programme sind endliche Folgen von in einer *formalen Sprache* ausgedrückten Anweisungen, die einen von einem Automaten ausführbaren Algorithmus beschreiben.[19] Häufig werden auch formale Deklarationen, die eine Aufgabe spezifizieren und maschinell in algorithmische Form übersetzt werden können, als Programme bezeichnet.[20] Da jeder Algorithmus eine Funktion beschreibt[21], stellt jede Simulation die Repräsentation einer Funktion dar; wenn sich diese sinnvoll in algebraischer Form überführen lässt, ist ‚traditionelle' formal-analytische Bearbeitung möglich. Entsprechend lassen sich – innerhalb logischer Grenzen[22] – auch die Programme bzw. Algorithmen selbst anhand geeigneter Regeln umformen und analysieren.[23] Die Stärke von Computersimulationen besteht jedoch nicht in der Programmanalyse, sondern in der Möglichkeit, die Simulation automatisiert auszuführen, d.h. *die im Code vorliegenden Aussagen durch einen Automaten nach festen Regeln miteinander verknüpfen zu lassen*. Dadurch wird es möglich, das Verhalten komplexer Modelle unter kontrollierten Voraussetzungen zu beobachten und zu beschreiben. Die gebildeten Modelle können dabei über das rein numerische ‚Ausrechnen' von Gleichungssystemen hinausgehen; mit Hilfe höherer Programmiersprachen, insbesondere objektorientierter Verfahren lassen sich auch formal-logische und mengentheoretische Symbolverarbeitung modellhaft abbilden. Es lassen sich Aussagen gewinnen, die z.B.

---

[17] Vgl. Grochla (1993, Sp. 1808).

[18] Vgl. Lindenberg (1991, S. 33).

[19] Vgl. Krämer (1988, S. 164).

[20] In deklarativen Programmiersprachen der sog. vierten Generation wird lediglich spezifiziert, was im Modell geschehen soll – die algorithmische Auswertung bleibt dem Programmierer verborgen; vgl. Stahlknecht/Hasenkamp (2002, S. 293). So lassen sich z.B. auch die Rechenvorschriften einer Tabellenkalkulation i.w.S. als Programm bezeichnen.

[21] Vgl. Krämer (1988, S. 164).

[22] Mit den Grenzen der Berechenbarkeit allgemein und in Bezug auf die Eigenschaften von Algorithmen beschäftigt sich die theoretische Informatik. Die bekannteste Grenze stellt die Unentscheidbarkeit des sog. *Halteproblems* dar, vgl. Goldschlager/Lister (1984, S. 81 ff.).

[23] Speziell gilt dies auch für Computerprogramme, da diese sich auf elementare logische Operationen zurückführen lassen. Die äquivalente Umformung von Programmcode ist u.a. Gegenstand verschiedener Optimierungsverfahren, wie sie z.B. in Compilern eingesetzt werden; vgl. z.B. Wong (2003).

bei entsprechender Komplexität der zu Grunde liegenden Annahmen mit bekannten[24] formal-analytischen Verfahren nicht mehr bestimmbar sind.
Da auch die Informatik auf mathematischen Grundlagen fußt, lassen sich Computersimulationen als Variante mathematischer Formalisierung verstehen. Einen Schritt weiter geht OSTROM: Er sieht in Computersimulationen eine *eigenständige Darstellungsform*; er bezeichnet sie als ‚drittes Symbolsystem', das eine Alternative zu natürlicher Sprache und Mathematik darstellt[25]:

> „Any theory that can be expressed in either of the first two symbol systems can also be expressed in the third symbol system. Computer Simulations can be used for representing both qualitative, natural language constructs and quantitative, mathematical constructs. [...] The program becomes the theory." [26]

Es soll jedoch nicht übersehen werden, dass auch Computerprogramme Einschränkungen unterliegen. So lassen sich z.B. mathematisch exakt definierte Konstanten aus dem Bereich der irrationalen Zahlen nur näherungsweise im Rechner abbilden bzw. algorithmisch nicht endlich bestimmen[27] – ggf. ist dies in der Programmformulierung zu berücksichtigen. Zudem können der begrenzte Zahlenraum und die begrenzte Genauigkeit von Computern bei mangelnder Beachtung in Simulationen zu ungewollten, aber z.T. auch unerkannten Artefakten führen.[28] Um zwischen bewusst in Kauf genommenen und ungewollten Unschärfen dieser Art zu unterscheiden zu können, aber auch zur Verankerung der der Theorie in der bestehenden Literatur bedarf es daher der Kommentierung des Programms bzw. einer unterstützenden mathematisch-formalen oder verbalen theoretischen Darstellung. In Bezug auf die klassischen Darstellungsarten literarischen und formalen Stils hat LINDENBERG festgestellt, dass sich beide Ausdrucksformen letztlich stets ergänzen.[29] Auch die Computersimulation kann die traditionellen Ausdrucksformen nicht ersetzen, sondern tritt als neue, Eigenschaften der beiden anderen Formen vereinende Ausdrucksform ergänzend hinzu. Die Computersimulation ermöglicht es, auch komplexere Theorien von der literarischen zur *Präzisierung* der Aussagen in eine formale Darstellung zu überführen und auszuwerten, dabei jedoch weniger stark zu abstrahieren, als es die Formulierung mathematischer Modelle verlangt. Gleichzeitig gestattet es eine Überführung in eine Computersimulation, abstrakte mathematische Modelle anzureichern und so ihren *Abstraktionsgrad*

---

[24] Vgl. zur Kritik an der Annahme der Unlösbarkeit von Problemen ohne Beweis derselben Balzer et al. (2001, Abs. 2.1 - 2.4).

[25] Vgl. Ostrom (1988, S. 383).

[26] Ostrom (1988, S. 383 f.).

[27] Vgl. König et al. (2003, S. 491)

[28] Vgl. Polhill et al. (2005), mit dem Titel „The Ghost in the Model".

[29] Vgl. Lindenberg (1991, S. 33).

zu *verringern*, ohne alle analytischen Vorteile formaler Darstellungen aufzugeben. Speziell im Zuge einer Modellierung, die der Methode der abnehmenden Abstraktion folgt, bietet sich daher die Überführung in ein Simulationsmodell an.

Simulationstechniken und methodologischer Individualismus

Sozialwissenschaftliche Computersimulationen haben erstmalig mit den auf Initiative des CLUB OF ROME durchgeführten Studien zur Entwicklung von Weltbevölkerung und Weltwirtschaft große Bekanntheit erlangt. Man hatte versucht, die globale Entwicklung auf Basis eines *Makro*-Modells zu prognostizieren. Zu diesem Zweck war eine Vielzahl interdependenter Variablen bestimmt worden, deren Entwicklung dann in einem Computerprogramm anhand ebenfalls ermittelter funktionaler Zusammenhänge berechnet werden sollte. Da die Hypothesen nach verbreiteter Ansicht an der Wirklichkeit falsifiziert wurden, hat dieser *System-Dynamics* genannte Ansatz jedoch in den Sozialwissenschaften stark an Bedeutung verloren.[30]
Ein auf die *Mikro*-Ebene rekurrierender Ansatz wird mit sog. *Warteschlangenmodellen* verfolgt. Sie ermöglichen es, die Verteilung individueller Einheiten beim Durchlaufen eines fix strukturierten Realitätsausschnittes zu studieren, z.B. die Verteilung von Menschen in einem Flughafen-Terminal oder den Durchlauf von Paketen in einem Frachtzentrum. Typischerweise[31] werden die individuellen Elemente jedoch nicht als eigenständige, aktive Agenten modelliert, sondern gemäß stochastischer Verteilungen bewegt, d.h. über ‚Quellen' in das Modell eingebracht, zwischen modellierten Stationen (Schaltern, Wartehallen) verschoben, und schließlich in ‚Senken' aus dem Modell absorbiert. Hinter den Stationen verbergen sich Ereignislisten: Ein Ereignis, z.B. die Ankunft eines Elementes an einer Station, löst mit festgelegten Wahrscheinlichkeiten Folgeereignisse aus, z.B. die Ankunft an der Folgestation oder das Verlassen des Systems.[32] Warteschlangenmodelle basieren zwar auf der Mikro-Ebene, leiten das Verhalten der Individuen jedoch nicht aus einer Handlungstheorie, sondern aus Verteilungsregeln ab. Modelle dieser Art lassen sich damit zwar als individualistisch bezeichnen, sie folgen jedoch nicht dem in in Abschnitt 2.1.3 dargestellten methodologisch-individualistischen Erklärungsprinzpip im engeren Sinne.

---

[30] Zum System-Dynamics-Ansatz und zu den Weltmodellen u.a. des Club-of-Rome vgl. Troitzsch (2004, S. 1256 ff.), s.a. Schnell (1991b, S. 141 ff.), Gilbert/Troitzsch (2005, S. 28 ff.). Für spezielle Zwecke sind System-Dynamics-Modelle dennoch als geeignet anzusehen, insbesondere wenn geschlossene, deterministische Systeme vorliegen.

[31] In aktuellen Softwarepaketen liegt der skizzierte Ansatz häufig nicht mehr in reiner Form vor, z.T. werden inzwischen unterschiedliche Techniken kombiniert.

[32] Zu Warteschlangenmodellen vgl. Troitzsch (2004, S. 1260 ff.); s.a. Gilbert/Troitzsch (2005, S. 79 ff.).

Im Gegensatz dazu werden bei der *Mikrosimulation*, bei der Simulation mit *zellulären Automaten* und bei *Multi-Agenten-Modellen* detailliertere Annahmen über das Verhalten von Individuen getroffen. Die Reaktion einer heterogenen Population auf externe Einflüsse, z.B. die Reaktion einer Bevölkerung auf steuerliche Veränderungen, steht bei der sog. *Mikrosimulation* im Fokus: Eine gegebene Grundgesamtheit wird i.d.R. anhand empirischer Erhebungsdaten in der Simulation nachgebildet. Gegebene Parameter, z.B. Steuersätze, werden verändert und ihr Einfluss auf jedes Element der Simulation, z.B. auf die individuelle Steuerschuld, wird gemessen. Durch Aggregation lassen sich dann Makro-Effekte wie z.B. die Veränderung des Steueraufkommens bestimmen. In der *dynamischen Mikrosimulation* wird die Population zusätzlich anhand von auf die Individuen bezogenen Fortschreibungsregeln über mehrere Perioden hinweg entwickelt, so dass u.a. auch Wirkungen der demographischen Entwicklung bzw. Wirkungen auf dieselbe Berücksichtigung finden können. Werden Rückkopplungseffekte zwischen mindestens zwei Ebenen, d.h. zumindest Mikro- und Makro-Ebene berücksichtigt, spricht man auch von *Mehrebenen-Simulation*.[33]

In *zellulären Automaten* steht die ‚globale' Wirkung lokaler Interdependenz von Elementen im Mittelpunkt des Interesses. Die Elemente sind in einer festen Struktur zellartig angeordnet. Jedes Element kann verschiedene Zustände annehmen; die Zustände ergeben sich nach festen Regeln jeweils abhängig vom Zustand der benachbarten Zellen im vorherigen Zeitschritt. Je nach Ausgangzustand und verwendeter Regel ergeben sich im Gesamtbild unterschiedliche Muster, z.B. in Form zeitlich wiederkehrender oder stabiler Zustände.[34] Zelluläre Automaten sind tendenziell sehr abstrakte Modelle, sie liefern jedoch Prinziperklärungen zur Entstehung nicht intendierter Ordnungen.[35] Aufgrund des einfachen, aber auch sehr beschränkten Konzeptes scheinen die diesbezüglichen Erkenntnismöglichkeiten inzwischen weitgehend ausgereizt.[36]

Die bei zellulären Automaten und Mikrosimulation betonten Aspekte vereinend, stellt die sog. *Multi-Agenten-Simulation* einen generischen Ansatz zur Simulation sozialer Phänomene dar. Zentrales Merkmal dieser Klasse von Simulationen ist die Bildung autonomer Einheiten, sog.

---

[33] Zur Mikrosimulation vgl. Troitzsch (2004, S. 1262 ff.), Troitzsch (2000, S. 4 ff.), s.a. Gilbert/Troitzsch (2005, S. 57 ff.); zu Mehrebenenmodellen vgl. Troitzsch (2000, S. 7 ff.), s.a. Gilbert/Troitzsch (2005, S. 100 ff.).

[34] Vgl. Troitzsch (2000, S. 11), ausführlich auch Gilbert/Troitzsch (2005, S. 130 ff.).

[35] So zeigt z.B. das vielzitierte (ursprünglich nicht als Computersimulation, sondern als ‚manuell nachvollzogener' Automat aufgebaute) Segregationsmodell von SCHELLING, wie sich trotz relativ hoher gegenseitiger Toleranz nach einiger Zeit ethnisch getrennte Wohngebiete ergeben; vgl. Schelling (1969), auch Troitzsch (2000, S. 11).

[36] So schreibt Schnell (1991a, S. 3) zu zellulären Automaten: „There are no theoretical advances since 1971 in the application of this kind of models in the social sciences. Due to the easy programming of stunning graphical effects with these models, a lot of students is busy with this kind of model, but they are only reinventing the wheel."

Agenten, die auf Basis simulierter Wahrnehmungen und individueller Handlungsmodelle miteinander *interagieren* bzw. in Bezug auf die simulierte Umgebung handeln können. Objektorientierte Programmiersprachen ermöglichen es dabei, die relevanten Eigenschaften eines Agenten in kompakter Form zu beschreiben; die Handlungstheorie wird durch die Modellierung einer Agenten-Klasse expliziert. Dem in Abschnitt 2.1.3, speziell in Abbildung 2.2 dargestellten Analyseschema (COLEMAN'SCHE Badewanne) folgend, ergeben sich aus den Handlungsbedingungen und der Handlungstheorie die Aktionen der Agenten, die sich zu Makroeffekten aggregieren: Multi-Agenten-Modelle sind inhärent methodologisch individualistisch.
In vielen Modellen ist die Umweltwahrnehmung der Agenten lokal, auf die jeweilige nähere Umgebung beschränkt. Ist diese Wahrnehmung unterschiedlich ausgeprägt oder folgen die Handlungen der Akteure individuell verschiedenen Entscheidungsregeln, so können diese Modelle ggf. bereits als methodologisch subjektivistisch[37] bezeichnet werden. Zur Abbildung individuell unterschiedlichen Verhaltens wird häufig ein dynamischer Entscheidungmechanismus verwendet: Mit verschiedenen Mechanismen, z.B. durch *genetische Algorithmen*[38] oder durch *neuronale Netze* wird *Lernen* modelliert, so dass sich die Agenten bzw. ihre Entscheidungsmodelle individuell pfadabhängig entwickeln.[39]

3.1.3 Umsetzung der MDA durch konsequent objektorientierte Modellierung

Wie sich auch Theorien in literarisch verbaler ebenso wie formaler Darstellung aus einer Reihe von Aussagen zusammensetzen, die auf notwendiges Vorwissen zurückgreifen, so bestehen auch in Programmform explizierte Theorien i.d.R. aus verschiedenen Programmmodulen, die wiederum unterschiedliche, z.B. in Programmbibliotheken bereitgestellte, vordefinierte Funktionen nutzen. Eine *spezielle methodische Bedeutung* kommt dabei dem Konzept der *objektorientierten Programmierung* zu: Durch sie lässt sich, wie im Folgenden dargestellt wird, die Methode der abnehmenden Abstraktion auf die Entwicklung von Simulationsprogrammen übertragen. Zur Fundierung dieses Gedankens sollen zunächst kurz die wesentlichen Ideen der Objektorientierung vorgestellt werden. Danach wird die Verwendung objektorientierter Program-

[37] Siehe dazu Fn. 103 in Abs. 2.1.3.

[38] Siehe Abs. 2.2.5 (S. 61).

[39] Zu Multi-Agenten-Simulation vgl. Troitzsch (2004, S. 1264 f.); zu Anwendungen und zum typischen Aufbau vgl. auch Axtell (2000); ausführlich s.a. Gilbert/Troitzsch (2005, S. 172 ff.).

miertechniken in der Modellierung sozialwissenschaftlicher Fragestellungen erörtert, ehe dargelegt wird, wie mit ihrer Hilfe eine systematische Formalisierung einer mit Hilfe der MDA ausdifferenzierten Theorie im programmierten Modell erreicht werden kann.

Grundsätze der Objektorientierung

Der Kerngedanke des objektorientierten Paradigmas in Analyse, Konzeption und Programmierung besteht darin, Daten und Funktionen gleichzeitig zu betrachten und in *Objekten* zu *kapseln*, was sie von einseitig daten- oder funktionsorientierten Ansätzen der Systementwicklung unterscheidet.[40] Das Gesamtkonzept geht jedoch darüber hinaus. Wesentliche weitere Teilkonzepte sind das Konzept der *Klassenbildung* und der *Vererbung*. Weiterhin sind auch die eng mit dem Prinzip der Vererbung verbundenen Konzepte *Abstraktion* und *Polymorphismus* zu nennen, so dass sich ingesamt fünf wesentliche Teilkonzepte ergeben:[41]

Objektbildung und Kapselung Ein *Objekt* kombiniert Daten und Anweisungen in einer logischen Einheit. Als Software-Bestandteile umfassen Objekte sowohl Variablen, sog. ‚Attribute', als auch sog. ‚Methoden', d.h. Routinen, die das Verhalten bestimmen und den Zugriff auf die Attribute des jeweiligen Objektes ermöglichen. Den Objekten ist es dabei nach dem ‚Geheimnisprinzip'[42] nur eingeschränkt gestattet, auf Attribute[43] und Methoden anderer Objekte zuzugreifen. Man spricht daher auch von der *Kapselung* von Daten und Methoden. Die einzelnen Objekte können so nur über definierte Schnittstellen miteinander kommunizieren.[44]

Klassenbildung Lassen sich aus Programmcode, der die Attribute und Methoden eines Objektes beschreibt, mehrere gleichartige Objekte ableiten, so bildet dieser Programmcode eine *Klassendefinition*. Auf Basis einer Klassendefinition generierte Objekte stellen sog. *Instanzen* der definierten Klasse dar.

---

[40] Vgl. Lehner et al. (1995, S. 132 f. u. S. 303 f.).

[41] Vgl. zum folgenden Überblick Janßen/Bundschuh (1993, S. 21 ff.); siehe auch Hansen/Neumann (2005, S. 214 ff.), Stahlknecht/Hasenkamp (2002, S. 277 ff.).

[42] Vgl. Parnas (1972).

[43] Z.T. wird Zugriff auf Attribute nur über entsprechende Methoden gewährt.

[44] Z.T. wird diesbezüglich von einem Messaging-Konzept gesprochen. I.e.S. bedeutet Messaging jedoch, dass alle Objekte über Nachrichten miteinander kommunizieren und diese jeweils in einer Ereignisbearbeitungsmethode auswerten müssten, welche die jeweiligen unterschiedlichen Aktionen auslöst. Meist können Objekte jedoch über direkte Methodenaufrufe kommunizieren; vgl. Hansen/Neumann (2005, S. 215). Von Messaging kann dann nur i.w.S. gesprochen werden.

Vererbung Als Vererbung bezeichnet man die Möglichkeit, eine neue Klasse unter Bezug auf eine vorhandene Ausgangsklasse zu definieren und dabei die Eigenschaften der vorhandenen Klasse zu übernehmen. Die neue Klasse ‚erbt' alle Attribute und Methoden der Ausgangsklasse, kann diese jedoch um zusätzliche Attribute und Methoden ergänzen, sowie vorhandene Methoden durch Neudefinition überschreiben. Die neue Klasse als sog. ‚Subklasse' erweitert die vorhandene sog. ‚Superklasse'. Zwischen beiden entsteht eine hierarchische Beziehung.

Abstraktion Das Prinzip der Abstraktion ergänzt das Prinzip der Vererbung. Nach dem Konzept der Abstraktion ist es in einer Klassenhierarchie möglich, Eigenschaften in einer Superklasse festzulegen, ohne sie im Detail zu spezifizieren. Abstrakte Methoden sind leer. Sie beschreiben letztlich nur die Form, unter der ein Methodenaufruf möglich sein muss. Ihre konkrete Implementation muss in einer Subklasse erfolgen. So lässt sich sicherstellen, dass Objekte aller abgeleiteten Subklassen auf Methodenaufrufe gegebener Form reagieren können, ohne dass in der Definition der Superklasse festgelegt werden muss, was jeweils geschieht.

Polymorphismus Erst durch das Konzept des Polymorphismus kommen die in Abstraktion und Vererbung angelegten Vorteile richtig zum tragen. Die Bezeichnung Polymorphismus rekurriert auf die Möglichkeit, eine in einer Superklasse deklarierte Eigenschaft in den Subklassen in unterschiedlichen Formen abgebildet zu finden. Dies bedeutet, dass sich alle in einer Superklasse deklarierten Methoden auch in allen Objekten jeder untergeordneten Subklasse ansprechen lassen, jedoch in den Subklassen durch eigenen Code überschrieben sein können.[45]

In Anlehnung an die Definition von WEGNER kann i.e.S. nur dann von Objektorientierung gesprochen werden, wenn nicht nur *Objekte* definiert, sondern auch die Mechanismen *Klassenbildung* und *Vererbung* genutzt werden. Ohne Klassenbildung liegt nur ein objekt*basiertes*, mit Klassenbildung aber ohne Vererbung nur ein klassenbasiertes Modell vor.[46]

---

[45] Ein kurzes Beispiel hilft dies zu erläutern: In einer Superklasse `Symbol` wird die Methode `zeichne` abstrakt deklariert. Die Subklassen `Dreieck` und `Rechteck` müssen nun jeweils eine eigene Methode `zeichne` definieren. Eine Objektvariable X vom Typ `Symbol` kann nun sowohl ein Objekt vom Typ `Dreieck` als auch vom Typ `Rechteck` beinhalten. Abhängig davon, welcher Objekttyp in X tatsächlich enthalten ist, führt ein Aufruf der Methode `zeichne` an das in X enthaltene Objekt entweder die bei `Dreieck`, oder die bei `Rechteck` definierten Befehle aus.

[46] Wegner (1987, S. 169) definiert *Objektorientierung* in Bezug auf die Leistungsfähigkeit von Programmiersprachen; die Definition wird hier jedoch bewusst auf die Anwendung der Prinzipien der Objektorientierung in der

Verwendung zur Abbildung sozialwissenschaftlicher Probleme

Objektorientierte Programme sind i.d.R. gut geeignet, sozialwissenschaftliche Theorien in Simulationsmodellen abzubilden. So lassen sich einzelne Teilkomplexe wie z.B. die als Mikrofundierung gewählte Handlungstheorie oder die Umwelt, welche die Handlungsbedingungen bestimmt, in einem der ‚COLEMAN'SCHEN Badewanne'[47] folgenden Erklärungschema in separaten Klassendefinitionen abbilden und über wechselseitige Methodenaufrufe miteinander verknüpfen. Eine solche Variante des ‚building block approach' bietet nicht nur eine Erleichterung in der Modellbildung sowie die Möglichkeit zur Validierung des Modells und zur Generierung von Zwischenergebnissen während der Entwicklung des Simulationsprogramms[48], die Entsprechung zwischen realweltlichen Akteuren und Gegenständen einerseits und programmtechnischen Objekten andererseits erleichtert zudem die Verständlichkeit des Modells. Durch die objektorientierte Programmierung wird es außerdem möglich, auch komplexe Kontrollflüsse im Simulationsmodell zu realisieren, die sich in prozedural aufgebauten Programmen nicht abbilden lassen. Durch die Bildung von Objekten kann der Kontrollfluss im Programm als Ausdruck des Wechselspiels zwischen den Modellelementen, als Ausdruck der Interaktion zwischen den Akteuren untereinander und mit der modellierten Umwelt sogar selbst zum Gegenstand der Untersuchung werden.[49]

Naheliegenderweise werden speziell zum Aufbau agentenbasierter Simulationsmodelle häufig als ‚objektorientiert' bezeichnete Programmiertechniken eingesetzt.[50] Die einzelnen Teilkonzepte der objektorientierten Programmierung werden dabei jedoch in unterschiedlichem Maße genutzt. Es ist zwar verbreitete Praxis, die Eigenschaften von Agenten in Simulationsmodellen in Klassendefinitionen festzulegen und die Agenten als Objekte aus diesen zu instantiieren – jedoch entspricht das geschilderte Vorgehen bis hier in Sinne der obigen Definition lediglich objektbasierter bzw. klassenbasierter Modellierung. Erst durch die Nutzung von Vererbung, Abstraktion und Polymorphismus wird das gesamte Spektrum der Objektorientierung i.S. der Definition WEGNERS ausgenutzt.

---

konkreten Programmierung übertragen: Die Verwendung einer objektorientierten Programmiersprache allein führt noch nicht zu objektorientiertem Softwaredesign.

47 Siehe auch Abb. 2.2.

48 Zu den Vorteilen des ‚building-block-approach' vgl. Carley (1999, S. 3).

49 Die Notwendigkeit, auch komplexe, ex ante nicht bestimmbare Kontrollflüsse in Simulationsprogrammen abbilden zu können war einer Beweggründe für die Entwicklung der ersten objektorientierten Programmiersprache SIMULA in Jahr 1967, vgl. Janßen/Bundschuh (1993, S. 13).

50 Vgl. Meyer et al. (2003, S. 285).

Abbildung der Prinzipien der MDA mit objektorientierten Techniken

Werden Computerprogramme, insbesondere Simulationsprogramme, als Form der Theorieexplikation verstandenen, kommt gerade diesen Konzepten eine *besondere methodische Bedeutung* zu[51]. Speziell in Verbindung mit der in Abschnitt 3.1.1 dargestellten Methode der abnehmenden Abstraktion ergibt sich ein leistungsfähiger methodischer Ansatz:

— Eine im ersten Schritt gebildete Klassendefinition kann einen Theoriebereich, z.B. das Verhalten eines Agenten, zunächst vereinfacht abbilden oder sich auf die Explikation einer Kerntheorie im Sinne LINDENBERGS beschränken. Einzelne Annahmen werden als Eigenschaften der Klasse implementiert, für erkennbar notwendige, später zu treffende Annahmen werden abstrakte Methoden deklariert.

— Eine im zweiten Schritt abgeleitete Subklasse erbt die getroffenen Annahmen, kann diese jedoch nun durch weitere Annahmen in neuen Methoden ergänzen oder durch Überschreiben verändern und abstrakt deklarierte Methoden durch konkrete Implementationen ersetzen. Auf diese Weise bleiben die Grundzüge der in der Superklasse repräsentierten Theorie erhalten, die Definition der Subklasse muss lediglich die Veränderungen und Erweiterungen ausdrücken. Stellt die Superklasse eine Kerntheorie im Sinne der Methode LINDENBERGS dar, so lässt sich die Definition der Subklasse als Darstellung der Brückenannahmen verstehen.

Das Vorgehen lässt sich in weiteren Schritten fortsetzen. Zudem können durch parallele Ableitung unterschiedlicher Subklassen Modelle mit verschiedenen Annahmen gegenübergestellt werden.[52] Die Wiederverwendbarkeit von Klassen in anderen Programmen bietet darüber hinaus Ansatzpunkte für weitere Forschung.[53] Ein weiterer Vorteil ergibt sich, wenn alle Teiltheorien eines Modells entsprechend modelliert und Interaktionen zwischen Objekten möglichst unter Verwendung weitgehend abstrakter Objekttypen abgebildet werden (d.h. wenn den im Programm deklarierten Objektvariablen Typen möglichst hoher Ebenen der Klassenhierarchie zugewiesen werden). Durch Polymorphismus wird es dann ausserdem möglich, einzelne Teiltheorien mit *verschiedenen* Annahmen anderer Teiltheorien zu kombinieren. So können z.B. verschieden definierte Typen von Agenten (Subklassen) mit einer in ein und derselben Definition beschrieben Umwelt kombiniert werden, wenn die Definition der Umwelt sich stets auf eine

---

[51] Vgl. Meyer/Hufschlag (2006, Abs. 2.4).

[52] Vgl. Meyer/Hufschlag (2006, Abs. 2.5).

[53] Eine Bereitstellung von *Klassenbibliotheken* bietet anderen Forschern die Möglichkeit, auf den im Programm abgebildeten Theorien aufzusetzen. Vgl. auch Meyer/Hufschlag (2006, Abs. 1.3).

abstrakte Agentendefinition (Superklasse) bezieht. Auf diese Weise lassen sich Theorievarianten gegeneinander testen und die generierten Muster unmittelbar vergleichen.[54]
Die objektorientierte Programmierung bietet somit über die leichte Verständlichkeit hinausgehende Vorteile für die Theorieexplikation in Programmform. Die Nutzung der Konzepte *Vererbung*, *Abstraktion* und *Polymorphismus* ermöglicht sowohl die Darstellung einer sequentiellen theoretischen Entwicklung innerhalb des Programmcodes, als auch die schrittweise Fortentwicklung, aber auch die Selektion von Modellen und Modellbestandteilen. Objektorientiert aufgebaute Simulationsmodelle können so zu einem mächtigen Instrument systematisch kumulativer Wissenschaft werden.
Das skizzierte, an LINDENBERGS MDA ausgerichtete objektorientierte Verfahren wird daher – verbunden mit einer entsprechenden sachlich-analytischen Herleitung – in dieser Arbeit zur Richtlinie für die Entwicklung des Simulationmodells.

3.2 Überleitung vom entscheidungstheoretisch-rationalen zum lernenden Akteur

Der Leitgedanke dieser Arbeit, die Ursache möglicher in der Praxis auftretende Dysfunktionalitäten aus dem Spannungsfeld von Wollen und *Können* zu erklären, ist dem in Abschnitt 2.1.3 vorgestellten Akteursmodell von BACH ET ALII entlehnt. Es soll daher zu Beginn der Modellbildung diskutiert werden, welchen Beitrag das Akteursmodell hier zu leisten vermag. Anschließend wird die als Kerntheorie verwendete Teamtheorie genauer vorgestellt: Dabei wird zunächst ihr spezielles Verfahren der Informations- und Entscheidungsmodellierung vorgestellt, bevor anhand grundlegender hiermit herleitbarer Aussagen ihre Eignung für die Beantwortung der gewählten Fragestellung belegt wird. Schließlich wird gezeigt, wie sich aus einem rationalen Entscheidungsmodell, wie es die Teamtheorie verwendet, ein lernendes, in einem LCS implementierbares Entscheidungsmodell entwickeln lässt.

---

[54] Es lassen sich darüber hinaus sogar Modelle bilden, in denen auf verschiedenen Annahmen basierende Agenten in Konkurrenz zueinander stehen. Vgl. Meyer/Hufschlag (2006, Abs. 2.6).

3.2.1 Das Akteursmodell als heuristischer Rahmen

Das bereits eingeführte Akteursmodell nach BACH ET ALII[55] liefert eine Reihe von Hinweisen zur Analyse des Informationsversorgungsproblems. Neben dem diskutierten erkenntnistheoretischen Verweis auf den methodologischen Individualismus ist auch ein bedeutsamer theoretisch-inhaltlicher Beitrag enthalten. Um zu klären, wie dieser in der Modellbildung einfliessen kann, wird zunächst die Beziehung des Akteursmodells zur beschriebenen Methode der abnehmenden Abstraktion nach LINDENBERG untersucht. Danach wird der heuristische Gehalt des Akteursmodells herausgestellt, ehe konkrete Schlüsse für die Modellierung in dieser Arbeit gezogen werden.

Akteursmodell und die Methode der abnehmenden Abstraktion

Als ‚Grundmodell' intendiert, ist das Akteursmodell zunächst als *offener* Ansatz angelegt. Trotz der Beschreibung von Eigenschaften und Fähigkeiten, bietet es keine *vollständige* Mikrofundierung zur Bildung methodologisch-individualistischer Modelle. Mit den getroffenen Grundannahmen wird vielmehr ein (in der ersten Fassung eher an entscheidungstheoretischen Kategorien, in der zweiten Fassung eher an einem verhaltenswissenschaftlich/psychologischen Managementprozess anlehnender) *Rahmen* abgesteckt. Die getroffenen Annahmen bleiben weitestgehend offen. Die abstrakte Spezifikation relevanter Fähigkeiten reicht alleine nicht aus, um in gegebenen Situationen Entscheidungen und folgende Handlungen abzuleiten. Weder wird ein belebendes Prinzip bestimmt, noch werden ausreichend Anhaltspunkte gegeben, wie die Fähigkeiten und Handlungen der Akteure zusammenwirken.
Sowohl zur Konkretisierung der Handlungstheorie, als auch zur Spezifikation der Aggregation von der Mikro- auf die Makroebene werden daher zusätzliche Annahmen benötigt, soll das Modell auf einen spezifischen Analysekontext angewendet werden.
Das abstrakte Niveau der Charakterisierung der Akteure in den Arbeiten von BACH ET ALII mit der Notwendigkeit einer einer Spezifikation durch zusätzliche Annahmen weist auf den ersten Blick Parallelen zu LINDENBERGS Idee einer Kerntheorie im Rahmen der Methode der abnehmende Abstraktion auf: Auch eine solche Kerntheorie bewegt sich zunächst auf abstraktem Niveau und ist durch zusätzliche problemspezifische Annahmen zu ergänzen. Die Richtung der Abstraktion im Akteursmodell ist jedoch eine andere, als von LINDENBERG für eine Kerntheorie erwartet. Abstraktion in seinem Verständnis bedeutet nicht die Reduktion auf eine allgemeine Form, die individuell oder situativ unterschiedliche Aspekte gezielt offen lässt.

[55] Siehe erneut Abs. 2.1.3.

Unter Abstraktion wird vielmehr das bewusste Entproblematisieren jener Unterschiede verstanden.[56] Dies bedeutet letztlich, dass eine Kerntheorie als solche im Rahmen methodologisch-individualistischer Erklärungsmodelle bereits eine geschlossene, wenn auch stark vereinfachte Handlungstheorie darstellen muss. Das Akteursmodell stellt selbst jedoch – wie dargelegt – noch keine geschlossene Handlungstheorie dar und kann daher nicht als Kerntheorie im LINDENBERG'schen Sinn bezeichnet werden.

Die erfolgreiche Heuristik des Akteursmodells

Trotz der zunächst unspezifischen, offenen Formulierung des Ansatzes haben die Arbeiten, die sich auf das Akteursmodell bezogen haben, eine Vielzahl an Anregungen und Forschungsergebnissen speziell zu Fragen von Controlling und Unternehmensführung hervorgebracht.[57] Die Orientierung an der grundlegenden Beschreibung des Akteurs hat in individuellen Konkretisierungen zu Modellannahmen geführt, deren Erklärungspotential über das vorheriger Theorien hinausgeht. Das Akteursmodell hat sich als fruchtbarer Ansatz der betriebswirtschaftlichen Forschung gezeigt. Dabei hat es, neben seiner Rolle als Rahmen einer Mikrofundierung auf Grund seiner Offenheit auch mikrotheoretische Forschungsarbeiten inspiriert, die durch Vertiefung individualtheoretischer (z.B. psychologischer) Erkenntnisse sowohl zur Plausibilisierung von Annahmen als auch zur Entdeckung neuer, potentiell relevanter Einflussgrößen für ökonomische Modelle dienen können.[58]

Die Art und Weise, wie das Akteursmodell als Modellrahmen aufgefüllt bzw. ausdifferenziert wird, ist jedoch – wie bereits der Unterschied zwischen den Versionen von 1998 und 2002 zeigt – heterogen. Allen Modellen gemeinsam ist jedoch die explizite oder implizite (so bei Bach et al. (2002)) Differenzierung in Wollen und Können, sowie die dynamische Sichtweise des Könnens, die sich in der Annahme der Möglichkeit des Lernens durch die Entwicklung interner Modelle der Akteure manifestiert. In dieser den Modellen immanenten *Heuristik* ist die Essenz des Akteursmodells zu verorten: Durch die Differenzierung von Wollen und Können und durch die Dynamisierung beider bewegt sich der Ansatz sowohl jenseits einer reinen Modellierung von Interessenkonflikten, als auch einer statisch betrachteten ‚bounded rationality'. Mit der Beschreibung von Eigenschaften und Fähigkeiten wird eine *Denkrichtung* angeregt, die über die in

---

[56] Vgl. Lindenberg (1991, S. 47 ff.).

[57] Zu Forschungsergebnissen in diesem Bereich vgl. ausführlich Weber (2004b), zur Übersicht über einzelne Arbeiten siehe auch Heine et al. (2006, Anhang 3).

[58] Vgl. Rubinstein (2003), Radner (2000); zur Eignung psychologischer Theorien zur Entwicklung ökonomischer Modelle auch Lindenberg (1991, S. 52 ff.).

der Ökonomik verbreitete Beschreibung von ‚Entscheidungsfunktionen' hinausgeht und damit eine modelltheoretische Abbildung von RADNERS ‚truely bounded rationality' ermöglicht.

Nutzung im Kontext dieser Arbeit

Unter Anwendung von LINDENBERGS Methode der abnehmenden Abstraktion lässt sich die Heuristik des Akteursmodells zur Integration der (informations-)ökonomischen und der verhaltensorientierten Perspektive in einem Modell der Informationsversorgung nutzen. Um die im Akteursmodell offengelassenen handlungstheoretischen Aspekte zu vervollständigen, wird als *neue* Ausgangsbasis der in Abschnitt 2.2.4 vorgestellte informationsökonomische Ansatz der Teamtheorie als Kerntheorie herangezogen, dessen Rationalitätsannahme im Rahmen des Grundmodells der Entscheidungstheorie operationalierbar ist. Durch die in Abschnitt 2.1.3 dargestellte Parallelität zwischen Akteursmodell und entscheidungstheoretischem Grundmodell wird dabei der Bezug zu den beschriebenen Fähigkeiten der Akteure, somit der Rahmen des Akteursmodells, gewahrt. Gleichzeitig wird durch die Verwendung einer geeigneten informationsökonomischen Modellierung nicht nur eine für die Untersuchung von Problemen der Informationsversorgung adäquate Abbildungsform gewählt, sondern auch ein *Referenzpunkt* für einen Vergleich zwischen rationalen und ‚truely' begrenzt-rationalen Akteuren in der späteren Analyse geschaffen. Die begrenzte Rationalität der Akteure wird dann durch der Heuristik des Akteursmodells folgende Brückenannahmen konkretisiert: Ausgehend vom entscheidungstheoretischen Grundmodell wird eine Überleitung zu einem Akteur, der auf Basis eines selbst fortentwickelten internen Modells entscheidet, geschaffen.

3.2.2 Die spezielle Informations- und Entscheidungsmodellierung der Teamtheorie als Kerntheorie

Die als Kerntheorie herangezogene ‚Teamtheorie' ist stark durch eine explizit zur Analyse von Informationsproblemen erdachte formale Modellierung geprägt, die im Folgenden dargestellt werden soll. Dabei wird zunächst auf ihre Grundelemente und ihre spezielle Informationsmodellierung eingegangen, sowie dargestellt, wie die Teamtheorie zu rationalen Akteuren führt, ehe anschließend auf mit dem Konzept des Informationswertes transportierte spezielle Messmodellannahme der Teamtheorie eingegangen wird.

Basis der Teamtheorie

Die Teamtheorie beginnt im Sinne des methodologischen Individualismus mit der Modellierung eines einzelnen, rationalen Akteurs. Sie orientiert sich dabei an MARSCHAKS Überlegungen zu einer umfassenden Theorie *pragmatischer* Informationsverarbeitung, zu „Economics of Inquiring, Communicating, Deciding“[59]. Den entscheidungstheoretischen Nukleus bildet explizit die statistische Entscheidunglehre SAVAGES.[60] MARSCHAK nutzt seine Überlegungen jedoch nicht zum Ausbau der Theorie der Statistik, d.h. nicht Ermittlung eines optimalen Untersuchungsdesigns aus der Perspektive eines perfekten externen Entscheiders – sein Gegenstand ist auch nicht die unmittelbare Auswertung der Ergebnisse von Erhebungen oder Experimenten.[61] Ziel ist vielmehr die Abbildung eines *begrenzten Informationszugangs*. Dabei grenzt MARSCHAK auf der anderen Seite seine Modellierung gegenüber der reinen Kommunikationstheorie von SHANNON und WEAVER[62] bewusst ab. So wird im Vergleich zu SHANNON/WEAVER u.a. zusätzlich angenommen, dass sich Umweltzustände bzw. Ereignisse und Daten nicht zwingend decken müssen sowie dass eine korrekte Datenübertragung nicht zwingend zu optimalen Entscheidungen führt. Zudem wird explizit *nicht* angenommen, dass syntaktische Fehler gleichen Ausmasses zwingend zu gleichem Disnutzen führen.[63]
Ausgangspunkt der formalen Modellierung[64] ist die von SAVAGES Idee der ‚small worlds‘[65] übernommene Abbildung der Umwelt in einer Menge von Zuständen X, deren Elemente jeweils für sich einen *vollständigen* Status der Umwelt mit allen Details (aber möglichweise unter Entproblematisierung irrelevanter Differenzierungen) bezeichnen.

$$X = \{x_1 \dots x_n\} \tag{3.1}$$

Auf diese Zustände kann ein Akteur mit einer Aktion seines Handlungsrepertoires A reagieren.

$$A = \{a_1 \dots a_m\} \tag{3.2}$$

Bei gegebenem Umweltzustand führt eine Handlung – verknüpft durch die Ergebnisfunktion ρ – zur einer Handlungsfolge $r \in R$.

$$r = \rho(x,a) \; ; \; R = \{r_1 \dots r_m\} \tag{3.3}$$

---

59 Vgl. Marschak (1968). Im Deutschen spricht MARSCHAK von ‚optimaler Symbolbehandlung‘, vgl. Marschak (1970).

60 MARSCHAK bezieht sich insbesondere auf Savage (1954).

61 Vgl. Marschak (1968, S. 3)

62 Vgl. Shannon (1948) / Shannon/Weaver (1949).

63 Vgl. Marschak (1968, S. 10).

64 Vgl. hierzu im Folgenden sofern nicht anders vermerkt Marschak/Radner (1972, S. 12 ff.).

65 Vgl. Savage (1954, S. 9 f.)

Alternativ kann auch die Handlung a selbst als Funktionsvorschrift verstanden werden, die einen Umweltzustand in ein Ergebnis, eine Handlungsfolge transformiert.

$$f_a(x) : r = a(x) \tag{3.4}$$

In diesem Verständnis wird dann nach SAVAGE von einem *Akt* gesprochen. Die Menge A wird dann auch als verfügbare Technologie interpretiert.[66]
Der Rationalitätsbedingung folgend, kann ein Akteur jeder erwarteten Handlungsfolge einen subjektiven Nutzen zuordnen und diesen bewerten, was in einer Resultatnutzenfunktion υ und einer oft als auch als Payoff- oder Auszahlungsfunktion bezeichneten numerischen Bewertungsfunktion ω zum Ausdruck kommt.

$$u = \upsilon(r) \tag{3.5}$$

$$\omega(x,a) = \upsilon(\rho(x,a)) = \upsilon(a(x)) \tag{3.6}$$

Letztere „[...] is thus a combined expression of a person's taste and of his explanation of the outcome as determined by his action and the environment."[67] Sie hat in Folge der Bindung an den subjektiven Nutzen ebenfalls subjektiven Charakter.[68]

Die Technik der Partitionierung zur Darstellung von Informationsstrukturen

Mit der Definition von Umweltzuständen, Handlungsalternativen, einer Resultatfunktion und einer subjektiven Bewertungs- oder Auszahlungsfunktion bewegt sich der Ansatz der Teamtheorie in üblicher Form im Rahmen des Grundmodells der Entscheidungstheorie. Eine besondere Ausprägung wählt MARSCHAK jedoch in der Modellierung von *Unsicherheit*. Unsicherheit besteht einerseits über mögliche Handlungsfolgen bei gegebenen Umweltzuständen, andererseits jedoch auch über den tatsächlichen Umweltzustand selbst. Letzterer Teil der Unsicherheit ist durch die individuelle Wahrnehmung induziert, und *kann durch zusätzlich eintreffende Information verändert werden.*[69] Zur Informationsmodellierung nutzt MARSCHAK einen bis heute

---

[66] Vgl. Savage (1972, S. 14), Marschak/Radner (1972, S. 13), Marschak/Miyasawa (1968, S. 138). Vgl. zum Verständnis von Akten als Funktionen auch Schmidt (1995, S. 26 f.).

[67] Marschak/Radner (1972, S. 43).

[68] Zu Nutzen- und Auszahlungsfunktion vgl. Marschak/Radner (1972, S. 43), Marschak/Miyasawa (1968, S. 139), auch Ferschl (1982, S.43).

[69] Siehe auch erneut Abb. 2.1, ebenso Abs. 2.1.1 (S. 14).

seltener verwendeten Spezialfall der (verbreiteten) Formalisierung, Information durch stochastisch vom Umweltzustand abhängige Signale abzubilden: MARSCHAK modelliert Information durch die Bildung von Mengen von Umweltzuständen. Charakteristisch für die Teamtheorie ist die Annahme einer damit im ersten Schritt *eindeutigen* Beziehung zwischen Umweltzustand und resultierendem Signal. (Erst in späteren Schritten werden Informationseigenschaften wie Fehler und Verzögerung hinzumodelliert.) Zunächst gilt, dass unterschiedliche Signalausprägungen aus unterschiedlichen Umweltzuständen resultieren *müssen*.[70] Die Ausprägung y eines Signals, das einen Empfänger erreicht, repräsentiert einen oder mehrere mögliche komplexe Umweltzustände $x \in X$, welche die Ausprägung des Signals auslösen.

$$y \subseteq X\,;\; y \in Y \tag{3.7}$$

Auf Basis eines Signals wird also die Menge der Umweltzustände in disjunkte Teilmengen, die zu jeweils einer Ausprägung führen, zerlegt. Es wird eine *Partitionierung* oder *Zerlegung* η der Menge der Umweltzustände X gebildet.

$$\eta = \{y_1, \ldots, y_n\} \text{ mit } y_i \subseteq X \wedge \bigcap_i y_i = \emptyset \wedge \bigcup_i y_i = X \tag{3.8}$$

Häufig wird eine Partitionierung auch als Funktion des Umweltzustandes dargestellt:[71]

$$y = \eta(x) \tag{3.9}$$

Durch eine solche Funktion zur Zerlegung der Umweltzustände wird die für einen Akteur als Empfänger des Signals sichtbare *Informationsstruktur* beschrieben. In in diesem Schritt der Modellierung ist die Menge der möglichen Informationsstrukturen dann als Menge der möglichen Partitionierungen der Menge der Umweltzustände gegeben.[72] MARSCHAK verwendet damit einen Spezialfall der sonst verbreiteten stochastischen Modellierung mit $\pi(y|x) = 1$ als Ausgangspunkt.

Gegenüber der allgemeineren Form einer stochastischen Beziehung bietet dieser Ansatz Vorteile in der Modellierung:

[70] Dies deckt sich mit SAVAGES Idee der Abbildung von Umweltzuständen in unbegrenztem Detail: Auch minimale Unterschiede, die zu verschiedenen Signalen führen könnten, bedeuten demnach unterschiedliche Umweltzustände, vgl. Marschak/Radner (1972, S. 48)

[71] Vgl. Marschak/Radner (1972, S. 47).

[72] Ihre Größe ist für endliche Mengen von Umweltzuständen durch die Reihe der Bell'schen Zahlen gegegeben. Die ersten Elemente der Zahlenreihe sind $B_0 = 1, B_1 = 1, B_2 = 2, B_3 = 5, B_4 = 15, B_5 = 52, B_6 = 203, B_7 = 877, B_8 = 4140 \ldots$. Vgl. AT&T Integer Sequences Research (2005, Zahlenreihe id:A000110).

— Allgemeine Zufallseinflüsse werden aus der Informationsbeziehung ausgeschlossen und in die modellierte Umwelt verlagert. Dadurch kann in der Informationsstruktur zunächst der semantischen Zusammenhang zwischen Umweltzustand und Signal ohne Ambivalenz beschrieben werden.

— Durch die Modellierung über Mengen mit eindeutigen Beziehungen lässt sich die *Feinheit* von Informationsstrukturen vergleichen.[73]

— Inhaltliche Eigenschaften von Informationsstrukturen lassen sich in allgemeiner Form beschreiben.

Zum letzten Punkt kann z.B. dargestellt werden, inwiefern eine Informationsstruktur tatsächlich die für einen Akteur relevanten Inhalte widerspiegelt: Existieren mehrere Umweltzustände, die in in Verbindung mit den Handlungsalternativen eines Akteurs jeweils zu identischen Resultaten führen, so bilden diese Umweltzustände aus Sicht des Akteurs gemeinsam ein ‚Ereignis' in Bezug auf die verfügbare Technologie.[74] Die Umweltzustände in X lassen sich nun entsprechend anhand des Ergebnisses $\rho(x,a)$ bzw. $a(x)$ gruppieren, so dass eine Menge Z_A disjunkter Teilmengen z_X^A, die jeweils ein Ereignis bilden, entsteht.

$$z_X^A = \{x' \in X | \rho(x',a) = \rho(x,a), \forall a \in A\} \tag{3.10}$$

bzw.

$$z_X^A = \{x' \in X | a(x) = a(x') \, \forall a \in A\} \tag{3.11}$$

Eine Informationsstruktur, die diese Partitionierung abbildet, wäre demnach Ereignis-adäquat. Auf ihrer Basis ließe sich sicher ableiten, welche objektiven Folgen für alle möglichen Aktionen zu erwarten sind.

Ähnlich lässt sich beschreiben, inwiefern eine Informationsstruktur sich am subjektiven Nutzen des Akteurs bzw. seiner Auszahlung orientiert: Hierzu ist eine Partitionierung der Menge X zu bilden, innerhalb deren Teilmengen der jeweilige Nutzen in Bezug auf die Technologie A konstant ist.

$$Z_x^\omega = \{x' inX | \omega(x,a') = \omega(x,a), \forall a \in A\} \tag{3.12}$$

---

[73] Vgl. hierzu auch Schüler (1982, S. 1287).

[74] Vgl. Marschak/Miyasawa (1968, S. 138). Der Begriff des Ereignisses (‚Event') ist wiederum Savage (1972, S. 10ß,ff.) entlehnt, vgl. hierzu auch Nida-Rümelin (1995, S. 17).

Eine solche Partitionierung lässt sich als *auszahlungsadäquat* bezeichnen,[75] wie auch eine entsprechende Informationsstruktur auszahlungsadäquat wäre.[76]

Die beste Entscheidungsfunktion als Merkmal rationaler Akteure

Die handlungstheoretisch festgelegten Handlungsvorschriften bzw. Entscheidungsregeln eines Akteurs werden in der Teamtheorie stets durch eine Entscheidungsfunktion α mit dem maximalen Wertebereich A, der Menge der möglichen Aktionen beschrieben. Berücksichtigt ein Akteur in seiner Entscheidung die Signale einer Informationsstruktur, so ergibt sich eine Funktion mit dem Signal y bzw. der Informationsstruktur η als Parameter.

$$a = \alpha(y) = \alpha(\eta(x)) \tag{3.13}$$

Die Kombination aus Entscheidungsregeln bzw. Entscheidungsfunktion und Informationsstruktur wird in der Literatur auch als ‚Organisationsform' bezeichnet.[77] Für jede Gesamtkonstellation aus situativem Rahmen, Informationsbedingungen und Entscheidungsregeln lässt sich nun insgesamt ein BAYES'SCHER Erwartungswert ermitteln:

$$\Omega(\eta, \alpha; \omega, \phi) = \sum_{x \in X} \omega(x, \alpha(\eta(x)) * \phi(x) \tag{3.14}$$

Theoretisch ist es nun möglich, für gegebene Bedingungen alle möglichen Organisationsformen nach dem Kriterium von BAYES zu bewerten und so nach der ökonomisch optimalen Organisationsform zu suchen, die den Idealtypus rationaler Organisation darstellt. (Praktisch ist hier jedoch schnell eine komplexitätsbedingte Machbarkeitsgrenze erreicht.) Auch wenn abhängig von der Fragestellung die Informationsstruktur bereits gegeben ist, ist das Handeln eines rationalen Akteurs durch eine Entscheidungsfunktion gekennzeichnet, die jenen Erwartungswert eben für die gegebene Informationsstruktur maximiert – man bezeichnet die Entscheidungsfunktion dann als eine „[...] *best decision function*, for a fixed information structure [...]"[78].

---

[75] Vgl. Marschak/Miyasawa (1968, S. 139).

[76] Die beschriebene Partitionierungstechnik lässt sich nicht nur auf Umweltzustände beziehen, sondern auch weitergehend sinnvoll einsetzen, wie sich am Beispiel von Entscheidungen zeigen lässt. Im Abschnitt 2.1.1(12) wurden Entscheidungen von reinen Wahlhandlungen anhand der Unterschiedlichkeit des Nutzens der Handlungsfolgen abgegrenzt. Ähnlich wie die Menge der Umweltzustände in Ereignisse zerlegt werden kann, lässt sich daher auch die Menge A der Aktionen a zu echten entscheidungsrelevanten Alternativen gruppieren. $d_a^{\omega} = \{a' \in A | \omega(a', x) = \omega(a, x), \forall a \in A\}$ Die resultierenden Teilmengen d enthalten dann jeweils Handlungsalternativen, die für alle Umweltzustände homogen bzgl. ihres Nutzens sind. Vgl. Marschak/Miyasawa (1968, S. 139).

[77] ‚Organizational form', vgl. Marschak/Radner (1972, S. 48 f.), zur deutschen Bezeichnung Schüler (1978, S. 345).

[78] Marschak/Radner (1972, S. 50), Hervorhebung vom Autor.

Für sie ist es notwendig und hinreichend, für jedes positiv wahrscheinliche y die für $y = \eta(x)$ erwartete Auszahlung

$$u = \sum_{x \in y} \omega(x, \alpha(y)) \cdot p(x|y) \qquad (3.15)$$

zu maximieren.[79] In der Annahme oder Bestimmung [80] einer ‚best decision function' manifestiert sich erneut das Rationalitätsprinzip – so auch im Konzept des (teamtheoretischen) Informationswerts.

Informationswert als Messmodellannahme in der Teamtheorie

Das in der Teamtheorie im pragmatischen Sinne definierte Konzept des Informationswertes stellt die zentrale Messmodellannahme im teamtheoretischen Modell dar – der Informationswert bildet einen quer durch die Literatur zur Teamtheorie wiederkehrenden Vergleichsmaßstab in der Analyse von Informationsstrukturen. Angenommen werden

- numerische Ergebnisgrößen,
- ein Netto-Ergebnis, das als Differenz aus Ergebnis und Kosten darstellbar ist,
- (Informations-)Kosten, die nur von der Informationsstruktur abhängig sind, sowie
- eine stetig und streng monoton steigende Nutzenfunktion.[81]

Der Informationswert entspricht dann den Kosten, die den maximalen auf Basis der bewerteten Informationsstruktur erwarteten Nettonutzen so reduzieren, dass er dem Niveau des maximalen erwarteten Nettonutzens, der ohne die Informationsstruktur erzielbar ist, entspricht. Wird angenommen, dass keine Informationskosten anfallen, ist der Wert einer Informationsstrukur $V(\eta)$ dann der Wert, der die Gleichung

$$\max_{\alpha} E(\upsilon(\rho(x, \alpha(\eta(x)))) - V(\eta)) = \max_{a} E\upsilon(\rho(x, a)) \qquad (3.16)$$

erfüllt.[82] Bei (zusätzlich) linearer Nutzenfunktion υ ist dies gleichwertig[83] mit

$$V(\eta) = \max_{\alpha} E(\upsilon(\rho(x, \alpha(\eta(x))))) - \max_{a} E\upsilon(\rho(x, a)) \quad . \qquad (3.17)$$

---

[79] Zum Beweis, Marschak/Radner (1972, S. 51 f.).

[80] Wie z.B. im erwähnten Airline-Reservation-Problem, siehe erneut Abs. 2.2.4 (S. 57).

[81] Vgl. Marschak/Radner (1972, S. 85).

[82] Vgl. Marschak/Radner (1972, S. 86).

[83] Vgl. Marschak/Radner (1972, S. 85 f.).

Der Informationswert entspricht in diesem Fall also der Differenz der Entscheidungswerte der jeweils besten Entscheidungsfunktionen mit und ohne die bewertete Informationsstruktur. Damit lässt sich der Informationswert der Teamtheorie zur Gruppe der auf dem Bayes'schen Ansatz aufbauenden Verfahren zählen.[84]

3.2.3 Eigenschaften von Informationsstrukturen in der Modellierung der Teamtheorie

Die Eignung der Teamtheorie zur Modellierung von Informationsproblemen zeigt sich in den durch sie abbildbaren Eigenschaften von Informationsstrukturen und in den daraus ableitbaren Aussagen über ihren Einfluss auf den Wert derselben. Zur Darstellung wird dabei dem Vorgehen MARSCHAK/RADNERS gefolgt, die ihre Ausführungen mit dem Ein-Personen-Team, also einem einzelnen Akteur beginnen. Bereits an ihm lassen sich die ersten Wirkungen der Eigenschaften von Informationsstrukturen auf das Entscheidungsverhalten rationaler Akteure untersuchen.[85] Dazu werden im Folgenden zunächst die Eigenschaften der durch eine Informationsstruktur definierten Zerlegung verbunden mit Auswirkungen auf ihren Wert im Hinblick auf mögliche Entscheidungen diskutiert. Anschließend werden weitere Eigenschaften von Informationsstrukturen, speziell Fehler und Verzögerungen, hinzugefügt und in ihrer Wirkung beurteilt, ehe abschließend der Schritt zur Modellierung von Mehr-Akteurs-Fällen dargestellt wird.[86]

Zerlegungseigenschaften

Die ersten Beziehungen zwischen Informationsstrukturen, die MARSCHAK/RADNER diskutieren, beziehen sich auf die Granularität und Form der durch eine Informationsstruktur η gebildeten Zerlegung der Umweltzustände X. Die erste betrachtete Relation ist die *Feinheit*: Zwei Informationsstrukturen η_1 und η_2 sind bzgl. ihrer Feinheit miteinander vergleichbar, wenn sie entweder gleich sind oder wenn eine der Strukturen, z.B. η_2 einige oder alle Mengen der anderen Struktur η_1 weiter unterteilt. Man sagt, eine Informationsstruktur η_2 ist (mindestens) so fein wie eine andere Informationsstruktur η_1, wenn gilt,

$$\forall y_2 \in \eta_2 : \exists y_1 \text{ mit } y_2 \subseteq y_1 \tag{3.18}$$

---

[84] Siehe hierzu erneut Abs. 2.1.2 (S. 27).

[85] Vgl. Marschak/Radner (1972, S. 9).

[86] Zu Beispielen sei insgesamt auf Kapitel 4, ab Abs. 4.2 verwiesen, wo Informationsstrukturen mit verschiedenen Eigenschaften bezogen auf konkrete Szenarien ausmodelliert werden.

d.h. für jede Menge in η_1 mindestens eine Menge in η_2 existiert, die Teilmenge der Menge aus η_1 ist. Eine Partitionierung η_2 einer Menge X, deren Elemente eine andere Partitionierung η_1 der gleichen Menge X weiter unterteilen nennt man ‚feiner als' η_1.[87] Da sich aus einer feineren Zerlegung stets auch eine gröbere Zerlegung bilden lässt, folgern MARSCHAK/RADNER das *Feinheitstheorem*, welches besagt, dass – jeweils bezogen auf die bestmögliche Entscheidungsfunktion – eine Informationstruktur η_1, die (mindestens) so fein ist wie η_2, für jede Wahrscheinlichkeitsverteilung und Auszahlungsfunktion auch mindestens so wertvoll wie η_2 ist.[88]
Ebenfalls als Zerlegungseigenschaft definieren MARSCHAK/RADNER das *Rauschen* (‚noise'): Anders als im nachrichtentechnischen Verständnis wird hierunter in der Teamtheorie keine *zufällige* Störung des übermittelten Signals verstanden,[89] vielmehr wird Rauschen als eine systematische Verzerrung der Abbildung des Umweltzustandes in Bezug auf die auszahlungsadäquate Informationsstruktur verstanden. Eine verrauschte Informationsstruktur ist eine Zerlegung, die Umweltzustände in Mengen zusammenfasst, die im auszahlungsadäquaten Fall in getrennten Mengen der Zerlegung sein müssten.[90]

Fehler

Ein Fehler stellt eine stochastische Verzerrung einer Informationsstruktur dar. Während bei einer verrauschten Informationsstruktur eine statische Verzerrung angenommen wird, tritt ein Fehler unabhängig vom Umweltzustand auf. Aufbauend auf SAVAGES small-worlds-Modellierung wird in der Abbildung von Informationsstrukturen in der Teamtheorie bisher stets angenommen, dass $y = \eta(x)$ deterministisch ist. Ein Fehler kann damit nur abgebildet werden, indem die Menge X um Umweltzustände erweitert wird, für deren x ein ‚falsches' Signal y zugeordnet wird – der Fehler würde in der Form von Rauschen abgebildet, der stochastische Effekt würde in die Umwelt hineinmodelliert.
Formal einfacher als diese Art der Abbildung von Fehlern ist die Modellierung einer stochastischen Komponente in der Informationsstruktur η'. An die Stelle des originären Signals y tritt hierbei ein stochastisch von y abhängiges Signal y'. Wird dieses Signal nicht weiter durch z beeinflusst, d.h. gilt

$$\pi(y'|z \cap y) \text{ ist unabhängig von } z, \qquad (3.19)$$

[87] Vgl. Marschak/Radner (1972, S. 53).
[88] Vgl. Marschak/Radner (1972, S. 54).
[89] Zum nachrichtentechnischen Begriff des Rauschens vgl. Shannon (1948, S. 19).
[90] Vgl. Marschak/Radner (1972, S. 59 ff.).

so stellt *eta'* dann eine Verstümmelung der Informationsstruktur η dar.[91] Dabei gilt in der Teamtheorie der Satz, dass wenn eine Informationsstruktur η' eine Verstümmelung von η (bezogen auf eine auszahlungsaqäquate Zerlegung Z) ist, η stets mindestens so wertvoll ist wie η',[92] eine verstümmelte Informationsstruktur also nicht wertvoller als die auszahlungsadäquate Zerlegung sein kann.

Verzögerung

Reale Informationsverarbeitungsprozesse können nicht nur fehlerhaft sein, die Verarbeitung von Informationen benötigt in der Praxis auch Zeit. Beobachtung, Erfassung, Kommunikation und Berechnung erfolgen nicht simultan, sondern führen zu einer (mehr oder weniger langen und relevanten) Verzögerung zwischen dem Eintreten eines Umweltzustandes x und dem Empfang des resultierenden Signals y durch den Akteur. Häufig ist es möglich, Verzögerungen zum Preis höherer Kosten oder zu Lasten von Detail oder Qualität der Information zu reduzieren – oft besteht hier eine Trade-off-Beziehung, die auch dazu führen kann, dass Verzögerungen bewusst in Kauf genommen werden.[93] Verzögerungen der Informationsverarbeitung können die Entscheidungsqualität negativ beeinflussen, zum einen, weil bis zu einer Entscheidung eine suboptimale Aktion ausgeführt wird, zum anderen, weil sich auszahlungsrelevante Aspekte des Umweltzustandes bis zum Zeitpunkt der Entscheidung geändert haben können, so dass die getroffene Entscheidung nicht länger angemessen ist – auf letzterem Aspekt liegt der Fokus der teamtheoretischen Betrachtung.[94]

Ist die verfügbare Information eine Funktion der Umweltzustände bzw. des Umweltzustandes eines Zeitpunktes $t-\tau$, so spricht man von Information mit einer Verzögerung τ. Diese Verzögerung kann dabei durch verschiedene Größen beeinflusst sein, z.B. durch den jeweiligen Akteur, den Zeitpunkt t und nicht zuletzt auch durch den Umweltzustand selbst und seine Historie. Im folgenden bezeichne $x(t)$ den Umweltzustand zum Zeitpunkt t und $\tilde{x}(t)$ die vollständige Historie der Umweltzustände bis einschließlich t.

$$\eta_i(x,t) = \tilde{\eta}_i[\tilde{x}(t-\tau)] \tag{3.20}$$

stellt dann eine einfache Verzögerung (‚simple delay‘) dar.[95] Wie im Fall der verstümmelten Information wird nun angenommen, dass Z eine bezogen auf ω auszahlungsadäquate Zerlegung

---

[91] Vgl. Marschak/Radner (1972, S. 64 f.).

[92] Vgl. Marschak/Radner (1972, S. 65).

[93] Vgl. Marschak/Radner (1972, S. 234 ff.).

[94] Vgl. Marschak/Radner (1972, S. 236.).

[95] Vgl. Marschak/Radner (1972, S. 235).

der Umweltzustände X in relevante Ereignisse darstellt. Eine Informationsstruktur $\eta(x,t) = y = z_\theta$, die das jeweils relevante Ereignis zum Zeitpunkt θ abbildet, ist daher bei $\theta = t$ d.h. $(\tau = 0)$ so wertvoll wie vollständige Information, also optimal. Handelt es sich bei der Sequenz der Ereignisse z_t um einen Markov-Prozess, gilt bei drei einander nachgelagerten Zeitpunkten $t_1 > t_2 > t_3$ und den Verzögerungen $\theta_1 > \theta_2$ für die Informationsstrukturen $\eta' = y' = z_{\theta_1}, \eta'' = y'' = z_{\theta_2}$ wegen

$$\pi(z_{t_1}|z_{t_2}, z_{t_3}, \ldots) = \pi(z_{t_1}|z_{t_2}) \tag{3.21}$$

auch

$$\pi(z_t|y', y'') = \pi(z_t|y'). \tag{3.22}$$

Durch Umformung gelangt man zu

$$\pi(y''|z_t, y') = \pi(y''|y'), \tag{3.23}$$

wodurch sich der Fall der Verzögerung auf den beschriebenen Fall eines Fehlers zurückführen lässt: η'' ist eine Verstümmelung von η'. Damit ist – bei auszahlungsadäquater Zerlegung und $\tau' \leq \tau''$ – eine Informationsstruktur η' mit (geringerer) Verzögerung τ' stets mindestens so wertvoll wie eine eine Informationsstruktur η'' mit (höherer) Verzögerung τ''.[96] Der Informationswert einer Informationsstruktur kann daher mit steigendem τ nicht steigen, sondern wird sich tendenziell verringern.

Abbildung des Mehrakteursfalls

Nach der Diskussion von Informationsstrukturen individueller Akteure weiten MARSCHAK und RADNER ihr analytisches Schema auf solidarische Akteursmehrheiten, auf Teams aus.[97] Aus dem Verhalten einzelner Akteure wird nun unter der durch die Teambedingung gegebenen Akteursannahme und unter der Transformationsannahme einer gemeinsamen Auszahlungsfunktion auf den Teamerfolg bei unterschiedlichen Informationsstrukturen und Entscheidungsregeln geschlossen. Zu diesem Zweck werden die formalen Definitionen der zur Analyse individueller Akteure verwendeten Elemente in der Teamtheorie redefiniert, so dass sich mit ihrer Hilfe auch Akteursmehrheiten beschreiben lassen.[98] Allgemein besteht ein Team aus n Mitgliedern, jedes Teammitglied i, $i \in 1 \ldots n$ hat

— eine eigene Handlungsvariable $a_i \in A_i$,

[96] Vgl. Marschak/Radner (1972, S. 237).

[97] Zum Begriff des Teams siehe erneut Abs. 2.2.4.

[98] Vgl. Marschak/Radner (1972, S. 126 ff.).

— eine individuelle Informationsstruktur $y_i = \eta_i(x),\ y_i \in Y_i$ und

— eigene Entscheidungsregeln, resultierend in einer Entscheidungsfunktion α_i.

Es existiert dabei stets nur ein für alle Akteure gleicher aktueller Umweltzustand $x \in X$, sowie eine gemeinsame Nutzen- bzw. Auszahlungsfunktion $\omega(x, a_1, ...a_n)$.[99]
Da sich die Informationsstrukturen der einzelnen Teammitglieder sowohl unterscheiden, als auch ganz oder teilweise überschneiden können, kann eine Feinheitsbeziehung in obigem Sinne nur in Bezug auf die Informationsstruktur eines einzelnen Akteurs gebildet werden. Bezogen auf ein Team wird nicht nur die Granularität, sondern zusätzlich auch die Verteilung der verfügbaren Daten relevant – damit wird speziell der Austausch bzw. das Teilen gemeinsamer Daten bedeutsam. Dementsprechend rückt in der teamtheoretischen Betrachtung von Akteursmehrheiten stark die Verbindung zwischen Akteuren in den Vordergrund.
Dabei ist für rationale Akteure unter der Voraussetzung der Teambedingung das individuelle Handeln nicht isoliert, sondern überindividuell in Bezug auf das Teamergebnis zu optimieren. Dies bedeutet, die für jeden einzelnen Akteur zu entwickelnden Entscheidungsregeln können (z.B. zur Ermittlung einer ‚best decision function') nur im Zusammenspiel mit den Entscheidungsregeln aller anderen Teammitglieder beurteilt werden und sind daher für alle Akteure logisch simultan zu bestimmen.
Aus Sicht eines externen Organisators bilden zudem häufig auch die Informationsstrukturen der Akteure eine beeinflussbare Variable. Es stellt sich dann das Problem einer bestmöglichen Kombination der individuellen Informationsstrukturen und Entscheidungsfunktionen, i.d.R. unter zusätzlicher Einbeziehung von Informations- und Entscheidungskosten.[100]
Aus aus zentraler Analyseperspektive, wie z.B. aus der Sicht eines Organisators, lassen sich die Variablen bzw. Funktionen jeweils zu n-Tupeln der Form

$$a = (a_1 ... a_n), y = (y_1 ... y_n) \tag{3.24}$$

oder auch

$$\alpha(\alpha_1 ... \alpha_n), \eta = (\eta_1 ... \eta_n) \tag{3.25}$$

zusammenfassen. Die Team-Auszahlungsfunktion lässt sich demnach (der Form nach wie beim einzelnen Akteur) auch darstellen als

$$\omega(x, a) = \omega(x, \alpha(\eta(x)) \ . \tag{3.26}$$

---

[99] Vgl. Marschak/Radner (1972, S. 127 f.).

[100] Vgl. Marschak/Radner (1972, S. 124 f.).

„The proper, multi-person team differs from the one-person team mainly in the extended meaning that must be given to the term *rules*.“[101] Das analytische Schema, eine Informationsstruktur über die mit ihr verbundene beste Entscheidungsfunktion zu analysieren, bleibt dabei grundsätzlich unverändert. Da die Informationsstruktur eines Teams weiterhin aus individuellen Informationsstrukturen der Teammitglieder besteht, ergibt sich hieraus auch keine Veränderung in der Modellierung von Umwelt, Informationsstrukturen und der Akteure selbst. Lediglich die beste Entscheidungsregel ist für rationale Akteure nicht mehr aus der Perspektive eines individuellen Akteurs bezogen auf seine Informationsstruktur zu bestimmen, sondern es wird erforderlich, eine überindividuelle Optimierung durchzuführen.

3.2.4 Implementation der Brückenannahme lernender Akteure mit LCS

Die Argumentation für die Auswahl von LCS zur Simulation menschlichen Entscheidungsverhaltens ist häufig pragmatisch geprägt: Die Vergleichbarkeit der Lernergebnisse von LCS mit empirisch feststellbaren menschlichen Lernkurven lässt LCS als naheliegendes Mittel der Generierung von auch in der Realität vorkommenden Mustern erscheinen.[102] Die Analogie der genetischen Algorithmen zum biologischen Evolutionsprozess und die Nähe der Algorithmen zur Regelbewertung zum (kognitionswissenschaftlichen) Ansatz des Verstärkungslernens[103] macht sie zudem zu einem intuitiv plausibel erscheinenden Ansatz, die Stelle der Handlungstheorie in einem methodologisch-individualistischen Forschungsmodell einzunehmen. Derart verargumentiert, bleiben LCS jedoch nicht mehr als eine leere mustergenerierende Mechanik ohne konkrete theoretische Fundierung und letztlich ohne Verknüpfung zur ökonomischen Theorie.
Im Folgenden wird daher bewusst eine kaskadierende Überleitung vom ökonomisch-rationalen Grundmodell der Entscheidungstheorie als Kerntheorie zu einem (im Sinne VANBERGS) zweckmäßigen, in einem LCS implementierbaren Entscheidungsmodell beschrieben. Hierzu wird zunächst ‚bei Null', d.h. erneut bei einem als vollständig rationalen Akteur bei vollkommener Information begonnen, dessen Entscheidungsmodell dann zu einem Entscheidungsmodell bei Unsicherheit, wie es die Teamtheorie verwendet, ausgebaut wird. Parallel wird gezeigt, wie

---

101 Marschak/Radner (1972, S. 123).

102 Siehe auch Abs. 1.2.

103 Zu den jeweiligen Analogien vgl. Krapp (2004), Lanzi (2000), Moriarty et al. (1999). Vgl. auch Kovacs (2002), der nach Typen von LCS unterschiedlich starke Betonungen des genetischen und des Verstärkungslernens differenziert.

dies in einem Classifier-System nachvollzogen werden kann. Durch den weiteren Schritt hin zu unvollständiger Information wird dann die Notwendigkeit des Lernens einführt und die Brücke zu einem Learning-Classifier-System eines bewusst einfachen Typs geschlagen.

Abbildung eines rationalen Akteurs bei vollständiger Information

Entscheidungen, in denen der Akteur tatsächlich über Zugang zu vollständiger Information verfügt, sind in der Realität sehr selten. Entscheidungsmodelle unter Sicherheit stellen daher i.d.R. bewusste Vereinfachungen dar.[104] Die Einfachheit der Annahme vollständiger Information schafft hier jedoch eine geeignete Ausgangsbasis für die schrittweise Modellierung des Akteurs im formalen Rahmen der Teamtheorie und Abbildung desselben mit Hilfe von (learning) Classifier Systems. Eine Entscheidungssituation mit vollständiger Information ist durch mehrere Eigenschaften gekennzeichnet:

Wissen über die Umweltzustände: Der Akteur kennt alle Umweltzustände $x \in X$.

Wissen über die Handlungsalternativen: Dem Akteur sind a priori alle alle Handlungsalternativen $a \in A$ bekannt.

Wissen über die Konsequenzen: Der Akteur kennt die Folgen $r = \rho(x,a)$ aller Handlungsalternativen a für alle Umweltzustände $x \in X$.

Kenntnis des Umweltzustands: Der Akteur kennt den gegebenen Umweltzustand x.

Ein rationaler Akteur bewertet die Resultate aller Kombinationen aus dem jeweiligen Umweltzustand und den verfügbaren Handlungsalternativen nach seinen individuellen Präferenzen. Im vorgestellten Grundmodell der Entscheidungstheorie wird dies durch eine Entscheidungsmatrix repräsentiert, deren Komponenten die jeweiligen bewerteten Nutzenwerte bzw. Auszahlungswerte $\omega(\upsilon(\rho(x,a)))$ oder kurz $\omega(x,a)$ für alle Kombinationen aus Umweltzuständen x und Handlungsalternativen a enthalten. In Abbildung 3.3 wird eine Entscheidungsmatrix schematisch dargestellt; links in der üblichen Darstellungsform, rechts wurden die Komponenten der Matrix in Form einer Liste tabelliert. Es ist erkennbar, dass die listenförmige Darstellung mit dem Aufbau eines einfachen Classifier-Systems korrespondiert: Jede Komponente der Matrix, d.h. jede Zeile der Liste beschreibt einen Classifier. Die Spalte ‚Umweltzustand' bezeichnet die

---

[104] Vgl. Bamberg/Coenenberg (1996, S. 29).

Umwelt-zustand	Aktion			
	a_1	a_2	...	a_m
x_1	$\omega(x_1,a_1)$	$\omega(x_1,a_2)$	...	$\omega(x_1,a_m)$
x_2	$\omega(x_2,a_1)$	$\omega(x_2,a_2)$	...	$\omega(x_2,a_m)$
x_n	$\omega(x_n,a_1)$	$\omega(x_n,a_2)$	...	$\omega(x_n,a_m)$

Umwelt-zustand / Bedingung c	Aktion	bewerteter Nutzen
$\{x_1\}$	a_1	$\omega(x_1,a_1)$
$\vdots$	$\vdots$	$\vdots$
$\{x_1\}$	a_m	$\omega(x_1,a_m)$
$\{x_2\}$	a_1	$\omega(x_2,a_1)$
$\vdots$	$\vdots$	$\vdots$
$\{x_2\}$	a_m	$\omega(x_2,a_m)$
$\vdots$	$\vdots$	$\vdots$
$\{x_n\}$	a_1	$\omega(x_n,a_1)$
$\vdots$	$\vdots$	$\vdots$
$\{x_n\}$	a_m	$\omega(x_n,a_m)$

Abbildung 3.3: Darstellungsformen einer Entscheidungsmatrix (bei Sicherheit)

mit dem vom detector empfangenen Eingangsignal (hier gegeben durch die Menge der Umweltzustände $x \in X$) abzugleichende Regelbedingung. Die Spalte ‚Handlungsalternative‘ beschreibt die (durch $a \in A$ codierte) jeweilige Aktion. Aus der Wertspalte ‚bewerteter Nutzen‘ der Komponenten der Matrix lässt sich ein Stärkewert füllen. Eine Entscheidungsmatrix lässt sich auf diese Weise in ein Classifier-System überführen. Zur Wahrung der formalen Nähe werden hier im Folgenden die Regelbedingungen im Gegensatz zum typischen ternären Codierung von LCS-Bedingungen durch Mengen von Eingangszuständen $c \subseteq X$ codiert. Eine solche Bedingung gilt als erfüllt, wenn $x_{akt} \in c$.[105] Da alle Umweltzustände eindeutig und disjunkt beschrieben sind, existieren in den Bedingungen eines solchen Classifier-Systems keine Wildcards. Wie auch in der Entscheidungsmatrix werden alle Umweltzustände mit allen möglichen Aktionen kombiniert: Die Menge aller Classifier enthält eine komplette Beschreibung aller möglichen Situationen. Ein solches Classifier System bildet somit ein Modell vollständigen Wissens über die gegebenen Bedingungen. Im entscheidungstheoretischen Grundmodell würde ein rationaler Akteur nun eine Handlungsalternative wählen, deren zum jeweiligen Umwelzu-

[105] Im Gegensatz zur verbreiteten ternären Codierung anhand von Merkmalen, wie sie z.B. bei Holland et al. (1986, S. 104 f.) beschrieben wird, ermöglicht die Abbildung von Mengen eine *freie* Bildung von Zerlegungen (wie sie zur Abbildung der Teamtheorie benötigt wird). So lassen sich z.B. mit einem vierstelligen ternären Code (0,1,Wildcard) $2^4 = 16$ mögliche Umweltzustände über $3^4 = 81$ mögliche Bedingungen beschreiben. Es ist jedoch nicht möglich, komplexe Bedingungen zu bilden, die z.B. eine Ausprägung eines Merkmals mit einer ersten Kombination der anderen, gleichzeitig die andere Ausprägung des Merkmals mit einer zweiten Kombination der anderen Merkmale zusammenfasst. Im Gegensatz dazu lassen sich in der Mengendarstellung alle $2^{16} = 65536$ möglichen unterschiedlichen Bedingungen abbilden, so dass auch alle möglichen Zerlegungen im LCS abgebildet werden können. Siehe auch Fn. 255 in Abs. 2.2.5.

stand gehörende Matrix-Komponente für den Umweltzustand maximal ist, d.h. a_{opt} für das gilt $\omega(x, a_{opt}) = \max \omega(x, a)$. Bezogen auf die Umsetzung mit einem Classifier-System ließe sich das durch den in Abbildung 3.4 dargestellten simplen Algorithmus realisieren.

```
Bilde die Menge aller Classifier
   für die gilt x_akt ∈ c

Durchlaufe diese Menge:
    Wenn noch kein  Classfier gemerkt wurde
      oder wenn sein Stärkewert größer dem
      des zuletzt gemerkten Classifiers ist,
    dann
      merke den aktuellen Classifier.

Wähle abschließend die Aktion des zuletzt gemerkten Classifiers.
```

Abbildung 3.4: Einfacher Algorithmus zur Entscheidung bei Sicherheit mit einem Classifier System

In einem objektorientiert aufgebauten Simulationsmodell lässt sich ein rationaler Akteur bei Sicherheit nun durch eine Klasse beschreiben, die über ein einfaches, mit den passenden Regeln gefülltes Classifier-System verfügt und einen zu obiger Beschreibung äquivalenten Entscheidungsalgorithmus verwendet.

Abbildung eines rationalen Akteurs bei Unsicherheit

Das skizzierte Entscheidungsmodell bei Sicherheit setzt nicht nur Wissen über alle das mögliche Handlungsergebnis beeinflussenden Zusammenhänge voraus, sondern auch die Kenntnis des aktuellen Umweltzustands. Ist diese nicht gegeben, resultiert ‚Unsicherheit'. Ohne Information über den aktuellen Umweltzustand x ist eine rationale Entscheidung nur möglich, wenn eine Aktion alle anderen Aktionen für alle möglichen Umweltzustände dominiert. Im teamtheoretischen Ansatz wird (wie in weiten Teilen der informationsökonomischen Literatur) daher zusätzlich angenommen, dass ein Akteur als Repräsentanz seiner subjektiven Einschätzungen (‚belief') a priori, d.h. vor Erhalt einer Information über eine subjektive Wahrscheinlichkeitsverteilung $\phi(x)$ bezüglich der möglichen Umweltzustände verfügt. Weiterhin gilt, mit Ausnahme der beiden letzten Punkte, analog zur Situation bei vollständiger Information:

Wissen über die Umweltzustände: Der Akteur kennt die möglichen Umweltzustände $x \in X$.

Wissen über die Handlungsalternativen: Dem Akteur sind a priori alle alle Handlungsalternativen $a \in A$ bekannt.

Wissen über die Konsequenzen: Der Akteur kennt die Folgen $r = \rho(x,a)$ der Handlungsalternativen a in Verbindung mit den Umweltzuständen x bzw. die möglichen Folgen in Verbindung mit einem Signal y.

Kenntnis eines Signals: Der Akteur kennt den gegebenen Umweltzustand x *nicht*, jedoch ein Signal y.

Wissen über die Informationsstruktur: Der Zusammenhang zwischen y und x ist dem Akteur bekannt.

Ohne weitere Information durch das Signal y wäre nach dem in der Entscheidungstheorie verbreiteten Optimalitätskriterium von BAYES die Alternative a mit dem höchsten (a-priori-) Erwartungswert auszuwählen.[106] Der a-priori-Erwartungswert von a bei gegebener Auszahlungsfunktion ω und gegebenem ϕ ergibt sich dabei als:[107]

$$\Omega(a,\omega,\phi) = E(\omega(a)) = \sum_{x \in X} \omega(a,x) \cdot \phi(x) \tag{3.27}$$

Empfängt ein Akteur nun jedoch das Signal y, kann er die Menge der möglichen Umweltzustände auf die Elemente ihrer mit dem Signal verbundenen Teilmenge $\{x|x \in y\}$ einengen und eine durch y bedingte Wahrscheinlichkeitsfunktion $\pi(y)$ ableiten.[108] Da sich jedes y aus einer Menge von disjunkten Umweltzuständen zusammensetzt, d.h. $y \subseteq X$, ergibt sich für die Wahrscheinlichkeit π eines Signals y die Gleichung

$$\pi(y) = \sum_{x \in y} \phi(x) \tag{3.28}$$

und folglich als bedingte Wahrscheinlichkeit des Umweltzustandes x bei gegebenem y

$$\phi(x|y) = \frac{\phi(x)}{\pi(y)} \text{ für } \pi(y) \neq 0 \tag{3.29}$$

Der Akteur kann nun auf Basis seiner a-priori Einschätzung *und* der zusätzlich erhaltenen Information entscheiden. Analog zur Beschreibung im Fall bei Sicherheit, lässt sich auch hier das

106 Zur Bayes-Regel vgl. Bamberg/Coenenberg (1996, S. 88 f.).

107 Vgl. Marschak/Miyasawa (1968, S. 139), auch Marschak/Radner (1972, S. 44).

108 Vgl. Marschak/Radner (1972, S. 51).

Entscheidungsmodell durch Regeln in einem Classifier-System abbilden. Anders als bei Sicherheit, ist die Entscheidungsmatrix nun nicht mehr von x, sondern von y abhängig. Die Matrix-Komponenten enthalten zudem anstelle des sicheren Nutzenwertes einen durch y bedingten Erwartungswert:

$$(\omega(y,a)) = \sum_{x \in y} (\omega(x,a)) * (\pi(x|y)) \tag{3.30}$$

$\omega_{x,a}$ wird durch $E(\omega_{y,a})$ ersetzt – entsprechend ist der Entscheidungsalgorithmus anzupassen. Ein Classifier-System mit entsprechender Regelbasis und dem beschriebenen Auswahlalgorith-

Bedingung c	Aktion	bew. Nutzen
$\{y_1\}$	a_1	$E(\omega(y_1,a_1))$
$\vdots$	$\vdots$	$\vdots$
$\{y_1\}$	a_m	$E(\omega(y_1,a_m))$
$\{y_2\}$	a_1	$E(\omega(y_2,a_1))$
$\vdots$	$\vdots$	$\vdots$
$\{y_2\}$	a_m	$E(\omega(y_2,a_m))$
$\vdots$	$\vdots$	$\vdots$
$\{y_n\}$	a_1	$E(\omega(y_n,a_1))$
$\vdots$	$\vdots$	$\vdots$
$\{y_n\}$	a_m	$E(\omega(y_n,a_m))$

```
Bilde die Menge aller Classifier
  für die gilt y_akt ∈ c
Durchlaufe diese Menge:
  Wenn noch kein  Classfier gemerkt wurde
    oder wenn sein Stärkewert größer dem
    des zuletzt gemerkten Classifiers ist,
  dann
     merke den aktuellen Classifier.

Wähle abschließend die Aktion
 des zuletzt gemerkten Classifiers.
```

Abbildung 3.5: Regelbasis bei Unsicherheit und Signal $y \in Y$; Entscheidungsalgorithmus

mus stellt die Operationalisierung einer ‚best decision function' $\hat{\alpha}$ dar. Es ist daher möglich, mit ihm einen theoriekonformen rationalen Akteur zu simulieren. Eine geeignete Regelbasis kann dabei entweder durch analytische Ableitung[109] oder – sofern dies die Modellkomplexität zulässt – durch rekursives Durchlaufen und Bewerten aller möglichen Regelkombinationen[110] erzeugt werden.

Zusammenfassen von Regelbedingungen

Obwohl die Bedingungsteile der Regeln im Classifier-System in den bisherigen Darstellungen bereits als Mengen c abgebildet wurden, wurden in der Überleitung von Umweltzuständen bzw. Signalen zu Regelbedingungen bislang stets eins-zu-eins Relationen gezeigt. Die Abbildung von Bedingungen als Menge ermöglicht jedoch auch weitere Annäherungen an das mengentheoretische Framework der Teamtheorie. So können mehrere verschiedene Umweltzustände

109 Für eine konkrete Umsetzung siehe später Abschnitt 4.2.1.

110 Siehe später Abschnitt 4.4.1.

bzw. Signale in einer Regelbedingung zusammengefasst werden, in dem einer Bedingungsmenge mehrere Elemente x zugeordnet werden. So wäre es z.B. vorstellbar, dass im dargestellten Fall vollständiger Information nicht für jeden einzelnen Umweltzustand x, sondern nur für relevante Ereignisse $z \subseteq X, z \in Z$ Bedingungen $c = \{x | x \in z\}$ gebildet werden. Analoges gilt auch noch, wenn nicht Umweltzustände, sondern Signale in den Regelbedingungen abgebildet werden. So ist es z.B. möglich, eine Informationsstruktur, deren Partitionierung feiner als die der auszahlungsadäquaten Struktur ist, in der Regelbasis zusammenzufassen, in dem aus den jeweils ein Ereignis repräsentierenden Signalen jeweils eine Regelbedingung gebildet wird.

Bedingung c	Aktion	bew. Nutzen
$\{y_1, y_2\}$	a_1	$E(\omega(\{y_1, y_2\}, a_1))$
$\{y_1, y_2\}$	a_2	$E(\omega(\{y_1, y_2\}, a_2))$
$\{y_3, y_4\}$	a_1	$E(\omega(\{y_3, y_4\}, a_1))$
$\{y_3, y_4\}$	a_2	$E(\omega(\{y_3, y_4\}, a_2))$
$\vdots$	$\vdots$	$\vdots$

Tabelle 3.1: Beispiel für eine Zusammenfassung von Signalen

Abbildung 3.1 zeigt ein Beispiel, in dem die Signale y_1 und y_2 sowie y_3 und y_4 zusammengefasst werden. Durch eine solche Zusammenfassung von Regeln wird nicht nur die Regelbasis im Classifier-System vereinfacht. Es entsteht die Möglichkeit für den Akteur, die akteursextern gegebene Menge aus Umweltzuständen bzw. Signalen zur internen Repräsentation zu einer gröberen Zerlegung zusammenzufassen. Im rationalen Fall stellt dies lediglich eine formale Vereinfachung dar – für die im nächsten Schritt zu entwickelnden lernenden Akteure eröffnet dies jedoch einen relevanten Freiheitsgrad.

Abbildung eines lernenden Akteurs bei unvollständiger Information

Die Teamtheorie modelliert Situationen unter Unsicherheit – die Akteure kennen zwar nicht den tatsächlichen Zustand der Umwelt, kennen jedoch bei gesetzter Rationalitätsannahme alle relevanten Regeln ihrer Situation, einschließlich der (durch die Teambedingung gegebenen) Präferenzen ihrer Mitspieler sowie der möglichen ‚best decision functions' als rationale Teamstrategien. Die Annahme von ‚truely bounded rationality' impliziert jedoch Akteure, die a priori kein Wissen über die gegebene Situation besitzen, d.h. die sich in einer solchen Situation ‚unvollständiger Information' befinden,die sich nicht mehr nach HARSANYI[111] in eine Situation mit Unsicherheit transformieren lässt.

[111] Vgl. Harsanyi (1968).

Im Sinne der MDA bildet der Schritt zu einem Szenario unvollständiger Information eine *strukturelle Brückenannahme*.[112] Mit dem Ziel der Abbildung von ‚truely bounded rationality' wird dem Akteur durch explizite Einschränkung die zur Findung einer rationalen Entscheidung benötigte Wissensbasis entzogen:

Wissen über die Umweltzustände: Der Akteur kennt die Umweltzustände $x \in X$ nicht.

Wissen über die Handlungsalternativen: Dem Akteur sind *nicht* a priori alle alle Handlungsalternativen $a \in A$ bekannt.

Wissen über die Konsequenzen: Der Akteur kennt die Folgen $r = \rho(x,a)$ der Handlungsalternativen a *weder* in Verbindung mit x, *noch* mit y.

Kenntnis eines Signals: Der Akteur kennt den gegebenen Umweltzustand x *nicht*, jedoch ein Signal y.

Wissen über die Informationsstruktur: Der Zusammenhang zwischen y und x ist dem Akteur *nicht* bekannt.

In einer solchen Konstellation ist das Grundmodell der Entscheidungstheorie nicht mehr anwendbar, da die Elemente des Entscheidungsfeldes aus Sicht des Akteurs unbestimmt sind. Es bedarf daher zusätzlich einer *kognitiven Brückenannahme*, um die Lücke zu schließen. Diese kognitive Brückenannahme wird aus dem Akteursmodell heraus gegeben: Der Akteur verfügt über die Fähigkeit zu lernen, d.h. das fehlende Wissen durch Annahmen und aus Erfahrungen heraus zu ersetzen. Dabei reicht es nicht aus, dass der Akteur seine Annahmen über den Umweltzustand aus wiederholten Erfahrungen heraus präzisiert, wie es MARSCHAK/RADNER mit der Idee einer Informationsstruktur sukzessiv steigernder Feinheit abbilden.[113] Akteure müssen gleichzeitig auch Annahmen über mögliche Aktionen und über Erfolgserwartungen bilden, wobei der Suchraum aus Sicht der Akteure zunächst offen ist und keine optimale Suchstrategie angenommen werden kann. „The DM [Decision Maker, Anmerkung des Autors] must be content to work with highly simplified models, which in turn leads to a process of model revision – a

---

112 Als *strukturell* wurden diejenigen Brückenannahmen bezeichnet, welche die Logik der Situation verändern, siehe erneut Abschnitt 3.1.1.

113 Vgl. Marschak/Radner (1972, S. 67 ff.). Ein Beispiel für ein Modell sukzessiv steigender Feinheit findet sich z.B. bei Heine et al. (2006, S. 38 ff.); es ist dort in einem zur Veranschaulichung von LINDENBERGS MDA aufgebauten ‚Binary-Choice'-Modell im Lernverfahren des rationalen Akteurs implizit hinterlegt.

potentially unending process.“[114] Dabei existieren hinreichend viele Fälle, für die auch bei unbeschränkten logischen Fähigkeiten nicht sichergestellt werden kann, dass eine Approximation an die ‚Wahrheit‘ der gegebenen Situation gelingt.[115]

Zur Konkretisierung der Lernfähigkeit wird daher nun eine *zweckmässige Heuristik* angenommen. Als solche haben sich, wie in Abschnitt 2.2.5 dargelegt, LCS mit genetischen Algorithmen gezeigt. Zudem erscheinen LCS methodisch zur Integration in ein der Methode der Abnehmenden Abstraktion nach LINDENBERG folgendes Modell geeignet.[116] Um LINDENBERGS Vorgabe eines sparsamen Umgangs mit zusätzlichen kognitiven Brückenannahmen gerecht zu werden, wird dabei aus den verschiedenen Varianten[117] der Typus eines ‚Zeroth Level Classifier Systems‘ (ZCS) nach WILSON[118] ausgewählt, der

— betont einfach im Aufbau[119] und

— anerkannt leistungsfähig[120] ist, sowie

— das bisherige Modell lediglich algorithmisch ergänzt, jedoch keine zusätzlichen Variablen in den entscheidungstheoretisch gegebenen Rahmen einführt.[121]

Kern des Entscheidungsmodells bleibt dabei eine Entscheidungstabelle in der beschriebenen Form, deren Zeilen durch Classifier beschrieben werden. An die Stelle eines rationalen Erwartungswertes tritt dabei ein aus der Erfahrung abgeleiteter Stärkewert für jede einzelne Regel. Die Auswahl einer Handlung bleibt ebenfalls annähernd gleich – um fortgeführtes Testen auch schwächerer Regeln zu ermöglichen, wird eine jedoch eine leichte Unschärfe eingebracht, indem aus der Menge der Regeln mit passender Bedingung nicht die stärkste ausgewählt wird, sondern im Roulettewheel-Verfahren eine Ziehung mit einer der Stärke folgenden Gewichtung vorgenommen wird.

Die zentralen Operationen genetischen Algorithmus, Crossover und Mutation werden auf die

---

114 Radner (1996, S. 654).

115 Vgl. Radner (1996, S. 652 f.).

116 Vgl. Heine (2006, S. 70 f.).

117 Siehe hierzu erneut Abs.2.2.5 (S. 62).

118 Vgl. Wilson (1994).

119 Vgl. Bull (2004, S. 7 f.), Wilson (1994, S. 1).

120 Vgl. Bull (2004, S. 8), Bull/Hurst (2002).

121 Im Gegensatz hierzu trägt z.B. ein Classifier in WILSONS XCS eine ganze Reihe zusätzlicher Variablen zur Verfolgung der Prognosegüte, vgl. Butz/Wilson (2002, S. 147). Zurückgeführt auf die Idee einer Entscheidungsmatrix würde dies eine dreidimensionale Matrix mit einer Variablen-Dimension bedeuten.

aus der teamtheoretischen Modellierung übernommene Abbildung von Mengen übertragen. Beim *Crossover* wird ein im klassisch ternär kodierten LCS durch Zufall eine Stelle bestimmt, an der die Strings für Bedingungs- und Aktionsteil zweier Classifier geteilt und zwischen den Classifiern rekombiniert werden. Dies kann analog auch bei einem mengenbasierten Classifier geschehen. Hierzu wird ebenfalls eine Zufallszahl bestimmt, die den Teilungspunkt für die Classifier festlegt. Ihr Bezugspunkt ist jedoch nicht die Länge eines Strings, sondern – neben der Länge der Aktions-Kodierung – die (geordnete) Grundmenge des Bedingungsteils der Classifier. Bei nur einem Informationskanal ist die Grundmenge des Bedingungsteils die Menge dessen möglicher Signale Y. Ist nun die Zufallsgröße kleiner der Mächtigkeit $|Y|$, liegt der Teilungspunkt innerhalb des Bedingungsteils. Durch Abzählen der Elemente von Y kann dann eine Hilfsmenge T so bestimmt werden, dass sich der Bedingungsteil c_1 des ersten Classifiers in $c_{1a} = c_1 \cap T, c_{1a} \subset c_1$ und $c_{1b} \cap \rceil T, c_{1b} \subset c_1$ mit $c_{1a} \cup c_{1b} = c_1$ und $c_{1a} \cap c_{1b} = \emptyset$ aufteilen lässt, analog dazu auch der Bedingungsteil des zweiten Classifiers c_2. Der Bedingungsteil des einen neuen, gekreutzten Classifiers ist dann $c_{1a} \cup c_{2b}$, der des anderen $c_{2a} \cup c_{1b}$.
Auch die *Mutation* einer Bedingung c erfolgt anhand der Grundmenge der Bedingung definiert: Die Grundmenge wird einmal komplett durchlaufen und immer dann wenn die (durch eine Zufallsziehung bestimmte) Mutationsbedingung gegeben ist, wird das gerade ausgewählte Element $e \in Y$ falls es nicht bereits in c enthalten ist, zu c hinzugefügt, anderenfalls aus c entnommen. Neben dem eigentlichen genetischen Algorithmus verfügt WILSONS ZCS noch über einen als *Covering* bezeichneten Mechanismus, der einspringt, wenn keine Regel des LCS zur Umweltbedingung passt. In einem solchen Fall wird eine Regel mit einem zufällig erzeugten, jedoch auf die Umweltbedingung passenden Bedingungsteil und einer zufälligen Aktion generiert.

Lernaspekte

Die einzelnen Classifier des LCS bilden in der gewählten Form jeweils einen Teil des internen Modells, der vom Akteur erlernten Problemlösung ab – das interne Modell als Ganzes wird durch die Summe aller Classifier erfasst.[122] Das interne Modell eines Akteurs enthält damit auch eine Reihe von Regeln, die sich als weniger erfolgreich erwiesen haben und daher nur über einen geringen Stärkewert verfügen – bis diese Regeln entweder ausselektiert oder durch eine genetische Operation verändert werden. Anders als in den Modellen rationaler Akteure ist das interne Modell eines lernenden Akteurs damit nicht immer vollständig in dem Sinne, dass alle

122 Kovacs (2002, S. 4 f.) nennt diesen Typus ‚Michigan-style LCS', im Gegensatz zu ‚Pittsburgh-style-LCS', in denen jeder Classifier einer ganzen Strategie entspricht. Ein Beispiel für ein Pittsburg-Style LCS findet sich bei Strangfeld (2007).

Kombinationen aus Eingangssignal und Aktion als Regel miteinander verknüpft sein müssen. Gleichzeitig ist es möglich, dass in einem LCS mehrere Classifier mit identischen Bedingungen und Aktionen vorkommen.[123] Weiterhin ergibt sich daraus, dass mehrere Eingangssignale in einer einzelnen Bedingung erfasst werden können, die Möglichkeit, dass Regelbedingungen entstehen, die sich teilweise überschneiden, wie Abbildung 3.6 veranschaulicht. Die Menge der

Bedingung c	Aktion	Stärke
$\{y_1, y_2\}$	a_1	1,0
$\{y_1, y_2\}$	a_2	1,8
$\{y_2, y_4\}$	a_1	0,9
$\{y_3, y_4\}$	a_2	1,7
⋮	⋮	⋮

Abbildung 3.6: Beispiel für Überschneidung von Regelbedingungen

Regelbedingungen C stellt somit (auch, wenn nur die Regeln die jeweils mit der gleichen Aktion verknüpft sind betrachtet werden), *nicht zwingend eine Zerlegung* der Umweltinformation Y dar – sie *kann* jedoch eine Zerlegung der Umweltinformation bilden. Es ist möglich (und als Vorbedingung für weiteren Lernerfolg notwendig), dass es dem Akteur gelingt, in der Gesamtbetrachtung der Bedingungen der handlungsrelevanten, d.h. stärkeren Classifier zumindest annähernd zu einer problemadäquaten Zerlegung der Umweltsignale zu gelangen. Im Idealfall gelingt es dem Akteur, in seinen Regelbedingungen eine Zerlegung zu bilden die eine feinere Informationsstruktur der Umwelt auszahlungsadäquat zusammenfasst. Für eine korrekte Handlungsauswahl hinreichend ist jedoch bereits eine im Vergleich zum Idealfall mindestens gleich feine oder feinere Zerlegung.

Gelingt es einem Akteur, eine solche angemessene Zerlegung zu bilden, kann dies im Sinne der in Abschnitt 2.1.3 (S. 33) dargestellten Lernaspekte als erfolgreiches *Wahrnehmungslernen* verstanden werden. Ergänzend dazu lässt sich dann die Herausbildung von Classifiern mit zur Bedingung passenden Aktionen als *Verständnislernen* bezeichnen und – im interaktiven Konstellationen – die Etablierung von Handlungsgleichgewichten bzw. angepassten Aktionen als *Kommunikationslernen* verstanden werden. Während sich erfolgreiches Verständnis- und Kommunikationslernen letztlich in einem hohen Handlungserfolg der Akteure zeigen, lässt sich der Erfolg des Wahrnehmungslernens nur durch eine Betrachtung der im LCS gebildeten Zerlegungen feststellen. Da eine Einzelbeurteilung jedes LCS nach jeder Iteration inpraktikabel erscheint, wird hier auf zwei in einem handhabbaren Messmodell integrierbare Indikatoren verwiesen.

---

[123] So kann z.B. die Mutation dazu führen, dass zufällig mehrere gleiche Regeln entstehen.

Als erster Indikator bietet sich die *Zahl unterschiedlicher Regelbedingungen* in einem LCS an. Bei erfolgreichem Wahrnehmungslernen sollte sich die Zahl der Regelbedingungen der Anzahl der Teilmengen in der gröbsten auszahlungsadäquaten Zerlegung nähern. Sinkt die Zahl der Regelbedingungen unter diesen Wert, müssen die Regelbedingungen zu grob sein, was einer Übergeneralisierung[124] der Regeln im LCS entspricht. Bleibt die Zahl der Regelbedingungen oberhalb, ist die Wahrnehmung bezogen auf das zu lösendende Problem entweder zu fein, oder es wurde keine auf das Problem gerichtete Zerlegung gebildet.
Da es gleichzeitig – auch bei angemessener Anzahl von Regelbedingungen – möglich ist, unspezifische, aber dennoch leicht unterschiedliche Regeln zu bilden, muss zusätzlich eine zweite Größe herangezogen werden: Die *Mächtigkeit der Bedingungsmengen* zeigt, ob die Regeln angemessen spezifisch sind. Bezugspunkt für eine Normierung beider Größen ist jeweils der Zustand, den eine Abbildung der rational besten Entscheidungsfunktion bei der gegebenen Informationsstruktur im LCS erzeugen würde.[125] Beide Indikatoren haben dabei nur heuristischen Charakter, d.h. sie müssen stets vor dem Hintergrund der spezifischen Lernsituation und ihrer eigenen Entwicklung im Zeitverlauf betrachtet werden. Sie geben jedoch eine Möglichkeit, den Teilaspekt des Wahrnehmungslernens zumindest abzuschätzen und ihn als Voraussetzung des Gesamterfolges der lernenden Akteure isoliert zu beurteilen. Um diese Einblicke in das Lernen der Akteure zu erhalten, ist das entwickelte theoretische Modell nun noch in in einem konkretes Programm zu überführen – dies leistet der folgende Abschnitt.

3.3 Aufbau einer Simulationsumgebung

Um tatsächlich entstehende Muster beobachten zu können, muss die bislang ‚literarisch‘ und teilweise formal beschriebene Theorie in einem konkreten, lauffähigen Computerprogramm umgesetzt werden. Dabei ist auf eine enge Anbindung an die entwickelte Theorie zu achten, um einen ‚leap of logic‘, wie ihn MORECROFT[126] für viele verhaltensorientierte Modelle beklagt, in der Überleitung zum Simulationsprogramm zu vermeiden. Daher wird in diesem Abschnitt das Design des später in den Experimenten genutzten Simulationsprogrammes beschrieben. Dazu wird zunächst der notwendige technische Rahmen umrissen. Anschließend werden

---

124 Zum Problem der Übergeneralisierung vgl. Wilson/Goldberg (1989, S. 6).

125 Ein ähnliches Verfahren zur Darstellung von Teilaspekten des Lernens bei verschiedenen kognitiven Begrenzungen wählen Meyer/Heine (2006, S. 9), die – bei Verwendung einer ternären Codierung – die durchschnittliche Spezifität einzelner Regelabschnitte betrachten.

126 Vgl. Morecroft (1985, S. 900).

die Grundzüge der zur Abbildung der Entscheidungsmechanismen verwendeten ‚Generic Classifier Library' beschrieben, bevor schließlich das Design des Klassenmodells der Computersimulationen vorgestellt wird.

3.3.1 Kritikoffener technischer Rahmen

Versteht man Simulationsprogramme im Sinne OSTROMS[127] als Teil der Theorie, so folgt unter der Annahme eines kritisch-rationalistischen Wissenschaftsverständnisses, dass die Programme an sich *kritikoffen* und damit vor allem auch *nachvollziehbar* sein müssen. Zumindest sollte eine hinreichend präzise Beschreibung simulationsbasierter Experimente gewährleistet sein, um die Möglichkeit der *Replikation* zu gewährleisten.[128] SCHNELL fordert weitergehend nicht nur eine Offenlegung des Quellcodes aller theorierelevanten Bestandteile der Simulationssoftware,[129] sondern auch die Verwendung einer verbreiteten höheren Programmiersprache, da dies die Verständigung über den Programmcode erleichtert, sowie eine bevorzugt elektronische Publikation desselben.[130]

POLHIL/EDMONDS verweisen zudem auf mögliche urheberrechtliche Einschränkungen, die Nachvollziehbarkeit und Replikation beeinträchtigen können und fordern für wissenschaftliche Modelle eine entsprechenden Zugang und Einsatz ermöglichenden Lizenzfreigabe durch die Autoren.[131]

Vor diesem Hintergrund sowie den Ausführungen zur Objektorientierung[132] wurde für die Entwicklung des Simulationsprogrammes die Programmiersprache JAVA ausgewählt. JAVA

— ist konsequent objektorientiert aufgebaut,

— ist als Programmiersprache weit verbreitet,

---

[127] Siehe Abs. 3.1.2.

[128] Vgl. Axelrod (1997a, S. 31 ff.).

[129] Theoretischer Idealfall wäre ein vollständiger Aufbau aller relevanten Komponenten aus sog. ‚open-source'-Programmen, um auch versteckte Annahmen und Fehler aufdecken zu können.

[130] Vgl. Schnell (1991a, S. 5).

[131] „We believe the licence should be given as part of the review process for any academic paper associated with the software, since if the paper relies on software with an unacceptable licence this is a potential basis for rejection",Polhill/Edmonds (2007, Abs. 2.4). Zu verschiedenen möglichen Varianten der Lizensierung vgl. insgesamt Polhill/Edmonds (2007).

[132] Siehe erneut Abs. 3.1.3.

— ist plattformunabhängig konzipiert[133] und

— liegt selbst weitgehend im Quelltext vor.

Da sie die Systemvoraussetzungen für eine Anwendung weitgehend offen hält, stellt die Plattformunabhängigkeit eine zusätzliche Erleichterung für die Nachvollziehbarkeit und Kritikoffenheit des Programmes dar.
Zur Simulationssteuerung wurde auf das Software-Paket ‚Repast' (‚Recursive Porous Agent Simulation Toolkit') zurückgegriffen, das einen aktuell verbreiteten Standard im Bereich der Bibliotheken zur Multi-Agenten-Simulation bildet.[134] Repast stellt eine Open-Source-Bibliothek vorbereiteter Klassen für die Ablaufsteuerung (z.B. einen `Scheduler` für eine schrittweise Ausführung von Spielrunden/Zeitschritten) von Multi-Agenten-Simulationen sowie für Auswertung und Visualisierung zur Verfügung, die sich nach den Prinzipien der Objektorientierung erweitern und an spezifische Bedürfnisse anpassen lassen. Die für diese Arbeit in Release 3 verwendete Haupt- bzw. Referenzversion ‚Repast J' basiert auf Java, ist ausführlich im ‚Javadoc'-Format dokumentiert[135] und wird in der Literatur sowie einschlägigen sozialwissenschaftlichen Diskussionsforen diskutiert.[136] Repast erfüllt damit die genannten Anforderungen an Kritikoffenheit und Nachvollziehbarkeit voll.
Der aus weiteren, für diese Arbeit selbst entwickelten Programmbestandteilen bestehende, ebenfalls im Quelltext offengelegte[137] Kern der Simulation soll im Anschluss ausführlich erläutert werden. Zuvor soll jedoch auch noch eine kurze Aussage zur benötigten Hardware getroffen werden, da diese letztlich ebenfalls zu den Voraussetzungen praktischer Nachvollziehbarkeit eines Computer-Simulationsprogrammes gehört: Hier ist – im Gegensatz zu Simulationsmodellen, z.B. im Bereich der Physik, die z.T. nur auf Hochleistungs-Rechnern ausgeführt werden können[138] – der Anspruch des entwickelten Simulationsmodells an die ausführende Maschine moderat. Die Simulation ist auf einem aktuellen PC lauffähig, so dass das Zitat des Psychologen BROADBENT übertragbar erscheint:

> „You should be able to replicate the results by borrowing from your nearest teenager the machine usually used for playing space invaders."[139]

---

133 Vgl. zu den ersten drei Punkten Meyer/Hufschlag (2006, Abs. 3.8).

134 Vgl. Tobias/Hofmann (2004, Abs. 5.29).

135 Vgl. zur Dokumentation von Repast http://repast.sourceforge.net.

136 Beispiele sind http://lists.sourceforge.net/lists/listinfo/repast-interest, http://lists.sourceforge.net/lists/listinfo/repast-developer, http://www.jiscmail.ac.uk/lists/simsoc.html .

137 Programm und Quelltext sind auf Anfrage beim Autor erhältlich. Die Dateien stehen zudem unter http://www.whu.edu/cms/fileadmin/redaktion/LS-Cont/KlausHufschlag_SimPackage.zip zum Download bereit.

138 Vgl. z.B. Ermert (2005).

139 Broadbent (1987, S. 171), zitiert nach Schnell (1991a, S. 5).

3.3.2 Die ‚Generic Classifier Library'

Im Simulationsprogramm wird der Entscheidungsmechanismus der Akteure durch Classifier-Systeme repräsentiert, die im Sinne der MDA schrittweise von einem einfachen rationalen Entscheidungmodell zu einem lernenden Modell überführt werden. Bereits in Abschnitt 3.2.4 wurde die Parallelität des Grundmodells der Entscheidungstheorie zum Aufbau eines Classifier-Systems herausgearbeitet.

Um eine den Schritten der theoretischen Ableitung folgende programmtechnische Formalisierung zu ermöglichen, konnte daher nicht auf ein fertiges LCS[140] zurückgegriffen werden. Stattdessen wurde unter der Bezeichnung ‚Generic Classifier Library' eine eigene Klassenbibliothek entwickelt, welche die notwendigen Bestandteile eines LCS zunächst abstrakt definiert und so eine polymorphe Einbindung unterschiedlicher Differenzierungsstufen des Classifier-Systems als Entscheidungsmechanismus innerhalb einer Klassenhierarchie verschiedener Akteurstypen erlaubt.[141] Zu diesem Zweck wurden zunächst die bekanntesten Typen von LCS analysiert und in wiederkehrende Grund-Bestandteile zerlegt [142] Für die identifizierten Bausteine wurden jeweils eigene Klassen gebildet, deren Zusammenhang in Abbildung 3.7 schematisch dargestellt ist. Die Klassenbildung orientiert sich dabei zunächst an der Funktionsweise der Technik von LCS; trotzdem kann in der Erläuterung der Klassen an einigen Punkten auf ihre Beziehungen zur theoretischen Modellierung hingewiesen werden.

---

[140] Ein solches bietet z.b. Butz (2000) für den Typus XCS.

[141] Da Erprobung und Kritik die Verlässlichkeit von Software erhöhen und die Bibliothek zudem – trotz ihrer Entstehung im Entwicklungsprozess dieser Arbeit – inhaltlich eigenständig ist, wurde sie eingebettet in Meyer/Hufschlag (2006) separat publiziert, sowie bereits für verschiedene Arbeiten zur Verfügung gestellt und durch Feedback verbessert. Anwendungen sind u.a. Lorscheid (2005), Lorscheid (2006), Carley/Meyer (2007). Da die Abstraktion der Klassen eine flexible, ‚baukastenartige' Gestaltung ermöglicht, konnte die Bibliothek zudem in der Dissertation von Heine (2006) verwendet werden.

[142] Vgl. hierzu ausführlich Meyer/Hufschlag (2006, Abs. 3), siehe hierzu auch erneut Abschnitt 2.2.5 (S. 61).

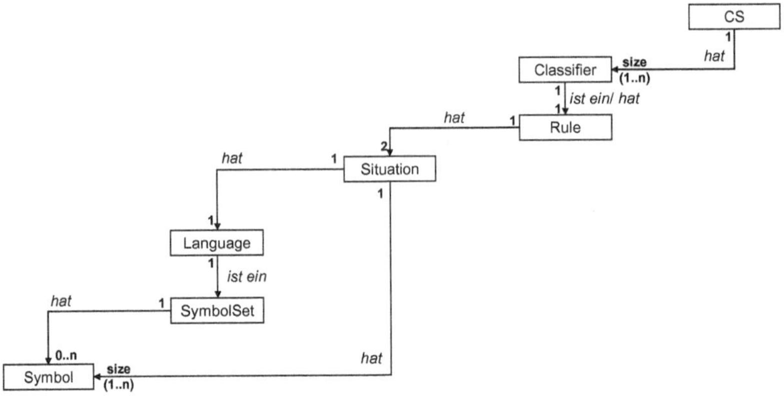

Abbildung 3.7: Aufbau der ‚Generic Classifier Library'[143]

Symbole, Mengen und Situationen als Grundelemente

Den Ausgangspunkt der Bibliothek bildet die Klasse `Symbol`, die das Basiselement der Codierung von Umweltzuständen sowie Bedingungen und Aktionen darstellt. Symbole bilden die Eingangs- oder Ausgangszustände im Classifier-System ab; jede Instanz dieser Klasse ist daher durch einen eindeutigen Kenner identifizierbar. Objekte der Klasse `Symbol` können z.B. die Symbole ‚0', ‚1' und ‚#' einer ternären Codierung eines klassischen LCS sein, durch sie lassen sich jedoch auch Umweltzustände $x \in X$ oder Signale $y \in Y$ analog der entscheidungstheoretischen Formalisierung MARSCHAKS bzw. SAVAGES repräsentieren. Mehrere Objekte der Klasse `Symbol` lassen sich als Menge in der Klasse `SymbolSet` zusammenfassen oder zusätzlich hierzu in der Klasse `Language` hierarchisch ordnen. Die erstere Klasse stellt für das klassische LCS zunächst nur einen Zwischenschritt dar, definiert in ihren Methoden jedoch bereits für eine Abbildung der Theorie MARSCHAKS erforderliche Mengen-Operationen. Die letztere Klasse dient speziell der Beschreibung von Beziehungen zwischen Symbolen (Z.B.: Symbol ‚#' repräsentiert die Symbole ‚0' oder ‚1') und der Bestimmung einer Definitionsmenge für die als `Situation` abgebildeten Umweltbeschreibungen sowie Bedingungen und Aktionen eines Classifiers. Die Klasse `Situation` ist dabei zunächst abstrakt angelegt: Eine Situation kann im Sinne eines klassischen LCS als ternärer String, wie in Abschnitt 3.2.4 beschrieben als Menge

[143] Quelle: Meyer/Hufschlag (2006, Abb. 1).

oder aber auch als Baum definiert werden[144] – entsprechend sind spezifische abgeleitete Klassen zu bilden. Die abstrakte Klasse legt lediglich fest, dass Methoden spezifiziert sein müssen, um Situationen miteinander zu vergleichen und sie durch die genetischen Operationen ‚crossover' und ‚mutation' zu verändern. Damit wird die Voraussetzung für die polymorphe Handhabung von ihr abgeleiteter Klassen im Classifier-System geschaffen.

Classifier und Classifier-Systeme

Als ‚Platzhalter' für eine konkrete Ausdifferenzierung wird `Situation` zum Bestandteil der Objekte der Klasse `Rule`, welche die Verknüpfung von Bedingung und Aktion repräsentiert. Diese selbst wird wiederum in Objekte vom Typ `Classifier` eingebettet, die zusätzlich einen Stärkewert enthalten und damit zur Repräsentanz eines Matrixpunktes der Enscheidungsmatrix oder einer Zeile in der tabellarischen Darstellung eines Classifier-Systems werden. In der Kaskade der Klassen `Situation`, `Rule` und `Classifier` werden dabei die Methoden für Crossover und Mutation in jedem Schritt ausgebaut und in `Classfier` um einen Mechanismus zur Veränderung der Regelstärke ergänzt. Dabei wurde (anstelle der Bildung einer Klassenhierarchie zwischen diesen Typen) der Weg der Einbettung von `Situation` in `Rule` und `Rule` in `Classifier` gewählt, damit unterschiedliche, eher durch die modellierte Situation bestimmte Ableitungen von `Situation` und `Rule` mit eher vom gewählten Entscheidungs- und Lernverfahren abhängigen Tochterklassen von `Classifier` (die z.B. über die Stärke hinaus weitere Attribute tragen können) kombiniert werden können.
Ein `ClassifierSystem` stellt schließlich eine Liste bzw. geordnete Menge von Objekten mit der Oberklasse `Classifier` dar. Dabei reicht es aus, der jeweiligen Instanz von `ClassifierSystem` inital einen Muster-Classifier zu übergeben, um dem `ClassiferSystem` die Unterklasse der verwendeten `Classifer` bekannt zu machen. Da die auf einzelnen Elementen auszuführenden Operationen bereits als Methoden der `Classifier`-Objekte definiert sind, reicht es aus, in `ClassifierSystem` lediglich Mengenoperationen zum

— Einfügen und Löschen von Elementen,

— Auswählen von Teilmengen und zum

— Auslösen der in den einzelnen Classifiern definierten Operationen auf denselben

---

[144] Siehe hierzu auch erneut Fn. 252 und 255 in Abschnitt 2.2.5.

zu implementieren, um alle für die üblichen Lern- und Entscheidungsverfahren benötigen Funktionen als Methoden anzubieten.[145] Mit den Methoden von `ClassiferSystem` lassen sich dann unterschiedlichste Entscheidungs- und Manipulationsalgorithmen (Verstärkung, GA) definieren und z.B. in abgeleiteten Klassen implementieren.[146]

3.3.3 Klassen des Simulationsmodells

Mit der entwickelten LCS-Bibliothek und den durch Repast bereitgestellten Klassen sind Grundbausteine für den Aufbau der Computersimulation gegeben. Ergänzt um einige Basiselemente zur Erleichterung der Programmierung und zur Einbindung in die Repast-Umgebung werden nun

— im Sinne der MDA Klassen für rationale und abgeleitet für lernende Akteure zusammengesetzt,

— Elemente zur Abbildung von Informationsstrukturen im Sinne der Modellierung MARSCHAKS definiert und

— als Haupt-Klassen der Simulationsprogramme konkrete Szenarien gebildet.

Einen Überblick über den Zusammenhang der wichtigsten Klassen bietet Abbildung 3.8.

145 Dabei resultiert als Ergebnis der meisten Operationen eine neue Instanz des jeweiligen Classifier-Systems, welches die modifizierten Classifier enthält und auf der weitere Operationen ausgeführt werden können, so dass z.B. bei der Bildung einer Teilmenge zur Handlungsauswahl die Ausgangsmenge erhalten bleibt. So lässt sich z.B. der Selektionsmechanismus des ZCS implementieren, indem zunächst eine Menge von ‚Opfern' als neues CS gebildet wird, die dann vom Ausgangs-CS subtrahiert wird. Der Crossover-Mechanismus des ZCS wird implementiert, indem eine Kandidatenmenge als Teilmenge des Ausgangs-CS gebildet wird, auf dem resultierenden CS die Methode ‚Crossover' angestossen und das daraus wiederum folgende CS dem Ausgangs-CS hinzugefügt wird. Vgl. hierzu auch als kommentiertes Beispiel Meyer/Hufschlag (2006, Example1).

146 Die ‚Generic Classifier Library' enthält zudem weitere Klassen, die konkrete, exemplarische Implementierungen für ein Muster-LCS enthalten, sowie Hilfsklassen. Die Bibliothek ist unter http://www.whu.edu/cms/index.php id=1304 im Internet verfügbar oder kann beim Autor angefordert werden.

147 Quelle: Eigene Erstellung. Aufgrund ihrer durchgängigen Verwendung nur unvollständig dargestellt sind Beziehungen zu `Symbol`, `SymbolSet`, `Language`, nicht dargestellt sind rein technische Hilfsklassen.

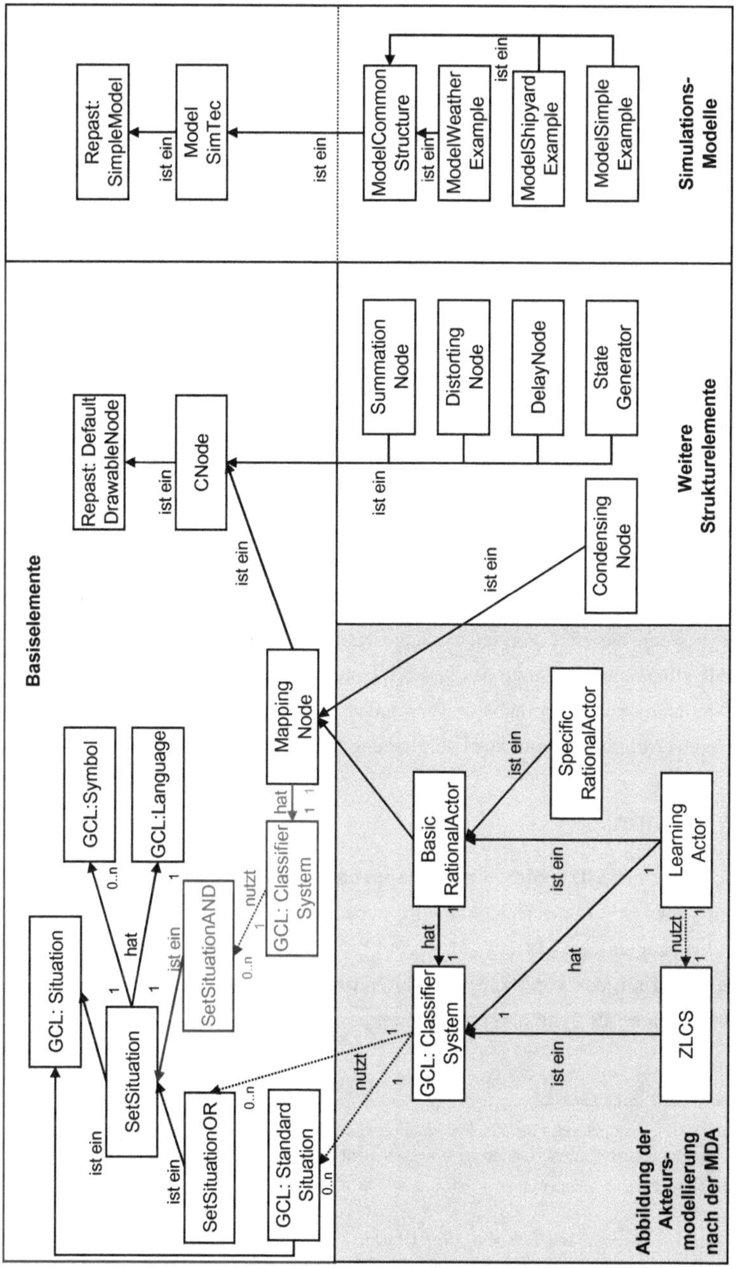

Abbildung 3.8: Haupt-Klassen der Simulation[147]

Basiselemente

Den Ausgangspunkt für eine Vielzahl von Klassen bilden die Klassen `CNode` und `MappingNode` beschrieben, die es ermöglichen, das spätere Simulationsmodell als Netzwerk von Objekten zu definieren, die über Verbindungen (,Zeiger-Strukturen') Information über ihren jeweiligen Zustand weitergeben können. `CNode` leitet sich unmittelbar aus einer Basisklasse aus Repast ab, die dort zur Repräsentation darstellbarer, in einem Netz eingehender und ausgehender Verbindungen mit anderen Objekten verknüpfter Objekte bereitgestellt wird. `CNode` ergänzt diese Klasse vor allem um die Fähigkeit, einen durch ein `Symbol`-Objekt oder einen numerischen Wert repräsentierten Objekt-,Zustand' anzunehmen, bei der ersten Abfrage des Zustandes in einem Zeitschritt der Simulation diesen Zustand zu ermitteln, bei weiteren Abfragen im gleichen Zeitschritt ohne neue Berechnung das einmal ermittelte Ergebnis zu übergeben.[148] `MappingNode` verfügt zusätzlich über die Fähigkeit, bei mehrfachen Verknüpfungen zu verschiedenen Objekten aus mehreren Eingangzuständen einen Ausgangszustand nach einer definierbaren Vorschrift abzuleiten (hierzu wird intern ein Classifier-System als Mapping-Tabelle ,zweckentfremdet'). Weiterhin wird aus der in der GCL abstrakt definierten Klasse `Situation` als Zwischenschritt eine Klasse `SetSituation` abgeleitet, die eine Situation als Menge von Symbolen umschreibt. In `SetSituationOR` mit einer Vergleichsmethode verbunden, bei der ein erfolgreicher Vergleich vorliegt, wenn die erste Vergleichsmenge eine Teilmenge der zweiten ist, lassen sich hiermit Regelbedingungen im Sinne des beschriebenen Entscheidungsmodells abbilden.[149] In der für die Abbildung von MappingNode verwendeten `SetSituationAND` ist dagegen ein Situationsvergleich erfolgreich, wenn zwei verglichene Mengen identisch sind.

Umsetzung der MDA

Als erster Schritt in der MDA wird nun aus `MappingNode` die Klasse `BasicRationalActor` abgeleitet. Für jedes Objekt dieser Klasse wird zudem ein `ClassifierSystem` angelegt, das die Entscheidungsregeln des Akteurs aufnimmt.[150] Als Repräsentation der anliegenden Eingangszustände wird mit den von `MappingNode` ererbten Methoden später in jedem Simulationsschritt ein einzelner, als Symbol repräsentierter vorläufiger interner Objektzustand ermittelt.

---

148 Hierdurch wird u.a. erreicht, dass Zufallsziehungen im gleichen Zeitschritt nicht wiederholt werden und das komplexe Vorgängerbeziehungen zu anderen Objekten nicht erneut durchlaufen werden.

149 Beispiel: Ein Situationsvergleich mit einer SetSituationOR mit den Elementen $c = \{y_1, y_2, y_3\}$ ist erfüllt, wenn $\{y\} \subseteq c$.

150 Ein `BasicRationalActor` enthält somit zwei Objekte vom Typ `ClassifierSystem`: Eines dient der `MappingNode`-Funktionalität, ein zweites wird für den Entscheidungsmechanismus verwendet.

`BasicRationalActor` implementiert mit den Methoden dieses `ClassifierSystem` den in Abbildung 3.5 dargestellten rationalen Entscheidungsalgorithmus. Dementsprechend wird dieser interne Zustand in einer Bedingungsmenge der Klasse `SetSituationOR` als Eingangssignal an das eingebette `ClassifierSystem` übergeben und aus der Menge der als passend zurückgelieferten `Classifier` die (als `StandardSituation` hinterlegte) Aktion mit dem besten Erwartungswert ausgewählt und als neuer Zustand des Objektes gesetzt. Dieser kann dann von anderen Objekten als Aktion abgefragt werden. Schließlich verfügt `BasicRationalActor` über eine Methode, um Belohnungen anzunehmen und sich ihren Wert zu merken. `BasicRationalActor` stellt damit eine vollständige Repräsentation des Entscheidungsmodells eines rationalen Akteurs nach Abschnitt 3.2.4 dar. Um tatsächlich Entscheidungen generieren zu können, ist es nur noch erforderlich, das interne Modell des Akteurs mit dem notwendigen Wissen, mit den problemspezifisch richtigen Regeln zu füllen – hierzu wird eine Ableitung in `SpecificRationalActor` vorgenommen, die dies bezogen auf die simulierten Fälle leistet.
Als zweiter Schritt in der MDA folgt nun die Implementation des lernenden Akteurs in der Klasse `LearningActor`. `LearningActor` wird – wie in Abschnitt 3.1.3 theoretisch gefordert – aus der Klasse `BasicRationalActor` abgeleitet. Dabei werden lediglich drei Methoden überschrieben:

1.) Bei der Initialisierung des internen Modells des Akteurs wird anstelle eines einfachen `ClassifierSystem` mit der daraus abgeleiteten Klasse `ZLCS` ein ZCS nach WILSON [151] verwendet.

2.) An die Stelle des streng maximierenden Entscheidungsalgorithmus des rationalen Akteurs tritt eine Methode, die den Entscheidungsmechanismus des `ZLCS` aufruft.

3.) Eine erhaltenen Belohnung wird nicht nur gespeichert (hierzu wird die ererbte Methode der Oberklasse aufgerufen), sondern auch an den Verstärkungs-Mechanismus des `ZLCS` übergeben.

Aufgrund der Klassenbeziehung kann das `ZLCS` vom Akteur polymorph wie ein einfaches `ClassifierSystem` verwendet werden. Das in `ZLCS` abgebildete interne Modell des Akteurs ist jedoch nicht statisch: Die Regelbasis wird (wie bereits in Abschnitt 3.2.4, bei S. 109 beschrieben) in jedem Zeitschritt durch Verstärkung aktualisiert und durch einen genetischen Algorithmus fortentwickelt.

---

[151] Vgl. Wilson (1994).

Weitere Strukturelemente

Zur Abbildung der jeweils vorliegenden Problemsituation und der Informationsstruktur der Akteure als Netzwerk verbundener Elemente, werden weitere (direkt oder indirekt) aus `CNode` abgeleitete Klassen definiert. Die Klasse `StateGenerator` dient der Repräsentation der Umwelt. Sie kapselt einen Roulettewheel-Mechanismus und beschreibt Objekte, die in der Lage sind, einen abfragbaren Zustand anzunehmen, der mit einer vorgegebenen Wahrscheinlichkeitsverteilung und einer vorgegebenen Änderungshäufigkeit zufällig aus einer definierten Grundmenge von Elementen der Klasse `Symbol` bestimmt wird. Objekte der Klassen `DelayNode` und `DistortingNode` geben im Grunde als Zustand ein Signal wieder, das sie selbst als Eingangssignal erhalten haben – bei `DelayNode` wird dieses Signal jedoch um eine definierte Zahl von Zeitschritten verzögert, bei `DistortingNode` wird das Signal mit einer definierbaren Wahrscheinlichkeit durch ein anderes zufällig aus der Menge der möglichen Eingangssignale ausgewähltes Symbol ersetzt. Mit Objekten der Klasse `CondensingNode` lässt sich die Feinheit eines Signals verändern – ein Signal mit n möglichen Zuständen wird nach einem einstellbaren Algorithmus auf ein Signal mit $m \leq n$ Zuständen transformiert. Zur Modellierung von Auszahlungen dient schließlich die Klasse `SummationNode` in Verbindung mit `MappingNode`: So kann in Objekten vom Typ `MappingNode` eine von Eingangszuständen abhängige Auszahlungsfunktion als Transformationsvorschrift hinterlegt werden, während in Objekten des Typs `SummationNode` mehrere als eingehend anliegende numerische Werte aggregiert werden können.

Aufbau von Szenarien zur Simulation

Aus den beschriebenen Elementen lassen sich nun konkrete Szenarien modellieren. Dazu wird aus der in Repast definierten Klasse `SimpleModel` über die (technischen) Zwischenschritte der Klassen `ModelSimTechnique` und `ModelCommonStructure`, in die für den Aufbau der Modelle mehrfach verwendete Routinen und Einstellungen verlagert wurden, jeweils eine abgeleitete Klasse definiert. In deren ‚buildModel'-Methode wird dann ein konkretes Szenario aufgebaut, indem weitere benötigte Objekte instantiiert und miteinander verbunden werden. Im Rahmen dieser Arbeit wurden drei Klassen dieser Art definiert, die jeweils die Hauptklasse eines eigenständig lauffähigen Java-Programmes bilden:

`ModelWeatherExample` beschreibt das später als Wetter-Beispiel beschriebene Simulationsmodell (siehe Abschnitt 4.2.1),

`ModelShipyardExample` beschreibt die Simulation des Werftbeispiels von MARSCHAK und RADNER (siehe Abschnitt 4.4),

ModelSimpleExample ist ein vereinfachter Aufbau des Wetter-Beispiels, dass zu Test- und Veranschaulichungszwecken dient.

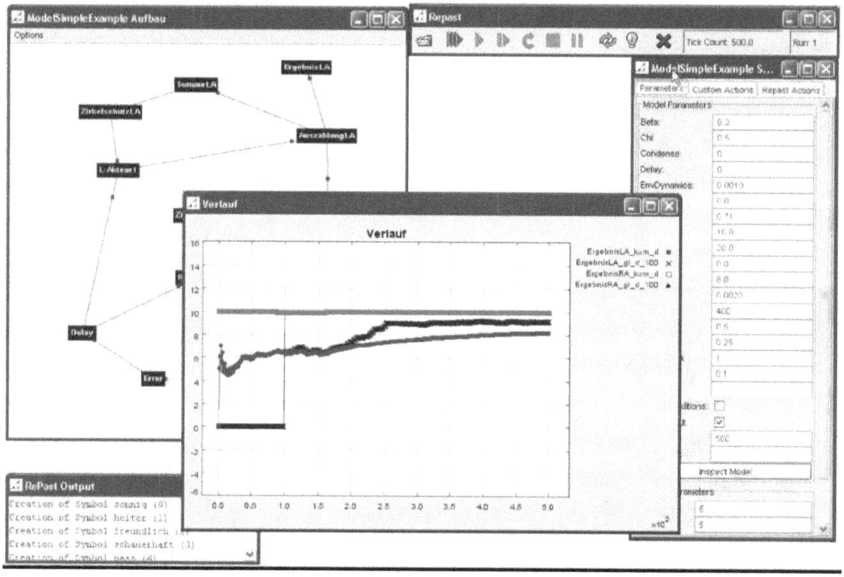

Abbildung 3.9: Screenshot einer Simulation in der Repast-Umgegbung[152]

Abbildung 3.9 zeigt am Beispiel von ModelSimpleExample, wie sich ein solches Modell in der Repast-Umgebung als Multi-Fenster-Anwendung mit einem Steuerpanel, einem Parameterfenster, einer Ausgabe-Console, einer Übersicht der einzelnen Elemente (jeweils Nachfahren von CNode) und Beziehungen und einer grafischen Auswertung der Ergebnisse darstellt.

3.4 Zwischenergebnis

Gegenstand des Kapitels war die zweite Forschungsfrage der Arbeit, die Frage nach dem ,Wie' einer Integration der Annahme lernender Akteure in die bestehende Theorie. Als methodische

---

[152] Quelle: Eigene Erstellung.

Leitlinie wurde dazu LINDENBERGS Methode der abnehmenden Abstraktion ausgewählt, aus der sich konkrete Richtlinien zur Vorgehensweise auch in der konkreten Programmierung des Simulationsmodells ableiten ließen. Inhaltlich wurde mit MARSCHAK/RADNERS Teamtheorie ein explizit mit Fragestellungen der Informationsversorgung verknüpfter Ansatz als Kerntheorie herangezogen. Der identifizierten Heuristik der Akteurmodells von BACH ET ALII folgend wurde dann das in der Kerntheorie verwendete entscheidungstheoretische Modell bei Unsicherheit durch wenige Brückenannahmen in ein lernendes Modell bei unvollständiger Information überführt, welches schließlich in einem lauffähigen Simulationsmodell implementiert werden konnte. Dabei wurden alle in Abbildung 3.2 zusammengefassten Grundsätze der MDA LINDENBERGS befolgt:

(I) Kaskadenförmige Modellbildung durch Differenzierung in Kerntheorie und Brückenannahmen

- Mit der Teamtheorie wird eine problemadäquate ökonomisch rationale Kerntheorie verwendet.
- Die Heuristik des Akteursmodells führt zu der Brückenannahme des Lernens durch Weiterentwicklung interner Modelle.
- Mit der Zerlegung von Learning Classifier-Systems in ihre Grundelemente gelingt die Konkretisierung dieser Brückenannahme in einer schrittweisen Überleitung von entscheidungstheoretisch-rationalen Akteuren über deren Abbildung in einem (nicht lernenden) Classifier-System hin zu einer Abbildung zu lernender Akteure in einem LCS.
- Durch den mehrstufigen objektorientierten Aufbau gelingt eine theorieadäquate Formalisierung im Simulationsprogramm.

(II) Modellbildung so einfach wie möglich und nur so komplex wie nötig

- Die Modellierung des rationalen Akteurs der Teamtheorie folgt dem Grundmodell der Entscheidungstheorie.
- Die Annahme von ‚Truely Bounded Rationality‘ wird lediglich durch Einschränkung des verfügbaren Wissens operationalisiert.
- Mit Wilsons ZCS wird ein gegenüber anderen ClassifierSystems reduziertes, aber dennoch leistungsfähiges Lernmodell verwandt.
- In der programmtechnischen Formalisierung kann durch die Nutzung des Prinzips der Vererbung eine Konzentration auf die im jeweiligen Schritt vorgenommenen Veränderungen des Klassenmodells erfolgen.

(III) Integration nicht ökonomischer Erkenntnisse über die inhaltliche Ausarbeitung der Kerntheorie und Brückenannahmen

- Es konnte gezeigt werden, dass die Teamtheorie sich zur Analyse der betrachteten Fragestellung bei Annahme rationaler Akteure eignet.
- Mit der Orientierung am Akteursmodell wurde ein etablierter, fruchtbarer Ansatz zur Genese der verhaltenswissenschaftlichen Brückenannahmen gewählt.
- Die inhaltliche Ausdifferenzierung wurde im Simulationsmodell durch den Aufbau einer Klassenhierarchie rationaler und lernender Akteure schrittweise nachvollzogen.

(IV) Treffen von Brückenannahmen unter der Maßgabe der Minimierung der Unsicherheit über weitere zu treffende Annahmen

- Durch die Orientierung am Grundmodell der Entscheidungstheorie ist ein klar definierter Rahmen von Variablen der Entscheidungsfindung definiert.
- Durch die Formalisierung in einem lauffähigen Simulationsmodell wurde ein in sich geschlossenes Modell geschaffen, das sämtliche benötigten Annahmen impliziert (und damit zu einer Reduktion der Unsicherheit über zu treffende Annahmen führt).

(V) Differenzierung struktureller und kognitiver Brückenannahmen: Kognitive Brückenannahmen nur wenn notwendig

- Mit der Annahme unvollständiger Information wird eine einfache strukturelle Brückenannahme getroffen.
- Die kognitive Annahme der Lernfähigkeit schließt die durch die strukturelle Annahme entstandene Lücke im Entscheidungmodell.
- Der Aufbau der Simulation aus vernetzten Objekten bietet die Möglichkeit, weitere Annahmen durch die Gestaltung von Objekten der Akteursumwelt zu strukturell zu modellieren.

(VI) Grad der Ausdifferenzierung in der Modellbildung unter der Beachtung der Wirtschaftlichkeit

- Der Abstraktionsgrad wird nur graduell verändert.
- Die Überleitung vom rationalen Akteur zum lernenden Akteur erfolgt durch nur zwei Brückenannahmen.

— Die Operationalisierung im Simulationsmodell verwendet einen betont einfachen Algorithmus.

Auch die Regeln zur Festlegung der Kerntheorie und der Brückenannahmen (Nr. 1a, 1b sowie 2a-d in Abbildung 3.2) wurden eng befolgt:

(1) Die Teamtheorie ist bereits in ihrer Konzeption explizit für die Modellierung von Informationsproblemen ausgelegt und damit in hohem Maße für die Fragestellung geeignet, gleichzeitig aber aufgrund ihres informationökonomischen Grundansatzes flexibel anwendbar.

(2) Die getroffenen Brückenannahmen wurden explizit festgelegt und werden essentiell zur Beantwortung der Fragestellung der Arbeit benötigt. Mit der Ausrichtung an der Denkrichtung des Akteusmodells wurde die Unsicherheit in der Operationalisierung von ‚truely bounded rationality‘ reduziert; dabei wurde zunächst eine strukturelle und dann erst eine *dadurch benötigte* kognitive Brückenannahme getroffen.

Die zweite Forschungfrage der Arbeit, die Frage nach der Integration der paradigmatischen Annahme lernender Akteure in einem ökonomischen Modell kann damit als beantwortet betrachtet werden – ein solches Modell liegt im Ergebnis als Simulationsmodell vor. Im nächsten Kapitel wird dieses Modell nun angewandt und mit den Resultaten, die sich aus der Kerntheorie alleine ergäben, verglichen.

4 Experimente

4.1 Experimenteller Rahmen

Das entwickelte Modell wird nun zur Untersuchung der Kernhypothese dieser Arbeit im HAYEK'SCHEN Sinne mustergenerierend[1] eingesetzt: In drei Experimentblöcken wird das Verhalten der im Programm modellierten entscheidungtheoretisch-rationalen Akteure (R-Akteure) und der mit Hilfe eines LCS abgebildeten lernenden Akteure (L-Akteure) simuliert und das Verhalten der beiden Akteurstypen mit der Theorie und miteinander verglichen.
Dabei wird im ersten Block, im Ausgangsfall, zunächst die Tragfähigkeit der gewählten Modellierung überprüft – es werden die Grundlagen eines Vergleiches zwischen den entscheidungstheoretisch-rationalen Akteuren in Theorie und Simulation sowie den lernenden Akteuren geschaffen. Angelehnt an den Aufbau der Abschnitte 3.2.2 und 3.2.3 werden dann, im zweiten Block, verschiedene Formen der Zerlegung sowie Fehler und Verzögerung als in der Teamtheorie diskutierte Eigenschaften von Informationsstrukturen in ihrer Wirkung auf das Verhalten der Akteure untersucht, ehe im dritten Experimentblock ein interaktives Szenario mit exemplarischen Netzwerkkonstellationen aufgebaut wird, mit dem im Sinne COLEMANS der Schritt von der Mikro- auf die Makroebene vollführt wird.[2]
Grundlage der Experimente sind zwei einfache, in Beispielen veranschaulichte Szenarien: In den ersten beiden Blöcken eines, in dem ein Akteur (als unechtes Team) isoliert entscheiden muss, und später eines, in dem zwei Akteure (also ein echtes Team) interdependent entscheiden müssen. Die relevanten Eigenschaften der Informationsstrukturen lassen sich dabei in der Computersimulation explizit abbilden und gezielt variieren.

---

[1] Siehe erneut Abs. 1.2.

[2] Siehe erneut Abs. 2.1.3.

Grundsätzlich wird in den Experimenten erwartet, dass sich das resultierende Verhalten der R-Akteure stets mit dem teamtheoretisch herleitbaren Ergebnis deckt. Gegen diese Referenz kann dann das Verhalten der LCS-basierten L-Akteure verglichen werden, um festzustellen, ob sich aus der ihnen impliziten Brückenannahme des Lernens eine relevante Veränderung des Verhaltens ergibt. Zur Erleichterung der Analyse, um eine direkte Vergleichbarkeit zwischen den beiden Akteurstypen zu wahren, werden beide in der Simulation überall, wo dies möglich ist, innerhalb derselben Simulationsläufe bezogen auf denselben Verlauf der Umweltzustände betrachtet, was hier als ‚umweltparallel' bezeichnet werden soll.

Da lernende Akteure dabei, um wirklich lernen zu können, nicht nur eine einzelne Spielrunde, sondern stets eine Sequenz von Runden benötigen,[3] erstrecken sich in den Experimenten dieser Arbeit die Simulationsläufe stets über 5000 Spielrunden, so dass den Akteuren hinreichend Gelegenheit gegeben ist, zu einem internen Modell der Entscheidungssituation zu gelangen.

In jeder Runde der Simulationen erhalten die Akteure zunächst Information entsprechend der betrachteten Informationsstruktur, werten diese aus und treffen eine Handlungsentscheidung, über deren Erfolg sie Feedback erhalten. Damit die lernenden Akteure zu einem vollständigen Bild der Umwelt gelangen können, müssen wechselnde Umweltzustände angenommen werden. Wäre der Umweltzustand konstant, würde – anstelle einer Anpassung an die Entscheidungssituation insgesamt – eine Anpassung nur an den vorliegenden Umweltzustand erfolgen. Damit wäre die Vergleichbarkeit gegenüber dem (entscheidungstheoretisch-rationalen) Akteur der Teamtheorie, dessen Entscheidungsmodell eine stochastische Verteilung der Umweltzustände voraussetzt, gestört.[4] Durch Annahme hinreichend hoher Änderungswahrscheinlichkeiten werden alle Umweltzustände in einem Simulationslauf mehrmals durchlaufen. Zur Analyse der Konsequenzen einer Variation von Informationseigenschaften wird jedes Experiment dabei in einer Reihe von Simulationsläufen wiederholt durchgeführt, so dass eine aggregierte Auswertung möglich wird. Pfadabhängige Ergebnisvarianzen lassen sich so bei ausreichend hoher Wiederholungszahl deutlich reduzieren.

Zum Aufbau der Experimente werden die in Abschnitt 3.3.3 beschriebenen Komponenten genutzt: Ihre konkrete Zusammenstellung wird jeweils nach der Schilderung der gewählten Sze-

---

[3] „[...] if learning is to take place, players must play either the same or related games repeatedly so that they have something to learn about." Fudenberg/Levine (1998, S. 4).

[4] Da die Wiederholung in der Simulation nur dem Zweck dient, Lernen zu ermöglichen, werden die rationalen Akteure nicht als Akteure eines wiederholten Spieles modelliert. Es wird auch bewusst nicht angenommen, dass der rationale Akteur seine subjektive Wahrscheinlichkeitseinschätzung aktualisieren kann: Der Umweltzustand selbst ist für die Akteure nur bei entsprechender Information beobachtbar, er erhält kein Feedback, dass ihm mitteilt, welcher Zustand tatsächlich vorlag; ebenso ist die Umweltdynamik dem rationalen Akteur nicht bekannt.

narien dargelegt. Die im Programmverlauf generierten Daten zu Verlauf und Ergebnis der Simulationen werden als Datei im XML-Format exportiert und zur Auswertung in eine Datenbank eingelesen. Zur statistischen Analyse wurde – Anknüpfend an die Ausführungen in Abschnitt 3.3.1 – zumeist auf das Open-Source Statistik-Paket ‚R‘[5] zurückgegriffen; zur grafischen Aufbereitung sowie für einfache Berechnungen wurde MS-Excel genutzt.

4.2 Ausgangsfall

Zur Untersuchung der Wirkung von Basiseigenschaften von Informationsstrukturen wird analog zum ein-Personen-Team von MARSCHAK/RADNER zunächst ein einfaches Szenario gebildet, in dem je ein entscheidungstheoretisch-rational modellierter sowie ein lernender Akteur isoliert handeln. Dazu wird zunächst der Aufbau dieses Szenarios und seine Abbildung im Simulationsmodell beschrieben. Um Aussagekraft und Validität der Simulation zu gewährleisten, wird anschließend das Ausgangsverhalten der Akteure beschrieben und mit der Theorie abgeglichen, sowie schließlich eine Sensitivitätsbetrachtung vorgenommen.

4.2.1 Aufbau des Szenarios

Das zur Simulation gewählte abstrakte Szenario wird zunächst durch ein Beispiel illustriert, anschließend wird beschrieben, wie sich das Szenario im Aufbau des Simulationsmodells wiederfindet. Dies ergänzend wird danach die Abbildung der entscheidungstheoretisch-rational modellierten und der lernenden Akteure erläutert.

Wetterbeispiel

Viele Probleme der Informationsversorgung eines isolierten Akteurs lassen sich bereits an einem einfachen Entscheidungsszenario illustrieren, wie es mit dem folgenden Beispiel gegeben ist:[6] Ein Akteur geht gerne und häufig wandern. Vor jeder geplanten Tour muss er entscheiden, ob er

1.) mit leichter Kleidung auf die Wanderung geht,

---

[5] Vgl. hierzu R Development Core Team (2004).

[6] Das Beispiel lehnt sich lose an FERSCHLS Ausflugsbeispiel an, vgl. Ferschl (1982, S. 41 f.).

2.) Regenkleidung mitnimmt oder

3.) auf die Wanderung verzichtet.

Sein Aktionsraum ist also eine Menge aus drei Aktionen $A = \{a_1, a_2, a_3\}$. Die angenommene Umwelt hat neun mögliche Zustände $X = \{x_1, ...x_9\}$:

— sonnig (x_1), heiter (x_2) und klar (x_3) lassen sich dabei als trockenes Wetter bezeichnen,

— Niesel (x_4), Schauer (x_5) oder Regen (x_6) sind nasses Wetter,

— Graupel (x_7), Hagel (x_8) oder Schnee (x_9) stellen Unwetter dar.

Bei trockenem Wetter möchte der Akteur kein unnützes Gepäck mit sich führen. Ein wenig Nässe macht ihm nichts aus, vor allem dann nicht, wenn er Regenkleidung dabei hat. Bei Unwetter dagegen verzichtet er am liebsten auf eine Wanderung oder bevorzugt es zumindest, Regenkleidung mitzuführen. Bezogen auf seine Entscheidung sind die Umweltzustände daher zu drei Ereignissen $z_n \in Z$, zu gruppieren z.B. $z_1 = \{x_1, x_2; x_3\}$, $z_2 = \{x_4, x_5; x_6\}$, $z_3 = \{x_7, x_8; x_9\}$. Ergänzt um eine Bewertung des Nutzens ergibt sich die in Tabelle 4.1 dargestellte Ergebnis- bzw. Auszahlungsmatrix: Mit der Auszahlungsmatrix ist die Auszahlungsfunktion $\omega(z, a)$ be-

		Alternative		
		Leichte Kleidung	Regenschutz	Verzicht auf Wanderung
Wetter	trockenes Wetter	gut / 10	schlecht / 0	erträglich /8
	nasses Wetter	erträglich / 8	gut / 10	schlecht / 0
	Unwetter	schlecht / 0	erträglich / 8	gut / 10

Tabelle 4.1: Ergebnis- bzw. Auszahlungsmatrix zu Szenario 1 [7]

stimmt, folglich gilt $\forall x \in z : \omega(x, a) = \omega(z, a)$. Die Möglichkeit, Informationen über das zu erwartenden Wetter zu erlangen, sind durch die Informationsstruktur η beschrieben. Sie gibt an, wie die Information beschaffen ist, über die der Akteur verfügt. Liegt ihm z.B. keine Information vor, so kennt sie nur einen Zustand, d.h. $\eta_{null}(x) = \{y_{const}\} = X$, liefert ihm ein Wetterbericht das volle Detail, so gilt $\forall x \in X : \eta_{full}(x) = x$.

[7] Die Auszahlungsmatrix wurde bewusst ‚kontrastreich' definiert, um die Darstellung von Lerneffekten zu erleichtern. Sie kann prinzipiell skaliert werden: Es ist dann ggf. im Experiment der LCS-Parameter `S_init` anzupassen, siehe auch Tabelle 4.2 (S. 134).

Abbildung des Szenarios in der Simulation

Zur objektorientierten Abbildung eines solchen Szenarios im in Abschnitt 3.3.3 beschriebenen Rahmen des Simulationsprogramms müssen, neben den Akteure selbst, Umwelt, Informationsstruktur und Auszahlungfunktion angelegt und miteinander verbunden werden. Dies geschieht beim Start eines Simulationslaufs durch die `buildModel`-Methode der Klasse `ModelWeatherExample`. Abbildung 4.1 gibt einen schematischen Überblick über den allgemeinen Aufbau

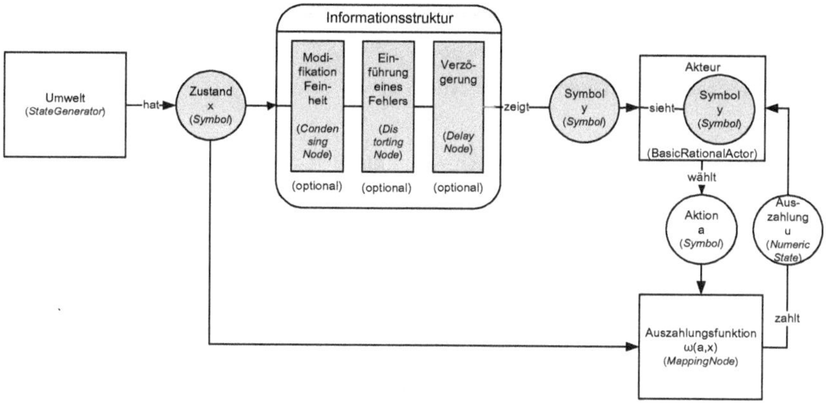

Abbildung 4.1: Aufbau der Simulation zum Wetterbeispiel

der Umgebung eines Akteurs in den Experimenten zum Wetterbeispiel. Dabei ist zu beachten, dass die dargestellte Struktur zur umweltparallelen Simulation bei Verknüpfung auf das gleiche Umwelt-Objekt in jedem Experiment zweimal vorkommt – einmal mit einem (entscheidungstheoretisch-)rationalen und einmal mit einem lernenden Akteur.

Den Ausgangspunkt des Aufbaus bildet die Repräsentation der Umwelt. Die Umwelt kann eine Menge X von Zuständen umfassen, die durch Objekte der `Symbol`-Klasse repräsentiert werden. Die Umwelt wird in allen Experimenten dieser Arbeit durch ein Objekt der Klasse `StateGenerator`, das die jeweils aktuellen Umweltzustände x aus aus der Menge X zieht, abgebildet. Dabei wird anhand eines für das Simulationsmodell als Ganzes (als Variable von `ModelWeatherExample`) festgelegten Dynamik-Parameters dyn bestimmt, mit welcher Wahrscheinlichkeit es zu einer neuen Ziehung des Umweltzustandes in einem Zeitschritt kommen soll.[8] Die Informationsstruktur eines Akteurs wird im Experiment durch die Verbindungen, die zwischen dem Akteur und dem Umwelt-Objekt existieren, abgebildet. Besteht eine direkte Verbindung, so bedeutet dies für den Akteur vollständige, fehlerfreie und unverzögerte Information. Durch zusätzliche in die einer Verbindung zwischengefügte Objekte kann eine Informationsstruktur jedoch eingeschränkt werden. Entsprechend der eingestellten Simulationsparameter für die Feinheit der Informationsstruktur η , für einen Fehlers mit der Wahrscheinlichkeit e und für die Verzögerung des Signales um τ Zeitschritte werden Objekte der Klassen `CondensingNode`, `DistortingNode` und `DelayNode` instantiiert und in die jeweilige Verbindung zwischen Akteur und Umwelt eingefügt. Zusammen überführen diese Objekte das ursprüngliche Signal x zum Zeitpunkt t in ein transformiertes Signal $y = \eta\,(e,\tau,t) = \eta\,(e,x(t-\tau))$. Die auf Basis des empfangenen Signals durch den Akteur ausgewählte Aktion a wird schließlich durch ein Objekt für die Auszahlungsfunktion ausgewertet, das den für die Kombination aus Umweltzustand und Aktion hinterlegten Auszahlungswert an den Akteur zurückgibt.

Anlage der (entscheidungstheoretisch-rationalen) R-Akteure

Die entscheidungstheoretisch-rational modellierten R-Akteure erhalten eine für die jeweilige Informationsstruktur ermittelte Regelmenge, welche eine ‚beste Entscheidungsfunktion‘ darstellt. Dazu wird für jedes mögliche Eingangssignal y jeweils für alle möglichen $x \in X$ die bedingte Wahrscheinlichkeit $\pi(x|y)$ berechnet. Dabei wird berücksichtigt, dass das Signal y einen Fehler enthalten und verzögert sein kann. Die Wahrscheinlichkeit $\pi(x|y)$ ist daher abhängig von der Anzahl der Situationen $x \in X$, der Zahl der Situationen $x \in y$, der Fehlerwahrscheinlichkeit ε, der Verzögerung τ und dem Dynamik-Parameter dyn. Als Hilfsgröße lässt sich hiermit zunächst für jedes y eine Signalverlässlichkeit $q(y,X)$ bilden. Die Wahrscheinlichkeit eines Zustands x bei gegebenem Signal y ergibt sich dann als

$$\pi(x|y) = \begin{cases} \frac{q(y,X)}{|y|} & \text{für } x \in y \\ \frac{1-q(y,X)}{|X|-|y|} & \text{für } x \notin y \end{cases} \tag{4.1}$$

Im Ausgangsfall ohne Fehler und Verzögerung ist das Signal y voll verlässlich, d.h. $q(y,X) = 1$, folglich

$$\pi(x|y) = \begin{cases} \frac{1}{|y|} & \text{für } x \in y \\ 0 & \text{für } x \notin y \end{cases} \tag{4.2}$$

---

[8] Bei n möglichen Umweltzuständen und einem Dynamik-Parameter mit dem Wert dyn ergibt sich somit für eine tatsächliche Zustandsänderung eine Wahrscheinlichkeit von $dyn * \frac{n-1}{n}$.

Enthält die Information einen Fehler ε ist $q_{error}(y,X,\varepsilon) = 1-\varepsilon$, es resultiert

$$\pi(x|y) = \begin{cases} \frac{1-\varepsilon}{|y|} & \text{für } x \in y \\ \frac{\varepsilon}{|X|-|y|} & \text{für } x \notin y \end{cases} \tag{4.3}$$

Im Fall einer Verzögerung ist die Signalverlässlichkeit von der Wahrscheinlichkeit, dass während der durch die Verzögerung verstrichenen Zeit *keine* neue Ziehung des Umweltzustandes stattgefunden hat, abhängig. In diesem Fall wäre das Signal noch korrekt. Die Wahrscheinlichkeit hierfür ist durch den Wert der kumulierten Verteilungsfunktion der Binomialverteilung $F_{binom}(0;\tau;dyn)$ gegeben. Hat sich der Umweltzustand dagegen geändert, sind alle Umweltzustände gleichwahrscheinlich, d.h. das Signal währe nur noch mit der durch $\frac{|y|}{|X|}$ gegebenen Wahrscheinlichkeit korrekt. Es ist daher

$$q_{delay}(y,X,\tau,dyn) = \frac{|y|}{|X|} * (1 - F_{binom}(0;\tau;dyn)) + F_{binom}(0;\tau;dyn) \tag{4.4}$$

$$= \frac{|y|}{|X|} + F_{binom}(0;\tau;dyn) * \left(1 - \frac{|y|}{|X|}\right) \tag{4.5}$$

In diesem Falle ergibt sich für die bedingte Wahrscheinlichkeit

$$\pi(x|y,\tau,dyn) = \begin{cases} \frac{\frac{|y|}{|X|} + F_{binom}(0;\tau;dyn)*\left(1-\frac{|y|}{|X|}\right)}{|y|} & \text{für } x \in y \\ \frac{1-\left(\frac{|y|}{|X|} + F_{binom}(0;\tau;dyn)*\left(1-\frac{|y|}{|X|}\right)\right)}{|X|-|y|} & \text{für } x \notin y \end{cases} \tag{4.6}$$

Insgesamt lässt sich die Signalverlässlichkeit als

$$q(y,X,\varepsilon,\tau,dyn) = (1-\varepsilon) * \left(\frac{|y|}{|X|} + F_{binom}(0;\tau;dyn) * (1 - \frac{|y|}{|X|})\right) \tag{4.7}$$

ermitteln, so dass gilt:

$$\pi(x|y,\tau,dyn) = \begin{cases} \frac{(1-\varepsilon)*\left(\frac{|y|}{|X|} + F_{binom}(0;\tau;dyn)*\left(1-\frac{|y|}{|X|}\right)\right)}{|y|} & \text{für } x \in y \\ \frac{1-(1-\varepsilon)*\left(\frac{|y|}{|X|} + F_{binom}(0;\tau;dyn)*\left(1-\frac{|y|}{|X|}\right)\right)}{|X|-|y|} & \text{für } x \notin y \end{cases} \tag{4.8}$$

Auf dieser Basis kann für jede mögliche Aktion a der Nutzenerwartungsert bei gegebenem y als Summe der Produkte aus Wahrscheinlichkeit für x und Payoff bei Aktion a ermittelt werden:

$$E\upsilon(y,a) = \sum_{x \in X} \pi(x|y) * \upsilon(x,a) \tag{4.9}$$

Die Kombination aus Signal, Aktion und erwartetem Payoff wird in einem `Classifier` hinterlegt und dieser wird der Regelmenge des `ClassifierSystem` des Akteurs übergeben. Der bereits beschriebene Auswahlalgorithmus führt dann dazu, dass stets die Aktion mit dem für das gegebene y maximalen Erwartungswert ausgeführt wird, so dass das `ClassifierSystem` eine beste Entscheidungsfunktion repräsentiert.

Anlage der (lernenden) L-Akteure

Die als lernend modellierten L-Akteure im Experiment verfügen annahmegemäß (siehe erneut Abschnitt 3.2.4) ex ante nicht über entscheidungsrelevantes Wissen – ihr Entscheidungsmodell wird vielmehr durch ein sich dynamisch entwickelndes LCS repräsentiert.

ZCS-Parameter	Bedeutung	Standard-Wert
`N`	Größe der Regelpopulation	400
`S_init`	Regelstärke zu Beginn	20
`beta`	Lernrate (zur Aktualisierung der Stärkewerte)	0,2
`gamma`	‚Discount'-Faktor der Bucket-Brigade	0,71
`tau`	‚Steuer' für ausgewählte Regeln	0,05
`chi`	Crossover-Wahrscheinlichkeit	0,5
`my`	Veränderungswahrscheinlichkeit je Symbol bei Mutation	0,002
`rho`	GA-Wahrscheinlichkeit pro Zeitschritt	0,25
`phi`	Covering-Schwellwert	0,5

Tabelle 4.2: ZCS-Standard-Parameter [9]

Anders als bei den R-Akteuren werden die Entscheidungsmechanismen der lernenden Akteure daher nicht mit einem spezifischen Regelset belegt. Ihre LCS werden mit den in Tabelle 4.2 dargestellten, für den verwendeten LCS-Typ gängigen Standard-Parametern (die im Simulationsprogramm als Vorgabewerte hinterlegt sind, jedoch auch verändert werden können) instantiiert und vor dem ersten Zeitschritt mit einer Regelbasis aus *zufälligen*, gleichgewichteten Regeln initialisiert. Durch den beschriebenen Lernmechanismus soll dann im Verlauf der Simulation aus dieser Regelbasis ein angepasstes internes Modell entwickelt werden, das zu zunehmend besser angepassten Entscheidungen führt.

4.2.2 Ausgangsverhalten der Akteure

In den Experimenten 1 und 2 wird die grundlegende Funktionsweise des Modells und seine Übereinstimmung mit der Theorie anhand der Ausgangsfälle mit auszahlungs-adäquater In-

---

[9] Quelle: Eigene Erstellung, zum Inhalt vgl. Bull/Hurst (2002, S. 5) in Verbindung mit Wilson (1994, S. 5). Da zur Bezeichnung der LCS- bzw. ZCS-Parameter üblicherweise griechische Buchstaben verwendet werden, die sich mit den von MARSCHAK/RADNER verwendeten Symbolen überschneiden, werden hier zur Unterscheidung ausgeschriebene Variablennamen verwendet.

formation und mit Null-Information überprüft. Dazu wird das für entscheidungstheoretisch-rationale Akteure erwartete Verhalten hergeleitet und mit den im Experiment 1 für R-Akteure erzielten Werten verglichen. Dem wird dann das Verhalten der lernenden L-Akteure gegenübergestellt. In Experiment 2 wird die Sensitivität des Modellverhaltens bei veränderter Umweltdynamik untersucht, ehe schließlich – wieder auf Basis der Daten von Experiment 1 – zur Anpassung des Messmodells an den Ansatz der Teamtheorie eine Informationswertbetrachtung der Simulationsergebnisse entwickelt wird.

Entscheidungstheoretisch-rationale Akteure

Als Referenz für das Modellverhalten dient zunächst die Situation ohne Information. Ein entscheidungstheoretisch-rationaler Akteur, der nicht über eine Wettervorhersage verfügt und alle Umweltzustände für gleichwahrscheinlich hält (d.h. ein Akteur mit η_{null}), wäre zwischen den gegebenen Handlungsalternativen indifferent: Es ergibt sich für die einzelne Aktion ein Erwartungswert von 6 (mit einer Varianz von $s^2 = 28$). Wird dagegen angenommen, dass der Akteur z.B. über eine regionale Wetterprognose, die ihm vor jeder Tour vorhersagt, ob er mit trockenem Wetter, nassem Wetter oder Unwetter rechnen muss, verfügt, so kann er seine Einschätzung der Umwelt anpassen. Eine solche Informationsstruktur $\eta_{adeq}(x) = z$, die der Zerlegung der Umweltzustände in relevante Ereignisse entspricht, ist im unter 3.2.2 (S. 93) beschriebenen Sinne auszahlungsadäquat. Sie versetzt ihn in die Lage, stets eine Aktion zu wählen, die ihm stets (d.h. mit einer Varianz von $s^2 = 0$) das Nutzenmaximum (10) liefert.
Dies ergibt sich auch in der Simulation – Abbildung 4.2 zeigt den Verlauf der in den Experimenten durchschnittlich erzielten Nutzenwerte der R-Akteure für η_{null} und η_{adeq}. Die Ergebnisse treffen dabei die aus der Theorie zu erwartenden Werte: Bei η_{adeq} erzielen sie stets das Optimum. Bei η_{null} resultieren aus den wechselnden Umweltzuständen trotz der Zahl von $N = 100$ Simulationsläufen verbleibende Zufallschwankungen. Die Werte lassen sich dabei jedoch als normalverteilt beschreiben, es ist zudem nicht abzulehnen, dass der Mittelwert der Simulationsergebnisse dem theoretischen Wert 6,0 entspricht.[10]

Lernende Akteure

Für die umweltparallel simulierten L-Akteure zeigt sich im in Abbildung 4.3 dargestellten Ergebnis ein funktionierender Lernmechanismus, der zu einer Annäherung an das Verhalten der

[10] Im Fall η_{adeq} wird in 100% der Fälle das Optimum erreicht. Für den Fall η_{adeq} wurde zur Überprüfung der Hypothese der Normalverteilung ein Shapiro-Wilk-Normalitätstest durchgeführt, nachdem diese bei $W = 0,9779$ nicht abzulehnen ist. Der Mittelwert der Simulationsergebnisse liegt zudem im für einen zweiseitigen Student'schen t-Test bei $1 - \alpha = 0,95$ gegebenen Konfidenzintervall. Zu den statistischen Funktionen ‚shapiro.test' und ‚t.test' vgl. R Development Core Team (2005, S. 1104 ff., S. 1152 ff.).

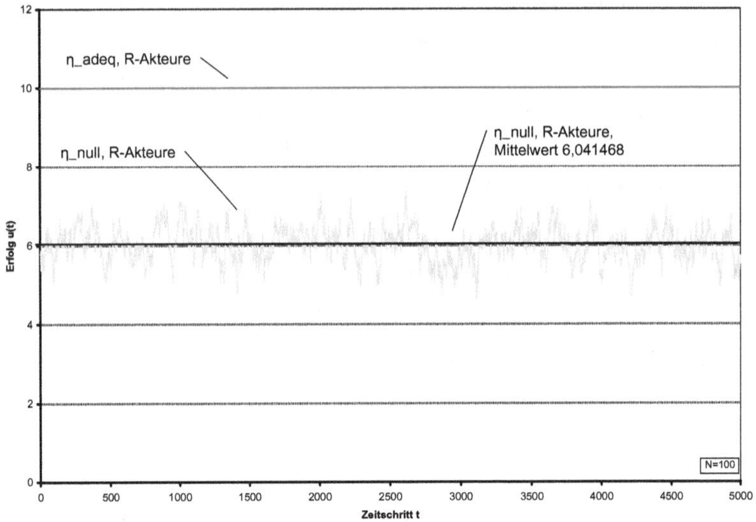

Abbildung 4.2: Experiment 1, Entwicklung des Erfolgs für R-Akteure bei η_{null} und η_{adeq}

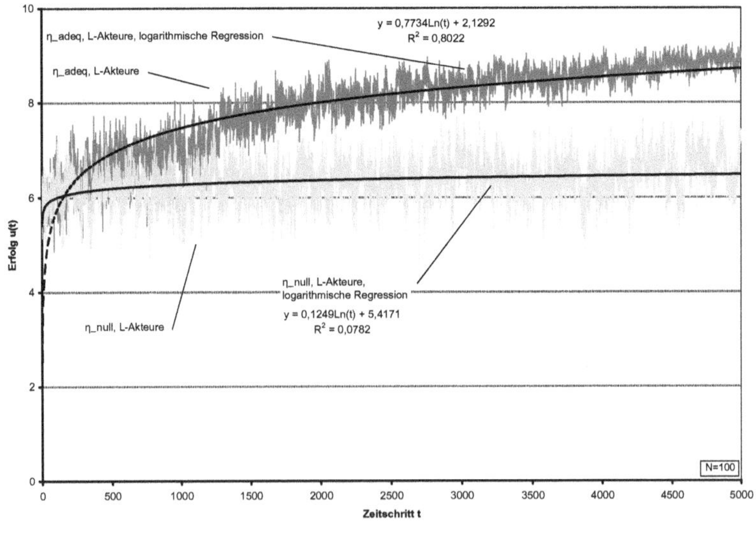

Abbildung 4.3: Experiment 1, Entwicklung des Erfolgs für L-Akteure bei η_{null} und η_{adeq}

rationalen Akteure führt. Es ergibt sich bei η_{adeq} eine ‚klassische' Lernkurve mit zunächst starker, dann aber abnehmender Verbesserung,[11] die sich im Verlauf durch eine Logarithmus-Funktion beschreiben lässt.[12] Bezogen auf die jeweils letzten 100 Zeitschritte werden dabei im Durchschnitt 89,014% des Niveaus der entscheidungstheoretisch-rationalen Akteure erreicht. Der erzielte durchschnittliche Gesamterfolg kann dabei in beiden Fällen erneut als normalverteilt bezeichnet werden.[13] Dies bedeutet nicht, dass die Akteure individuell nicht das Optimum erreichen – da sie es als solches jedoch nicht erkennen können und der Explorationsmechanismus auch nicht durch einen externen Eingriff deaktiviert wird, bleibt dieser aktiv. Durch den genetischen Algorithmus werden auch nach Erreichen des Optimums immer wieder andere (dann suboptimale) Strategien generiert und von den Akteuren ‚ausprobiert'. Während sich dies bei η_{adeq} negativ auswirkt, führt es bei η_{null} letztlich dazu, dass zwischen den Wechseln von Umweltzuständen durch kurzfristige Anpassung auch phasenweise Ergebnisse leicht oberhalb des Erwartungswertes erzielt werden können, so dass der Erwartungswert bei lernenden Akteuren im Durchschnitt *leicht* übertroffen wird.[14]

Sowohl die langfristige Annäherung an die rationale Lösung, als auch die kurzfristige Anpassung an den bei gegebener Dynamik latenten Umweltzustand, die sich speziell bei η_{null} erkennen lässt, zeigen deutlich erfolgreiches Lernen. In Summe bestätigt sich daher auch im Versuch die ‚Zweckmässigkeit' des implementierten Lern- und Entscheidungsmodells.

Sensitivitätsbetrachtung

Dem Ziel dieser Arbeit folgend, eine *Möglichkeit* der Erklärung dysfunktionalen Verhaltens aus der Annahme des Lernens aufzuzeigen, ist es prinzipiell ausreichend, sich auf eine einzelne

---

11 Zum Vergleich von Simulationsergebnissen mit empirischen Lernkurven vgl. Kunz (2006, S. 248 ff.).

12 Die in der Abbildung dargestellten Regressionskurven wurden mit Hilfe der Fit-Funktion ‚lm' in R ermittelt; die geschätzten Koeffizienten lassen sich dabei als signifikant (Signifikanzniveau (R) ***/0,001) bezeichnen. Vgl. R Development Core Team (2005, S. 955 ff.)

13 Ein Shapiro-Wilk-Test auf Normalverteilung ergibt für η_{adeq} ein $W = 0,9692$, für η_{null} ein $W = 0,9729$. Die Null-Hypothese eines Kolmogorov-Smirnov-Tests für η_{adeq} auf eine Normalverteilung mit dem Mittelwert $7,943788$ und $s^2 = 0,2593$, für eta_{null} mit dem Mittelwert $6,355808$ und $s^2 = 0,0471$ (Varianzen gerundet) ist in beiden Fällen mit $1 - \alpha > 0,95$ nicht abzulehnen. Zum verwendeten Test vgl. R Development Core Team (2005, S. 949 ff.).

14 Hier lässt sich eine Querverbindung zur aus der psychologischen Entscheidungsforschung bekannten ‚Baserate Fallacy' herstellen: Die Simulation zeigt, dass bei Unkenntnis des tatsächlichen Umweltzustandes und gleichzeitig jedoch gegebenen Latenzen desselben eine Strategie, die nicht die Grundverteilung, sondern lediglich eine bestimmmte Menge jüngerer verfügbarer Informationen berücksichtigt, eine erfolgreiche Heuristik darstellen kann. In experimentellen Situationen ohne Latenz der Zustände versagt diese Heuristik jedoch, was zur genannten Enscheidungsverzerrung führt. Siehe erneut Abschnitt 2.2.2.

Konstellation zu konzentrieren und ein einzelnes spezifisches Muster zu erklären. Trotzdem sollen hier zumindest die Grundlagen einer Ausweitung des Erklärungspotentials über die gewählten Fälle hinaus geschaffen werden. Zu diesem Zweck wird in Experiment 2 als prägnanteste akteursexterne Variable der Umweltdynamik-Parameter *dyn* variiert. Dabei zeigt sich in Ab-

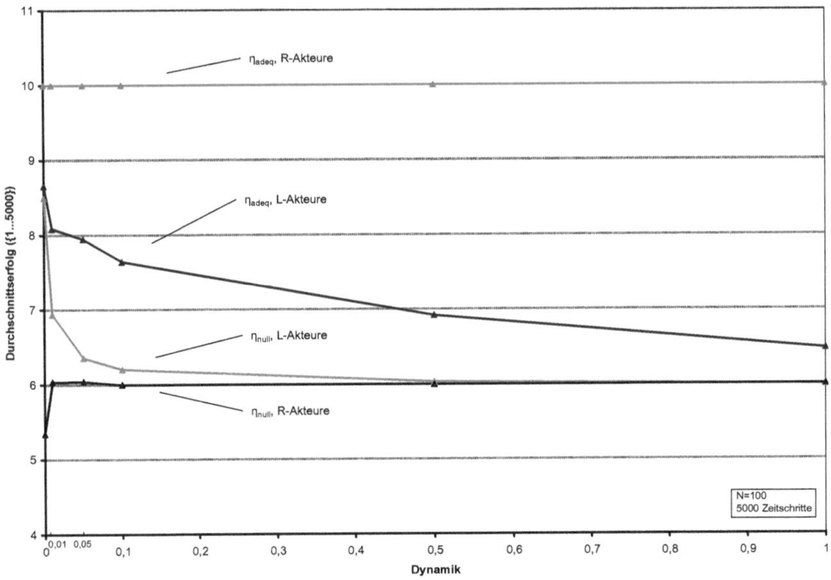

Abbildung 4.4: Experiment 2, Durchschnittlicher Erfolg für R- und L-Akteure mit η_{null} und η_{adeq} bei unterschiedlicher Dynamik

bildung 4.4, dass sich das Modellverhalten lediglich bei einer Dynamik von Null *dem Grunde nach* verändert. In allen anderen Fällen, bei positiver Dynamik wird lediglich eine systematische Verschiebung erkennbar.

Bei den R-Akteuren und η_{adeq} wird stets das Optimum erreicht. Bei η_{null} kommt es jedoch bei einer Dynamik von Null zu Abweichungen vom Erwartungswert, da hier die Verteilung der Umweltzustände bei $N = 100$ noch nicht den Annahmen entspricht.[15] Bereits bei leichter Dynamik von $0,01$ löst sich dieses Phänomen auf, was zu einer deutlichen Annäherung des Erfolgs der

[15] Die Null-Hypothese eines χ^2-Anpassungstests auf Gleichverteilung der Umweltzustände war im Experiment bei einen Konfidenzniveau von $1-\alpha = 0,95$ abzulehnen. Zum verwendeten Test vgl. R Development Core Team (2005, S. 840 ff.).

Akteure an den theoretisch erwarteten Wert führt. Es kann daher festgestellt werden, dass sich die R-Akteure bei positiver Dynamik modellgemäß verhalten und dann auch nicht durch die Stärke der Dynamik beeinflusst werden. Ursächlich dafür ist, dass ihre Entscheidungen nicht von einem zuvor erarbeiteten internen Modell abhängig sind.
Die L-Akteure müssen zunächst die ‚richtigen' Regeln herausbilden und durch Verstärkung stabilisieren. Dies gelingt besser, wenn längere Phasen stabiler Umweltzustände vorkommen. Obwohl ein lernender Akteur bei höherer Dynamik tendenziell schneller mit dem gesamten Spektrum der Umweltzustände konfrontiert wird, sinken daher Lerntempo und im Versuchsverlauf erzieltes Lernniveau, wie Abbildungen 4.5 und 4.6 veranschaulichen. Die Gesamtergebnisse der lernenden Akteure bleiben dabei in allen Fällen normalverteilt.[16] In den Abbildungen 4.4, 4.5 und 4.6 ist auch erkennbar, was bei einer Dynamik von Null bei lernenden Akteuren geschieht: Mit einer Umwelt konfrontiert, die ihren Zustand nicht ändert können die L-Akteure die verfügbare Information *ignorieren* und unabhängig von ihr rein durch konzeptionelle Nutzung ihres Feedbacks die optimale Aktion erlernen,[17] d.h. adaptiv handeln, während die R-Akteure statisch (aufgrund ihres ex ante fixierten Entscheidungsmodells) reagieren.
Zur Untersuchung von Fragen der Versorgung mit Situationsinformation ist der Fall $dyn = 0$ daher *nicht geeignet*. In den Experimenten wird grundsätzlich eine positive Dynamik angenommen; um Lerneffekte deutlich zeigen zu können, wird der Dynamik-Parameter jedoch bei Wert $0,05$ (d.h. einer durchschnittlichen Zykluslänge von $22,5$ Zeitschritten) belassen.[18]

Informationswert

Bereits in den Abschnitten 2.1.2 und 3.2.2 wurde – für den Fall einer linearen Nutzenfunktion – der pragmatische Informationswert einer Informationsstruktur als *ex ante* Differenz ihres Entscheidungswertes zum Entscheidungswert einer Situation ohne Information (hier η_{null}) eingeführt. Für lernende Akteure ist eine derartige ex ante-Ermittlung hier nicht möglich, da ihr Lernverhalten unbekannt ist – dieses bildet den eigentlichen Gegenstand der Simulation. Es ist jedoch möglich, in Anlehnung an den Informationswert MARSCHAK/RADNERS einen *ex post*-Informationswert zu ermitteln, der anstelle der ex ante-Entscheidungswerte die im Experiment erzielten durchschnittlichen Nutzenwerte verwendet. Dabei kann für jeden einzelnen Zeitschritt

---

[15] Um die Übersichtlichkeit des Diagramms zu wahren, werden hier sowie in Abb. 4.6 nur gleitende Durchschnitte dargestellt.

[16] Für alle untersuchten Werte von dyn ergab ein Shapiro-Wilk-Test auf Normalverteilung ein $W \geq 0,9587417$ (Minimum bei $dyn = 0$).

[17] Besonders deutlich ist dies am Verlauf der Kurve 0 in Abb. 4.6 zu erkennen.

[18] Siehe auch Fn. 8.

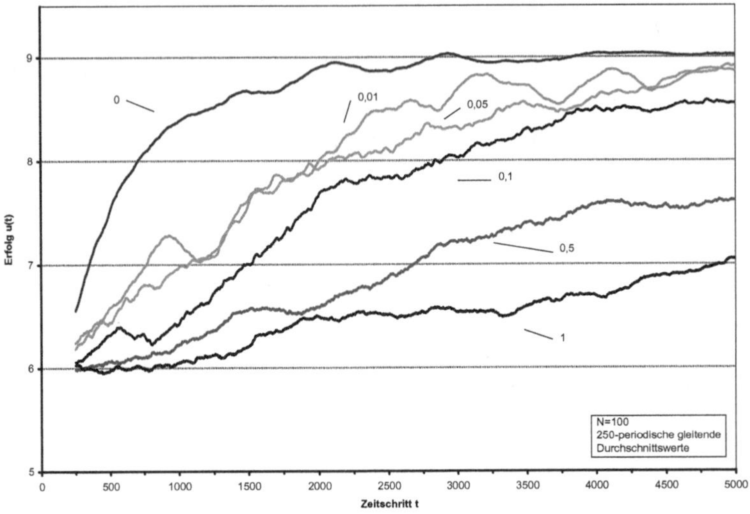

Abbildung 4.5: Experiment 2, Entwicklung des Erfolgs für L-Akteure mit η_{adeq} bei unterschiedlicher Dynamik

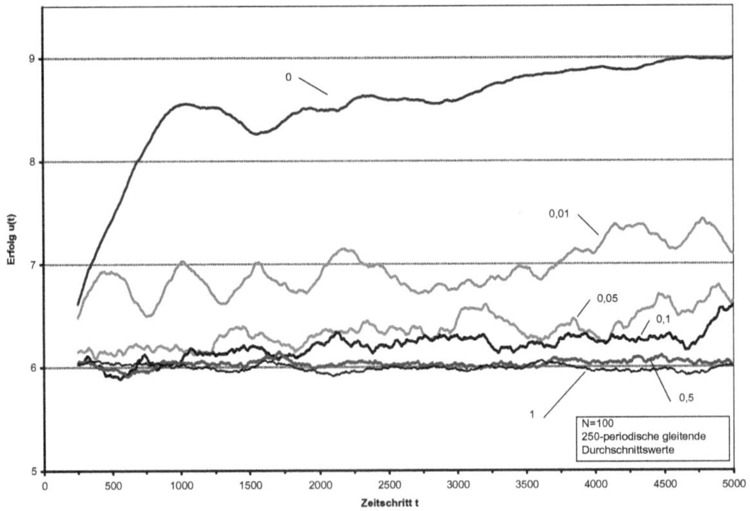

Abbildung 4.6: Experiment 2, Entwicklung des Erfolgs für L-Akteure mit η_{null} bei unterschiedlicher Dynamik

ein Informationswert $V_{eta}(t)$ als Differenz des mit der betrachteten Informationsstruktur erzielten Nutzenwertes und des mit der Nullinformation erzielten Wertes gebildet werden.[19] Da die Situation ohne Information hier durch η_{null} repräsentiert wird, lässt sich die Gleichung 3.17 auch wie folgt darstellen:

$$V(\eta) = \max_{\alpha} E\{\upsilon(\rho(x, \alpha(\eta(x))))\} - \max_{\alpha_{null}} E\{\upsilon(\rho(x, \alpha_{null}(\eta_{null}(x))))\} \quad (4.10)$$

Aufgrund der Maximierung werden α und α_{null} zu optimalen Entscheidungsfunktionen, ‚best decision functions' $\widehat{\alpha}$ und $\widehat{\alpha}_{null}$. Wird im Experiment nun eine Vielzahl von einzelnen Entscheidungen simuliert, lässt sich für einen simulierten rationalen Akteur in Anlehnung an obige Gleichung ein ex post Informationswert V' bezogen auf einen konkreten Zustand x zu einem Zeitpunkt t bilden:

$$V'(\eta,t) = \upsilon(\rho(x(t), \widehat{\alpha}(\eta(x(t))))) - \upsilon\left(\rho\left(x(t), \widehat{\alpha_{null}}(\eta_{null}(x(t)))\right)\right) \quad (4.11)$$

Über einen Zeitraum bzw. eine Menge von Zeitpunkten T ist dies:

$$V'(\eta,T) = \frac{\sum_{t \in T} V'(\eta,t)}{|T|} \quad (4.12)$$

Stimmen die für die Erwartungswert-Bildung angenommene und die in T tatsächlich vorgefundene Verteilung von x überein, so müssen der ex ante- und der ex post- Informationswert für entscheidungstheoretisch-rationale Akteure gleich sein.

Analog zu diesem ex post Informationswert für rationale Akteure lässt sich nun auch ein Informationswert für lernende Akteure bilden. Dabei wird die Annahme optimaler Entscheidungsfunktionen aufgehoben, $\widehat{\alpha}$ und $\widehat{\alpha}_{null}$ werden durch die erlernten, zeitabhängigen Entscheidungsfunktionen $\tilde{\alpha}(t)$ und $\tilde{\alpha}_{null}(t)$ ersetzt:

$$V_L'(\eta,t) = \upsilon(\rho(x(t), \widetilde{\alpha}(t, \eta(x(t))))) - \upsilon\left(\rho\left(x(t), \widetilde{\alpha_{null}}(t, \eta_{null}(x(t)))\right)\right) \quad (4.13)$$

$$V_L'(\eta,T) = \frac{\sum_{t \in T} V_L'(\eta,t)}{|T|} \quad (4.14)$$

Für alle simulierten Akteure, sowohl für R-, als auch für die L-Akteure lässt sich der ex post Informationswert im Experiment als Durchschnittwert der Differenzen des mit einer Informationsstruktur η erzielten Erfolges zum mit η_{null} erzielten Erfolg abbilden.[20]

---

[19] Voraussetzung für eine Analyse dessen ist jedoch, dass die untersuchte Informationseigenschaft nicht auch für die Nullinformation variiert wird oder dass der Nutzenwert im Fall ohne Information unabhängig von der untersuchten Informationseigenschaft ist.

[20] Da die Entscheidungsfunktionen der rationalen Akteure als optimale Entscheidungsfunktionen konstant über t modelliert sind, ergibt sich für beide Informationswerte in der Berechnung die gleiche Form. Im Folgenden wird daher nicht weiter zwischen V' und V_L' differenziert.

Die Festlegung von T in der Betrachtung lernender Akteure ist mit der zu untersuchenden Fragestellung verknüpft. Soll die Auswirkung einer etablierten Informationsstruktur analysiert werden, kann z.B. ein fortgeschrittener Zeitraum betrachtet werden. Ist eine neu etablierte Informationsstruktur zu analysieren (z.B. die Einführung eines neuen Steuerungskonzeptes im Unternehmen) und soll auch die anfängliche Lernphase mit einbezogen werden, so erscheint es sinnvoll, den Informationswert über einen mit dem ersten Zeitschritt beginnenden Zeitraum aus t Schritten, d.h. über die Elemente der Menge $1...t$, welche die Nutzungsdauer der Informationsstruktur repräsentiert, zu betrachten. Letztere Variante wurde in Abbildung 4.7 gewählt. Auf

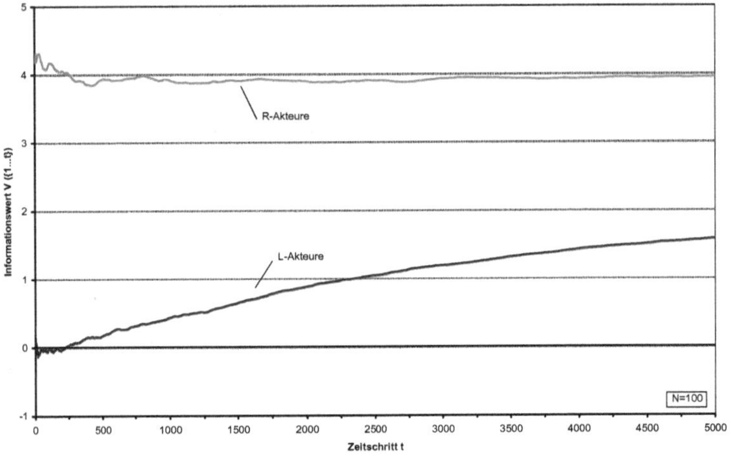

Abbildung 4.7: Experiment 1, Entwicklung des Informationswerts über $\{1...t\}$ für R- und L-Akteure bei η_{adeq}

Basis des Ergebnisverlaufs von Experiment 1 wird der Verlauf des Informationswertes $V'(1...t)$ für η_{adeq} dargestellt.[21] Das Ergebnis ist nicht überraschend: Im Fall der R-Akteure schwankt der Informationswert zunächst um den teamtheoretisch ermittelten Wert von 4 um sich diesem schließlich mit Vergrößerung des betrachteten Zeitraums bei sinkender Schwankung[22] immer weiter zu nähern. Im Fall der L-Akteure beginnt der Informationswert in einer initialen Phase von ca. 200 Schritten im Bereich von Null, da zu Beginn des Lernens aus der verfügbaren Information noch kein merklicher Vorteil gezogen werden kann[23], bevor ein deutlicher Anstieg be-

---

[21] Siehe zum Vergleich auch Abb. 4.3.

[22] Die Varianz sinkt von $s^2 = 0,0073868$ (über $T_{start} = \{1...100\}$) auf $0,0000037$ (über $T_{end} = \{4901...5000\}$).

[23] Siehe hierzu zur Verdeutlichung auch erneut Abb. 4.3.

ginnt. Die Kurve ist dabei nur leicht rechtsgekrümmt, d.h. der Anstieg nimmt mit wachsendem t nur leicht ab und steigt bis zum Ende des simulierten Zeitraumes. Gelänge es den Akteuren bei einer Fortsetzung über den Zeithorizont der Simulation hinaus, das erlernte Niveau zu halten, würde der Informationswert sich schließlich dem Wert der Differenz der bei η_{adeq} und η_{null} erreichten Lernniveaus (ca. $2,2$) asymptotisch nähern.[24]

Die Informationswertbetrachtung der L-Akteure stellt letzlich lediglich eine Transformation der Darstellungsform dar – sie verdeutlicht jedoch, dass sich ein durch Informationsversorgung geschaffener Mehrwert erst im Zeitverlauf auszahlt. Auch wenn es lernenden Akteuren gelingt, nach einiger Zeit annähernd die Entscheidungsqualität rationaler Akteure zu erreichen, muss in einer wirtschaftlichen Betrachtung berücksichtigt werden, dass der Effekt einer neuen Informationsstruktur unter Umständen erst nach einer längeren Lernphase deutlicher hervortritt.

4.3 Variation von Informationsstrukturen

Anhand des gebildeten Szenarios ist es möglich, die in Abschnitt 3.2.3 vorgestellten Aussagen der Teamtheorie zur Wirkung von Eigenschaften der Informationsversorgung einzelner Akteure im Simulationsmodell sowohl mit rationalen als auch mit lernenden Akteuren zu überprüfen. Der in 3.2.3 vorgestellten Struktur folgend, werden in den folgenden Experimenten Informationsstrukturen zunächst mit unterschiedlichen Zerlegungseigenschaften, anschließend mit Fehlern und Verzögerungen untersucht.

4.3.1 Variation von Zerlegungseigenschaften

Eine vorabgenommene Betrachtung der Ergebnisse aus Experiment 1 legt die Vermutung nahe, dass sich die mit dem Feinheitstheorem gegebene Beziehung (die besagt, dass eine feinere Informationsstruktur nicht weniger Wert sein kann als eine weniger feine Struktur) in der Simulation nachbilden und auch auf lernende Akteure übertragen lässt. Die feinere Struktur η_{adeq} ist – im Fall der L-Akteure erst nach einer initialen Phase – mindestens so wertvoll wie die

[24] Auch der resultierende Informationswert über $t = \{1...5000\}$ kann als normalverteilt bezeichnet werden. Ein Shapiro-Wilk-Test auf Normalverteilung ergibt ein $W = 0,9672$. Die Null-Hypothese eines Kolmogorov-Smirnov-Tests auf Normalverteilung mit dem Mittelwert $1,58798$ und $s^2 = 0,29557$ ist bei $1-\alpha = 0,95$ nicht abzulehnen.

gröbere Struktur η_{null}, letztendlich sogar wertvoller. Ob die Aussagen zu Zerlegungsbeziehungen jedoch tatsächlich auch für andere Informationsstrukturen gelten, wird in Experiment 3 geprüft. Dazu werden neben den bereits betrachteten Strukturen η_{adeq} und η_{null} auch η_{full} sowie die noch vorzustellenden Strukturen η_{coarse}und η_{unfit} simuliert, so dass sich eine Reihe unterschiedlicher Beziehungen verschiedenen Typs zwischen den Informationsstrukturen ergibt. Es können dann die von den Akteuren bei den jeweiligen Strukturen im Experiment erzielten Erfolge zueinander in Relation gesetzt und die Relationen sowohl unmittelbar mit der Theorie, als auch zwischen den entscheidungstheoretisch-rational und den lernend modellierten Akteuren verglichen werden. Für ein besseres Verständnis des Verhaltens der L-Akteure wird dann noch ein Einblick in die Entwicklung ihrer Regelbasis genommen.

Relationen zwischen abgebildeten Informationsstrukturen

Den Ausgangspunkt der Beziehungen bildet die im Beispiel bereits genannte Informationsstruktur η_{full}, welche die Menge der Umweltzustände X in einzelne Elemente, für die angenommen wird, dass sie nicht weiter teilbar sind, zerlegt. Sie ist die feinstmögliche Informationsstruktur.

$$\forall x \in X : \eta_{full}(x) = \{x\} \tag{4.15}$$

Alle anderen Informationsstrukturen lassen sich aus ihr durch Zusammenfassen von Teilmengen bilden. Auf der anderen Seite bildet die Null-Information η_{null} die gröbste mögliche Zerlegung:[25]

$$\forall x \in X : \eta_{null}(x) = X \tag{4.16}$$

Die bekannte auszahlungsadäquate Struktur η_{adeq} liegt zwischen beiden Extremen, sie ist feiner als η_{null} und gröber als η_{full}. Als weitere Zerlegung wird η_{coarse} eingeführt. Sie bildet eine im allgemeinsprachlichen Sinn ‚zu grobe‘ Zerlegung:

$$\eta_{coarse} = \{\{x_1 \ldots x_5\}, \{x_6 \ldots x_9\}\} \tag{4.17}$$

So könnte der Akteur im Beispiel vor einer Wanderung seinen Nachbarn fragen, der ihm jedoch lediglich sagen kann ob das Wetter

— freundlich, damit meint er sowohl sonniges, heiteres oder klares Wetter als auch Niesel und Schauer wird oder ob es

— unfreundlich wird, damit meint er Regen, Graupel, Hagel oder Schnee.

---

[25] Vgl. Marschak/Radner (1972, S. 54).

Die Struktur η_{coarse} enthält im Vergleich zur auszahlungsadäquaten Informationsstruktur *Rauschen* (noise). Ein diesbezügliches Extremum bildet schließlich η_{unfit}, die so starkes Rauschen enthält, dass sie für die Entscheidung unbrauchbar wird.

$$\eta_{unfit} = \{\{x_1, x_4, x_7\}, \{x_2, x_5, x_8\}, \{x_3, x_6, x_9\}\} \tag{4.18}$$

Obwohl η_{unfit} als Zerlegung in drei gleichgroße Teilmengen im allgemeinsprachlichen Sinne genauso fein ist wie η_{adeq}, ist die Zerlegung für die Lösung des Entscheidungsproblems ungeeignet. Im beschriebenen Fall könnte dies z.B. ein Wetterbericht sein, der nicht nach dem Niederschlag, sondern nur nach der erwarteten Temperatur[26] unterteilt ist. Im pragmatischen Informationsbegriffs-Verständnis enthält η_{unfit} also genauso wie η_{null} keine Information.

Verhalten der Akteure

Für die R-Akteure zeigen sich in der Simulation zur Theorie passende Ergebnisse. Für η_{adeq} und η_{full} werden konstante Erfolge erzielt, für η_{coarse}, η_{null} und η_{unfit} ergeben sich zufallsbedingte Schwankungen, die insgesamt zu normalverteilten Resultaten führen.[27] In Abbildung 4.8 sind diese bereits zum Informationswert transformiert dargestellt.[28] Dabei ist ingsgesamt erkennbar, dass das Feinheitstheorem eingehalten wird. Es bestätigt sich nicht nur im Vergleich von η_{adeq} und η_{null}, sondern auch in der Beziehung zwischen η_{adeq} und η_{full}.
η_{full} ist feiner als η_{adeq} und führt zu gleichen, also nicht zu geringeren Auszahlungen, η_{full} ist demnach so wertvoll wie η_{adeq}. Das Theorem bestätigt sich auch im Vergleich der Informationsstruktur η_{coarse} mit η_{full}. Im Sinne obiger Definition der Feinheit ist η_{coarse} feiner als η_{null} und nicht so fein wie η_{full}. Der durch die rationalen Akteure erzielte Entscheidungswert liegt entsprechend zwischen dem der beiden anderen Informationsstrukturen. Da η_{null} die gröbste mögliche Struktur ist, müssen zudem alle Strukturen mindestens so wertvoll sein wie η_{null} – auch dies zeigt sich in der Nichtnegativität des Informationswertes aller Strukturen, speziell auch bei η_{unfit}, deren Informationswert gleich dem von η_{null} ist.
Zwischen η_{coarse} und η_{adeq} kann keine Feinheitsrelation gebildet werden. Im direkten Vergleich der Entscheidungswerte zeigt sich aber, dass η_{coarse} dabei unter dem Niveau von η_{adeq} bleibt. Abbildung 4.9 zeigt zum Vergleich die Informationswertkurve im Fall der L-Akteure. Dabei

---

[26] Unter der Annahme, dass Niederschlag und Temperatur unabhängig voneiander sind.

[27] Die Null-Hypothese eines Shapiro-Wilk-Tests auf Normalverteilung ist mit $W \geq 0,9877$ nicht abzulehnen.

[28] Da η_{null} die Basis des Informationswerts darstellt, werden die Schwankungen bei η_{null} und η_{unfit} in den Informationswertkurven nicht direkt erkennbar. Stattdessen zeigen die vor der Transformation konstanten Kurven für η_{full} und η_{adeq} sowie die zuvor nur gering oszillierende Kurve für η_{coarse} zu Anfang einen Ausschlag, der mit zunehmendem Glättungseffekt in den Werten für η_{null} verschwindet.

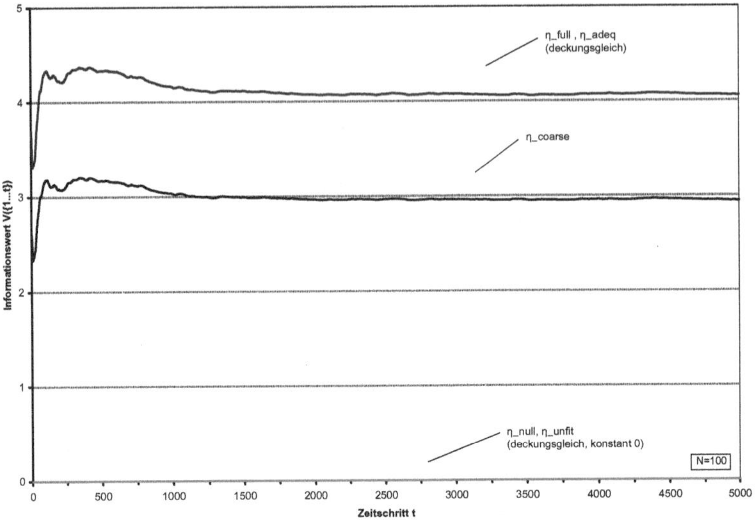

Abbildung 4.8: Experiment 3, Entwicklung des Informationswertes über $\{1 \ldots t\}$ für R-Akteure bei unterschiedlichen Informationsstrukturen

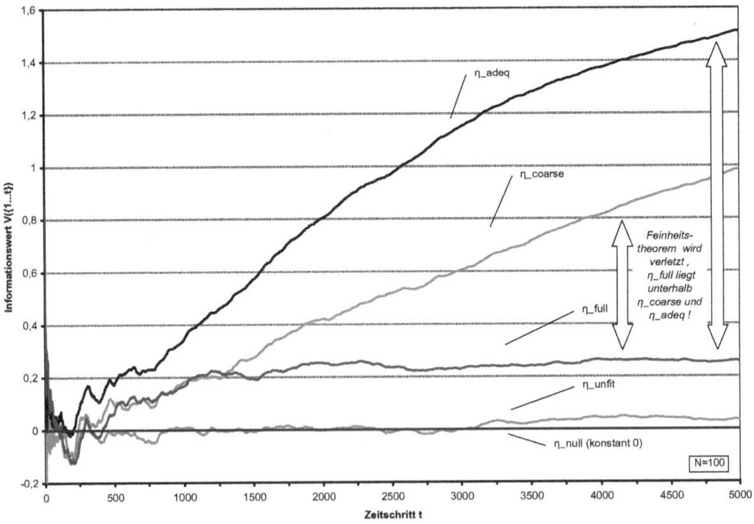

Abbildung 4.9: Experiment 3, Entwicklung des Informationswertes über $\{1 \ldots t\}$ für L-Akteure bei unterschiedlichen Informationsstrukturen

ist zunächst festzustellen, dass auch hier die Informationsstruktur η den Erfolg der jeweiligen Akteure deutlich beeinflusst.[29] Betrachtet man nun die (vor diesem Hintergrund als aussagekräftig anzunehmenden) Relationen zwischen den Informationswerten der verschiedenen Informationsstrukturen η, wird erkennbar, dass die für rationale Akteure beschriebenen Beziehungen nur noch eingeschränkt gelten: In der initialen Lernphase bis ca. $t = 250$ werden die Informationswerte einiger Strukturen negativ – später gilt dies nur noch für η_{unfit}, deren Ergebnis stets (ähnlich wie im rationalem Fall) nahe dem von η_{null} liegt. Besonders auffällig ist der Verlauf des Informationswertes zu η_{full}: Er bewegt sich bereits früh unterhalb von η_{adeq}, zunächst mit η_{coarse}, liegt jedoch langfristig auch darunter. *Damit wird das Feinheitstheorem im Fall lernender Akteure verletzt.* Obwohl es theoretisch möglich ist, auf Basis von η_{full} zu einer Entscheidungsfunktion zu gelangen, die zum optimalen Ergebnis führt, gelingt dies den lernenden Akteuren jedoch deutlich schlechter als im Fall der beiden gröberen Strukturen. Obwohl η_{coarse} nicht ausreicht, um sicher auf den tatsächlichen Umweltzustand zu schließen, wird ein deutlich besseres Ergebnis als bei η_{full} erzielt. Um dies zu erklären, wird im Folgenden das Lernen der Akteure näher betrachtet.

Lernaspekte

Die Methode der Computersimulation ermöglicht die kontrollierte Beobachtung eines Experiments. Im Fall akteursbasierter Modelle umfasst dies eine Besonderheit: Die Introspektion, den Einblick in den laufenden Zustand des Entscheidungsmodells des Akteurs. Es ist möglich, gezielt über die im Modellkontext vorgesehenen externen Handlungen hinaus Daten über interne Zustände der Akteure zu erfassen.

Zur vertieften Betrachtung des Verhaltens der L-Akteure soll daher nun in Abbildung 4.10 die (in Abschnitt 3.2.4(S. 111) als Indikator vorgestellte) Anzahl der je LCS vorkommenden unterschiedlichen Regel-Bedingungen im Zeitverlauf dargestellt werden.[30] Es kann festgestellt werden, dass nicht nur für den Erfolg der L-Akteure, sondern auch für die Anzahl der Regelbedingungen ein deutlich erkennbarer Zusammenhang zur Informationsstruktur besteht.[31] Im feineren Fall η_{full} kommen dauerhaft deutlich mehr unterschiedliche Regelbedingungen im LCS vor

---

[29] Eine einfache Varianzanalyse (R-Funktion ‚aov',vgl. auch R Development Core Team (2005, S. 804 ff.)) zeigt einen signifikanten (Signifikanzniveau (R) ***/0,001) Einfluss von η auf den Informationswert über $\{1...5000\}$.

[30] Die Zahl unterschiedlicher Regelbedingungen wurde aufgrund der benötigten Rechenzeit nur für eine Teilmenge der Simulationsläufe erfasst, daher $N = 40$.

[31] Eine einfache Varianzanalyse (R-Funktion ‚aov') zeigt einen signifikanten (Signifikanzniveau (R) ***/0,001) Einfluss von η auf die Anzahl der Regelbedingungen am Ende der Simulation, d.h. bei $t = 5000$.

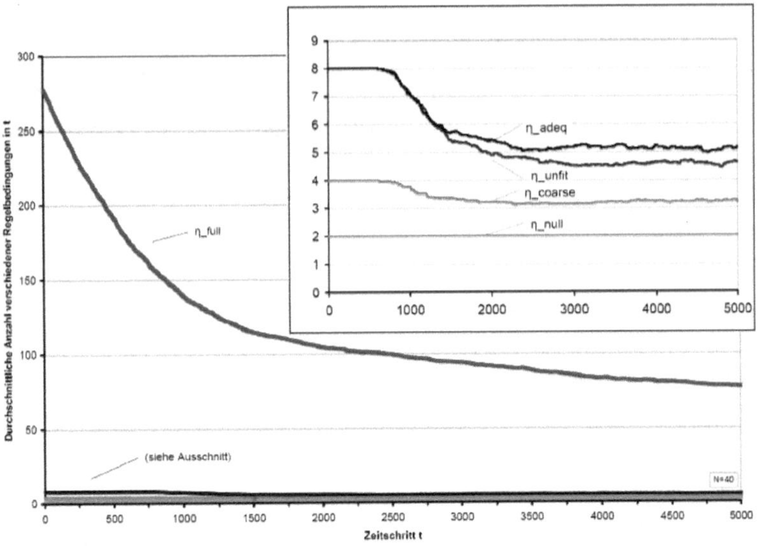

Abbildung 4.10: Experiment 3, Entwicklung der durchschnittlichen Anzahl verschiedener Regelbedingungen bei L-Akteuren mit unterschiedlichen Informationsstrukturen

als bei η_{adeq}. Die Ursache hierzu liegt in der Kombinatorik der möglichen Zustände. Im Fall η_{adeq} werden drei unterschiedliche Signale unterschieden, der Akteur kann somit maximal 8 unterschiedliche Regelbedingungen ausbilden[32] und maximal 5 verschiedene Zerlegungen bilden. Bei η_{full} existieren neun Signale; es ergeben sich 512 mögliche Teilmengen,[33]die als Regelbedingungen verwendet werden können, resultierend in 21147 möglichen Zerlegungen.

Es ist daher für die L-Akteure nicht nur unwahrscheinlicher, problemadäquate Bedingungen im Regelset auszubilden und als geeignet zu identifizieren, sondern auch schwieriger, zu einer über die Menge aller Regeln im Classifier System abgebildeten geeigneten Zerlegung zu gelangen. Ergänzend dazu zeigt der in Abbildung 4.11 dargestellte Verlauf der Mächtigkeit der Bedingungsmengen aktivierter Classifier, dass die L-Akteure bei η_{full} im Lernverlauf zunehmend unspezifischer werdende Regeln[34] wählen, während bei η_{adeq}, η_{coarse} und η_{unfit} tenden-

32 Die Zahl der möglichen Regelbedingungen ist durch die Potenzmenge der Menge der Signale $\mathscr{P}(Y) = 2^{|Y|}$ gegeben, hier $|Y_{adeq}| = 3$, d.h. $2^3 = 8$.

33 $|Y_{full}| = 9$, d.h. $2^9 = 512$.

34 D.h. Regeln, deren Bedingungsmengen mehr Signale umfassen.

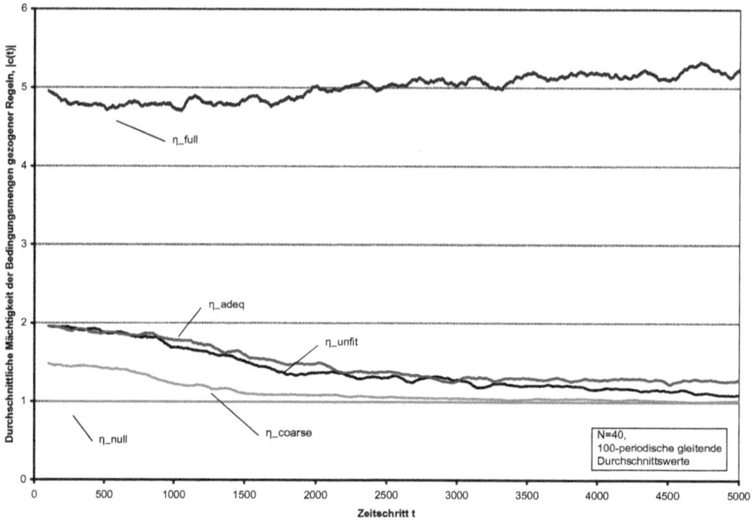

Abbildung 4.11: Experiment 3, Entwicklung der Mächtigkeit der Bedingungsmengen in aktivierten Classifiern bei L-Akteuren mit unterschiedlichen Informationsstrukturen

ziell Regeln mit spezifischeren Bedingungen zum Zuge kommen.[35] [36] Bei η_{full} gelingt es somit nicht, zu einer dem Problem angemessenen Zerlegung der Umweltinformation zu gelangen. Bezogen auf die in 3.2.4 eingeführten Lerndimensionen zeigt sich bei diesem hohen Detail der Information eine deutliche Beeinträchtigung des *Wahrnehmungaspekts* des Lernens.

---

[35] Bei η_{null} ist $|Y| = 1$, daher kann hier stets nur eine Regel mit konstantem c, $|c| = 1$ gewählt werden.

[36] Eine einfache Varianzanalyse (R-Funktion ‚aov') zeigt einen signifikanten (Signifikanzniveau (R) ***/0,001) Einfluss von η auf die Mächtigkeit der Bedingungsmenge der gezogenenen Regel im letzten Zeitschritt der Simulation, d.h. bei $t = 5000$.

4.3.2 Experiment zu Fehlern in einer Informationsstruktur

In den bisherigen Experimenten wurde angenommen, dass die Information, die zur Entscheidungsfindung benutzt wird, zwar unterschiedlich granular und damit mehr oder weniger gut geeignet zur Problemlösung sein kann – ihre Korrektheit wurde jedoch nicht in Frage gestellt. Im Experiment 4 wird nun ein zu einer Verstümmelung[37] führender Fehler in der Informationsstruktur untersucht.

Fehlerhafte Information

Das aus einer Informationsstruktur η' resultierende Signal entspricht mit einer vorgegeben Wahrscheinlichkeit $(1-\varepsilon)$ dem Resultat der originären Informationsstruktur, andernfalls einem zufälligen anderen Signal aus Y, d.h.

$$y' \in Y, \pi\left(\eta'(x) = y' = \eta(x)\right) = 1 - \varepsilon \tag{4.19}$$

Die Informationsstruktur ist bei einem derartigen Fehler maximal verstümmelt, wenn die resultierende bedingte Wahrscheinlichkeit eines Umweltzustandes der originären Wahrscheinlichkeit des Umweltzustandes entspricht, d.h. wenn $p(x|y) = p(x)$. Dies ist im gegebenen Beispiel bei $\varepsilon = 0{,}\bar{6}$ der Fall. Abbildung 4.12 veranschaulicht dies, indem sie den Verlauf der bedingten Wahrscheinlichkeit für einen Zustand x' bei gegebenem Signal sowie den Erwartungswert für eine auf x' oder auf die jeweilige Negation schließende Entscheidung zeigt. Durch die in Abschnitt 4.2.1(S. 132) beschriebene Weise der Auswertung des Signals sollte dies im Verhalten der R-Akteure berücksichtigt werden. Es sollte dazu führen, dass sie solange eine im unverzerrten Fall zu y passende Aktion wählen, bis der Fehler so groß wird, dass der Erwartungswert einer Strategie, die bei Erhalt eines Signals y auf $x \in y$ schließt, nicht mehr größer ist als der Erwartungswert einer Strategie, die nicht auf $x \in y$ sondern auf die Negation $x \notin y$ schließt (und eine dementsprechende Entscheidung vorsieht). Die Informationswert-Kurve folgt demnach einer Funktion der Form

$$V = max\left((1-\varepsilon) * \upsilon(\alpha(y)) + \varepsilon * \frac{\sum\limits_{a' \neq \alpha(y)} \upsilon(a')}{|A|-1} \;;\; \varepsilon * \upsilon(\alpha(X \setminus y))\right) - V(\eta_{null}) \tag{4.20}$$

[37] Zum Begriff der Verstümmelung einer Informationsstruktur siehe erneut Abs. 3.2.3(S. 98).

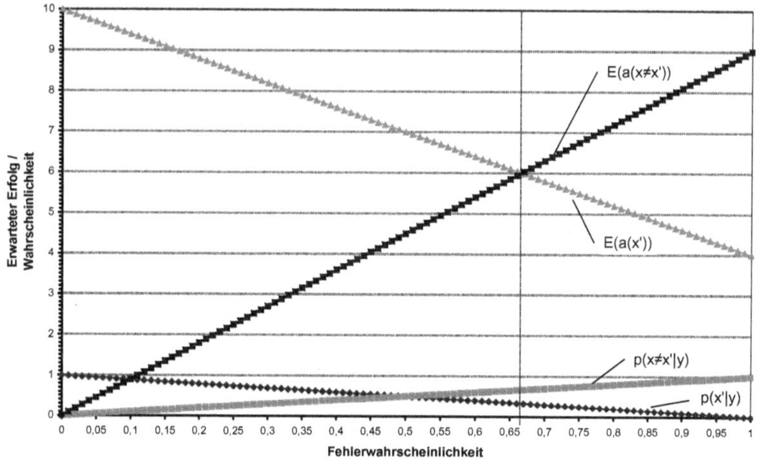

Abbildung 4.12: Veranschaulichung des Entscheidungskalküls bei fehlerhaftem Signal

Bis zur maximalen Verstümmelung sinkt der Informationswert der Informationsstruktur, danach steigt er wieder an. Werden die konkret im Beispiel verwendeten Werte eingesetzt, ergibt sich die Funktion

$$V = max((1-\varepsilon)*10+\varepsilon*4\ ;\ \varepsilon*9)-6(\eta_{null}) \tag{4.21}$$

als für das Experiment erwarteter Verlauf.

Verhalten der Akteure

Das theoretisch erwartete Verhalten zeigt sich auch in der Simulation. Im Experiment wurden dabei umweltparallel[38] R- und L-Akteure mit η_{adeq} sowie mit η_{null} simuliert. Da das Null-Signal per Definition konstant ist, wird es durch die Fehlergröße nicht beeinträchtigt, dementsprechend eignen sich die mit η_{null} erzielten Resultate zur Ableitung eines ex post-Informationswerts. Abbildung 4.13 zeigt einen Querschnitt durch die für entscheidungstheoretisch-rationale Akteure aus der Teamtheorie hergeleiteten Informationswerte, die in Experiment 4 über alle Zeitschritte erzielten Informationswerte bei R- und L-Akteuren über unterschiedliche Fehlerwahrscheinlichkeiten ε mit einer Informationsstruktur $\eta'_{adeq,\varepsilon}$ sowie eine Re-

[38] Zur umweltparallelen Simulation siehe erneut Abs. 4.1 (S. 128).

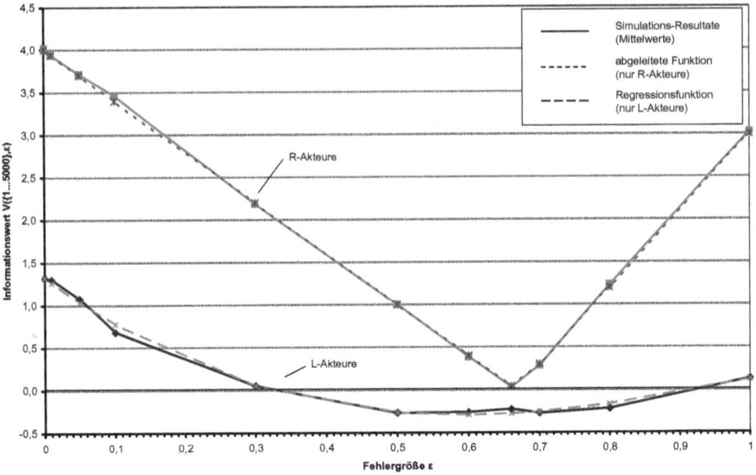

Abbildung 4.13: Experiment 4, Querschnitt der Informationswerte bei unterschiedlichen Fehlerwahrscheinlichkeiten für R- und L-Akteure

gressionsfunktion über die Ergebnisse der L-Akteure. Es ist erkennbar, dass der Informationswert der Struktur η'_{adeq} mit steigendem Fehler absinkt, bis bei $\varepsilon = 0,66$ der tiefste Wert (nahe Null) der Simulation erreicht wird.

Im Falle der lernenden Akteure lassen sich die Simulationsergebnisse erneut, diesmal für alle ε als normalverteilt bezeichnen.[39] Der Querschnitt der Informationswerte für die L-Akteure zeigt ein ähnliches Bild wie im Fall der R-Akteure, im Niveau insgesamt etwas nach unten verschoben. Es fallen jedoch drei Besonderheiten ins Auge:

— Im Bereich des Minimums ergibt sich ein negativer Informationswert.

— Der Informationswert fällt – in Relation zum jeweiligen unverstümmelten Ausgangswert betrachtet – für die L-Akteure schneller ab als für die R-Akteure.

— Der Übergang zur inversen Deutung der empfangenen Signale verläuft bei den L-Akteuren weicher.

Die Kurve der Mittelwerte lässt sich dabei mit einem $R^2 = 0,9957$ durch Regressionsfunktion beschreiben, die unter der (heuristisch generierten) Annahme einer formalen Ähnlichkeit der

39 Ein Shapiro-Wilk-Test auf Normalverteilung ergab für alle ε ein $W \geq 0,97371$ (Minimum bei $\varepsilon = 1$), so dass die Normalverteilungshypothese nicht abzulehnen ist.

Terme zum entscheidungstheoretischen Modell gefunden wurde[40]:

$$\tilde{V}(\varepsilon) = \left((1-\varepsilon)^3 * 2,0612 + \left(\varepsilon^2 * 0,8567\right) - 0,7346\right) \tag{4.22}$$

Es ergibt sich also eine formal der ersten Teilfunktion der Maximierung der Informationswertfunktion ähnliche, jedoch überlinear von ε abhängige Funktion.
Der Satz, dass wenn eine Informationsstruktur η' eine Verstümmelung von η (bezogen auf eine auszahlungsaqäquate Zerlegung Z) ist, η stets mindestens so wertvoll ist wie η', wird im Experiment eingehalten. Die verstümmelten Strukturen sind weniger Wert als die unverstümmelte Struktur, mit stärkerer Verstümmelung sinkt zudem der Informationswert. Ein negativer Informationswert bedeutet, dass der mit Information erzielte Nutzen unter das Niveau, das ohne Information erreicht wurde, sinkt.

Lernaspekte

Eine parallele Betrachtung der Regelbasis der lernenden Akteure hilft, dieses Verhalten zu deuten. Es kann festgestellt werden, dass die Entwicklungen der Wahrnehmungsindikatoren ‚Anzahl Regelbedingungen' nur schwach und ‚Mächtigkeit der Bedingungsmengen' nicht signifikant durch die Fehlerintensität beeinflusst werden.[41] In den Abbildungen 4.14 und 4.15 wird ersichtlich, dass es den L-Akteuren trotz des (mehr oder weniger) fehlerhaften Signals in allen Fällen gelingt, die Zahl der Bedingungen in ihren Regelmengen zu reduzieren, ohne stark unspezifische Regelbedingungen auszubilden. Auch wenn der Fehler so groß ist, dass keine sinnvolle Interpretation mehr möglich ist, wird somit die Wahrnehmung spezifischer Regelbedingungen erlernt. Auf dieser Wahrnehmung aufbauend versuchen die L-Akteure, adäquate Aktionen auszubilden. Im mittleren bis hohen Fehlerbereich ist dies zum Scheitern verurteilt, da einem solchen vermeintlichen Verständnis letztlich die entscheidungstheoretischen Grenzen gesetzt sind. Es ergibt sich dadurch eine Verschlechterung gegenüber der Situation mit konstanter Null-Information, da Verwertung der Eingangssignale die Bildung einfacher Strategien (die keine Information benötigen) behindert. Ähnliche Muster finden sich auch in der Empirie: Versuche, Regelmäßigkeiten in zufälligen Strukturen zu entdecken und der Irrglaube an den Zusammenhang stochastisch unabhängiger Ereignisse sind auch für reale, menschliche Akteure beobachtbar.[42]

---

[40] Die lineare Regression nach der Methode der kleinsten Quadrate (R-Funktion ‚lm', vgl. R Development Core Team (2005, S. 955 ff.)) zeigt dabei eine hohe Signifikanz der gefundenen Koeffizienten, Signifikanzniveau (R) ***/0,001.

[41] Für die Anzahl verschiedener Regelbedingungen ergibt sich bei einer einfachen Varianzanalyse (R-Funktion ‚aov') ein Einfluss nur mit dem Signifikanzniveau (R) */0,05. Für die Mächtigkeit der Bedingungsmengen ist die Erklärung *nicht* signifikant.

[42] Vergleichbare Phänomene sind als Cluster-Illusion und Gambler's Fallacy in der verhaltenswissenschaftlichen/psychologischen Literatur beschrieben; siehe hierzu erneut Abs. 2.2.2.

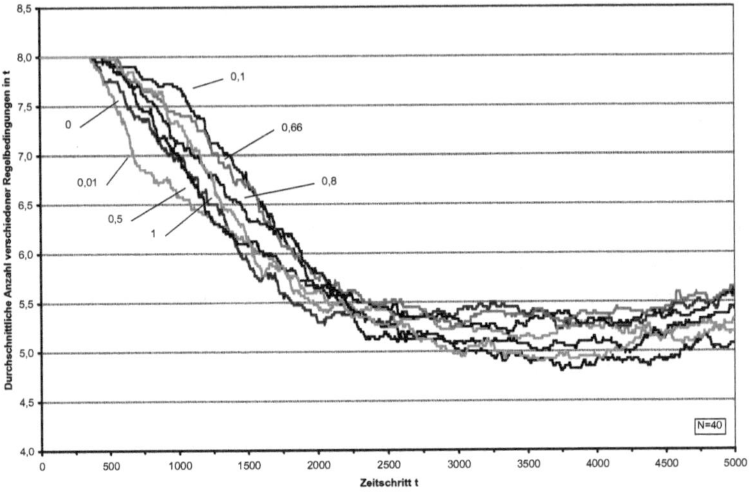

Abbildung 4.14: Experiment 4, Entwicklung der durchschnittlichen Anzahl verschiedener Regelbedingungen für L-Akteure mit auszahlungsadäquaten Informationsstrukturen bei verschiedenen Fehlerwahrscheinlichkeiten

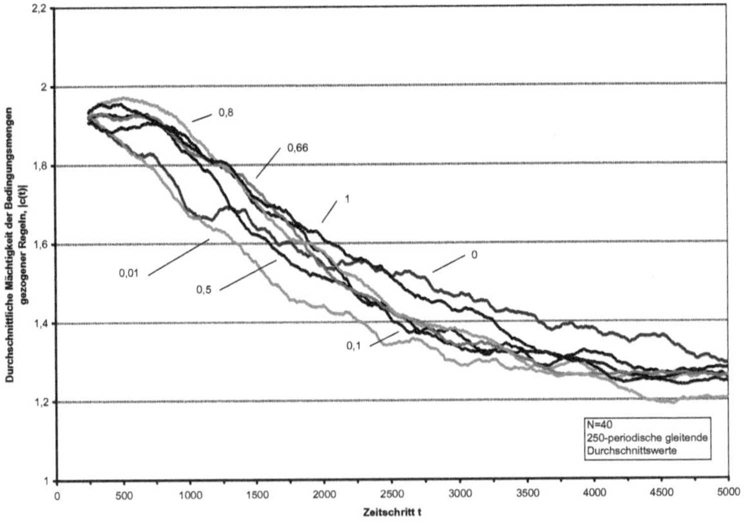

Abbildung 4.15: Experiment 4, Entwicklung der Mächtigkeit der Bedingungsmengen in aktivierten Classifiern bei L-Akteuren mit auszahlungsadäquaten Informationsstrukturen bei verschiedenen Fehlerwahrscheinlichkeiten

Ähnlich wie im Fall rationaler Akteure erfolgt auch bei lernenden Akteuren bei sehr großer Fehlerwahrscheinlichkeit ein Übergang zu einer inversen Deutung der Signale. Der Informationswert steigt auch im Fall der L-Akteure am Ende wieder an. Dies geschieht jedoch nicht so deutlich und direkt wie im Fall der R-Akteure. Während im rationalen Fall jeder auch nur minimale Vorteil kalkuliert wird und einen ‚scharfen' Übergang zu einer besseren Strategie begründet, müssen die lernenden Akteure die Vorteilhaftigkeit einer Strategie im Verlauf des Lernprozesses aus einer Vielzahl von Einzelergebnissen heraus erkennen. Im Bereich eines Übergangs ergibt sich daher eine Unschärfe: Die lernenden Akteure gelangen erst dann in deutlichem Umfang zu besseren Strategien, wenn die Ergebnisse der vorteilhaften Alternativen in hinreichendem *Kontrast* zu schlechteren Alternativen stehen. Hier könnte durch eine stärker akzentuierende Entlohnung wahrscheinlich auch für die L-Akteure ein schärferer Übergang erreicht werden.[43] Bemerkenswert ist zudem der feststellbare überlineare Zusammenhang, der sich in einem deutlich stärkeren relativen Abfallen des Informationswertes bei L-Akteuren im Vergleich zu den R-Akteuren äußert. Neben den durch den Fehler in der Information bereits objektiv geringeren Erfolgsaussichten der Akteure führt der Fehler in der Information zu einer zusätzlichen Beeinträchtigung des Erlernens der gegebenen Situation. Da bereits festgestellt wurde, dass das Wahrnehmungslernen der L-Akteure sich kaum verändert, bleibt im gegebenen Modellkontext des Ein-Akteur-Falls nur eine Interpretation als Beeinträchtigung des *Verständnislernens*. Es gelingt den L-Akteuren bei fehlerhafter Information zwar, adäquate Zerlegungen der Signale auszubilden – sie schaffen es jedoch nicht mit hinreichendem Erfolg, die Zerlegungen mit den richtigen Aktionen zu verknüpfen. Die Akteure lernen nicht, die richtigen Schlüsse aus der verfügbaren Information zu ziehen.

---

[43] Die Wirkung von unterschiedlichen Anreizgestaltungen steht nicht im Fokus dieser Arbeit; hierzu sei auf Heine (2006, insb. S. 169 ff.) verwiesen. Verhaltenswissenschaftlich / psychologisch zum Einfluss von Kontrasten siehe auch z.B. Shafir et al. (1993).

4.3.3 Experiment zu verzögerter Information

Information verfügt – wie in Abschnitt 3.2.3 einführend dargestellt – neben den durch Zerlegung und Fehlerhaftigkeit beschriebenen inhaltlich-qualitativen Charakteristika auch über eine zeitliche Qualität. Reale Informationsverarbeitungsprozesse benötigen Zeit. Information ist in der Praxis stets einer – mehr oder weniger großen – Verzögerung ausgesetzt. In Experiment 5 kann nun auch die Wirkung verzögerter Information auf lernende Akteure simuliert und mit dem Fall rationaler Akteure verglichen werden.

Einfache Verzögerung

Der typischste Fall von Verzögerung ist die Annahme einer Signallaufzeit, die, wenn sie konstant ist, im von MARSCHAK/RADNER beschriebenen Modell einer einfachen Verzögerung abgebildet werden kann (Abschnitt 3.2.3, Formel 3.20.). Die Wirkung der einfachen Verzögerung wurde für den Fall rationaler Akteure auf die Wirkung einer verstümmelten Informationsstruktur zurückgeführt. Dabei wurde die Kernaussage getroffen, dass der Informationswert einer Informationsstruktur mit steigendem τ nicht steigen kann.
Im gegebenen Fall gilt, dass die Wahrscheinlichkeit, dass ein Zustand x vorliegt, bei einem gegebenen Signal y mit $x \in y$ auch bei langer Verzögerung höher ist, als ohne dieses Signal, d.h.

$$p(x|y) = \frac{\left(\frac{|y|}{|X|} + F_{binom}(0;\tau;dyn) * (1 - \frac{|y|}{|X|})\right)}{|y|} > p(x) = \frac{1}{|X|} \quad (4.23)$$

Daher ist die Strategie, auch bei langer Verzögerung die Information zu nutzen und so zu handeln, als sei keine Verzögerung vorhanden, rational. Es ergibt sich eine abgeleitete Informationswertkurve für entscheidungstheoretisch-rationale Akteure, die einem durch eine skalierte Binomialverteilungsfunktion von $n = \tau$ bestimmten Verlauf folgt:

$$V(\tau, dyn) = F_{binom}(0;\tau;dyn) * \upsilon(\alpha(y)) + (1 - F_{binom}(0;\tau;dyn)) * \upsilon(\alpha(X)) - V(\eta_{null}) \quad (4.24)$$

bzw. da $\upsilon(\alpha(X)) = V(\eta_{null})$

$$V(\tau, dyn) = F_{binom}(0;\tau;dyn) * (\upsilon(\alpha(y)) - \upsilon(\alpha(X))) \quad (4.25)$$

Die Differenz der Nutzenwerte einer optimal angepassten und einer ohne Information gewählten Entscheidung bildet den Koeffizienten der Binomialverteilungsfuntion – im konkreten Fall ergibt sich:

$$V(\tau, dyn) = 4 * F_{binom}(0;\tau;dyn) \quad (4.26)$$

Verhalten der Akteure

Den Ausgangspunkt des Experimentes bildet auch hier die auszahlungsadäquate Informationsstruktur η_{adeq} ohne Verzögerung, in weiteren Läufen wird τ auf Verzögerungswerte unterschiedlicher Größenordnungen gesetzt. Zur Referenz werden umweltparallel R- und L-Akteure mit der Null-Information η_{null} simuliert.[44] In Abbildung 4.16 wird der Informationswert über 5000 Zeitschritte für die simulierten τ für R- und L-Akteure dargestellt. Dabei zeigt sich ein

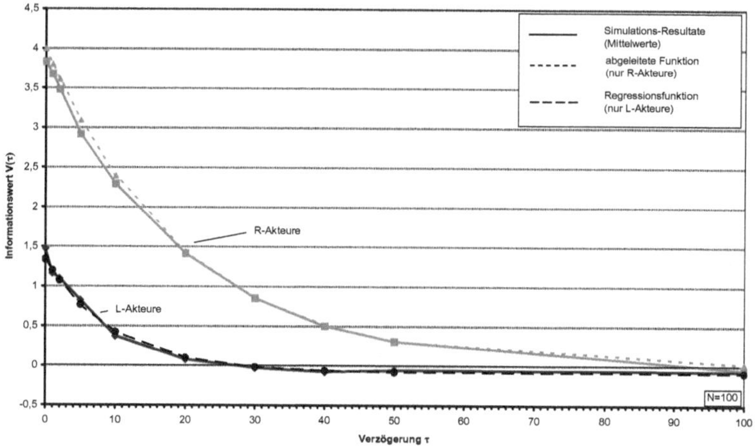

Abbildung 4.16: Experiment 5, Querschnitt der bei unterschiedlichen Informationsverzögerungen erzielten Informationswerte für R- und L-Akteure

durchaus ähnlicher Verlauf beider Kurven. Sowohl die R-Akteure als auch die L-Akteure beginnen im unverzögerten Fall mit einem Informationswert nahe dem fehlerfreien Wert aus Experiment 4, ihr Ergebnis sinkt bei hoher Verzögerung zu einem Informationswert nahe Null. Die Grundaussage, dass der Informationswert mit größerem τ nicht steigen kann, lässt sich weder für R- noch für L-Akteure falsifizieren.

Das Verhalten der entscheidungstheoretisch-rational modellierten R-Akteure trifft die Erwartung. Die in der Simulation erzielten Mittelwerte werden mit einem hohen Bestimmtheitsmaß von $R^2 = 0,9994$ durch die abgeleitete Funktion beschrieben.

Die Informationswertkurve der lernenden L-Akteure liegt unterhalb der Kurve der R-Akteure und zeigt einen ähnlichen Verlauf. Wie im Fall fehlerhafter Information wurde auch hier unter

[44] Das Null-Signal ist per Definition konstant. Eine (technische) Verzögerung dieses Signals in der Simulation hat daher weiterhin das konstante Null-Signal zur Folge.

der heuristischen Annahme eines äußerlich verwandten, jedoch nichtlinearen Zusammenhangs eine Regressionsfunktion ermittelt. Die Funktion

$$\tilde{V}(\tau, dyn) = a + F_{binom}(0;\tau;dyn)^2 * b \tag{4.27}$$

beschreibt dabei für $a = -0,080505$ und $b = 1,4225$ die in der Simulation erzielte Mittelwertkurve mit einem $R^2 = 0,9944$.[45] Dabei entspricht b zudem in etwa der Bandbreite des Informationswertes als Differenz zwischen höchstem und niedrigstem erzielten Wert, so dass hierin eine Parallele zum Fall entscheidungstheoretisch-rationaler Akteure zu erkennen ist. Insgesamt geht jedoch auch hier – ähnlich wie im Fall fehlerhafter Information – die Wirkung der Verzögerung auf den Erfolg der L-Akteure über die objektiv entscheidungstheoretische Einschränkung des zu erwartenden Erfolgs hinaus.

Lernaspekte

Zur Deutung des Verhaltens der L-Akteure kann auch hier die Betrachtung der Zahl der Regelbedingungen sowie der Mächtigkeit der Bedingungsmengen herangezogen werden, deren Verläufe in den Abbildungen 4.17 und 4.18 dargestellt sind. Anders als im Falle fehlerhafter Information zeigt sich hier ein signifikanter Einfluss der Verzögerung auf beide Messgrößen.[46] Mit einer stärkeren Verzögerung sinkt (tendenziell) auch die Zahl der in der späteren Experimentphase vorhandenen Regelbedingungen. Gleichzeitig sinkt auch die Mächtigkeit der Bedingungsmengen. Der Fall ist daher anders gelagert als bei fehlerhafter Information: Offenkundig wird die Entwicklung der Wahrnehmungsfähigkeit der L-Akteure durch die Verzögerung beeinträchtigt.

4.4 Vernetzung eines echten Teams

Im Unternehmenskontext operieren Akteure selten isoliert, sondern sind zumeist in ein Netzwerk von Kommunikation und Interaktion eingebunden. Kommt es in der Praxis zu suboptimalen Ergebnissen, weil Akteure von den erwarteten Handlungsweisen abweichen, werden

---

[45] Die mit Hilfe der Methode der kleinsten Quadrate (R-Funktion ‚lm') ermittelte Regressionsfunktion hat dabei in Bezug auf die individuellen Resultate der Simulation ein multiples $R^2 = 0,0599$. Die ermittelten Koeffizienten sind dabei als höchst signifikant (Signifkanzniveau (R) ***/0,001) zu bezeichnen.

[46] Eine einfache Varianzanalyse (R-Funktion ‚aov') zeigt einen signifikanten Einfluss von D sowohl auf die Anzahl verschiedener Regelbedingungen (Signifikanzniveau (R) ***/0,001) als auch auf die Mächtigkeit der Bedingungsmengen (Signifikanzniveau (R) **/0,01) am Ende der Simulation, d.h. bei $t = 5000$.

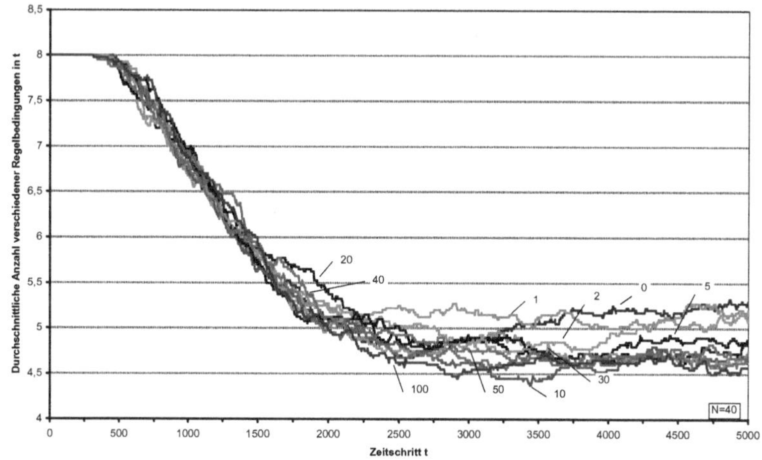

Abbildung 4.17: Experiment 5, Entwicklung der durchschnittlichen Anzahl verschiedener Regelbedingungen für L-Akteure bei auszahlungsadäquaten Informationsstrukturen mit unterschiedlicher Verzögerung

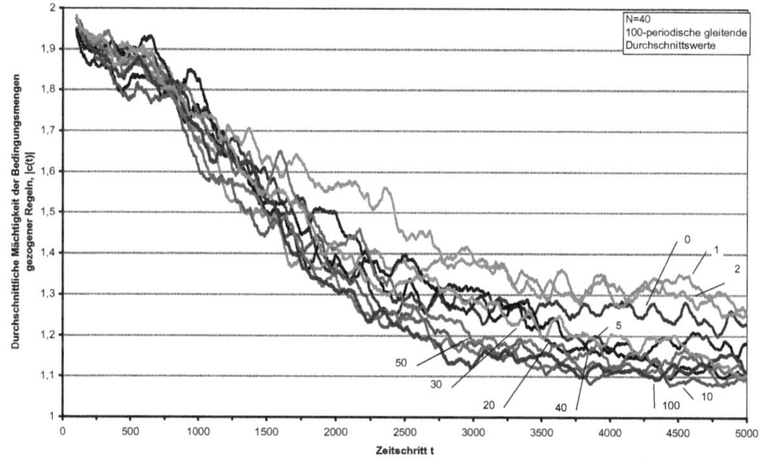

Abbildung 4.18: Experiment 5, Entwicklung der Mächtigkeit der Bedingungsmengen in aktivierten Classifiern bei auszahlungsadäquaten Informationsstrukturen mit unterschiedlicher Verzögerung

(wie in Abschnitt 2.2.3 erläutert) in Analyseschemata, die am Rationalmodell verhaftet sind, häufig Interessenkonflikte in der Interaktion als Ursache der Dysfunktionalität vermutet. Durch die bewusste Abblendung derartiger Anreizprobleme im teamtheoretischen Setup (siehe erneut Abschnitt 2.2.4) bietet sich dagegen eine Möglichkeit, auch andere mögliche Ursachen zu untersuchen; in dieser Arbeit ist dies die Annahme des Lernens. Da sich – anders als im Falle des isolierten Akteurs – für echte Team-Situationen kaum satzartig-formale Aussagen über die Wirkung von Informationsstrukturen in Interaktionsbeziehungen bilden lassen, ohne die Situation extrem einzuschränken, lassen sich hier jedoch nicht einzelne theoretische Sätze überprüfen. Es kann aber anhand eines weiteren exemplarischen Szenarios untersucht werden, inwiefern sich in der Simulation für lernende Akteure ein gegenüber der Anwendung des von MARSCHAK/RADNER zur Bewertung von Informationsstrukturen entwickelten Instrumentariums zur Analyse rationaler Akteure abweichendes Ergebnis zeigt. Ein solches, auf MARSCHAK/RADNER zurückgehendes Szenario wird im Folgenden präsentiert und seine Abbildung im Simulationsmodell erörtert. Dann werden die Ergebnisse der Simulation dieses Szenarios dargestellt und diskutiert, bevor zum Abschluss noch eine Erweiterung um die Parameter Fehler und Verzögerung vorgenommen wird.

4.4.1 Aufbau des Szenarios

Zur Analyse interaktiver Situationen bedient sich diese Arbeit nun eines spezifischen Falles, der in der Literatur als Beispiel zur Veranschaulichung des teamtheoretischen Schemas Prominenz erlangt hat und sich eignet, die aus der Annahme *lernender* Akteure resultierende Veränderung der ableitbaren Muster darzustellen. Dieses Szenario wird im Folgenden zunächst beschrieben. Zur Abbildung rationalen Verhaltens werden dann die für die verschiedenen Informationsstrukturen besten Entscheidungsfunktionen diskutiert, ehe die Abbildung im Simulationsprogramm erläutert wird.

Das Szenario ‚Werftbeispiel'

Um die mit der Fragestellung der Gestaltung der Informationsversorgung von Akteuren verbundenen Koordinationsprobleme zu illustrieren, wählen MARSCHAK/RADNER das als ‚Werftbeispiel' bekannt gewordene Szenario. Im Werftbeispiel werden verschiedene Informationsstrukturen für ein Team aus zwei Akteuren bezüglich der jeweils bestimmbaren besten Entscheidungsfunktion analysiert und anhand der daraus resultierenden Brutto- und Netto-Informationswerte verglichen.[47] Da der Aufbau des Beispiels bewusst die relevanten Grundtypen der Kommunikation in einem einfachen Netzwerk abdeckt, eignet es sich darüber hinaus auch, um – erweitert um die Annahme lernender Akteure – lernbedingt vom entscheidungstheoretischen Rationalmodell abweichendes Verhaltens herauszustellen.

Gegenstand des Werftbeispiels ist ein Schiffsbau-Unternehmen, das auf zwei Teilmärkten (‚Ost' und ‚West') tätig ist. Auf jedem dieser Teilmärkte wird das Unternehmen durch einen Akteur vertreten, der als Verkaufsagent über eine Auftragsannahme entscheiden muss. In jedem Teilmarkt ist jeweils ein hoher oder ein niedriger Marktpreis möglich. Der mittlere Marktpreis auf beiden Teilmärkten ist 30, die Marktpreise schwanken im Osten (Mittelwert $+/-9$) stärker als im Westen (Mittelwert $+/-1$). Die Marktzustände der Teilmärkte sind stochastisch voneinander abhängig, zwischen den Preisen auf beiden Teilmärkten besteht eine Korrelation mit einem Korrelationskoeffizienten von $r = 0,6$.[48] Aus der gemeinsamen Verteilung der die beiden Märkte charakterisierenden zweiwertigen Zufallsvariablen ergeben sich vier mögliche Umweltzustände mit einer gemeinsamen Wahrscheinlichkeitsverteilung, wie sie in Tabelle 4.3 dargestellt ist. Das Unternehmen verfügt über zwei verschiedene Werften, die aufgrund unter-

$x_{w,o}/\pi$		Marktpreis Ost	
		hoch / 39	niedrig / 21
Marktpreis	hoch / 31	$x_{1;1}$ / 0,4	$x_{0;1}$ / 0,1
West	niedrig / 29	$x_{1;0}$ /0,1	$x_{0;0}$ /0,4

Tabelle 4.3: Umweltzustände und Wahrscheinlichkeiten im Werftbeispiel[49]

schiedlicher Eignung zu verschiedenen Konditionen produzieren können. Die Kosten einer Fertigung in der günstigeren Werft sind mit 20 gegeben, für eine Fertigung in der teureren Werft werden Mehrkosten in Höhe von 15 kalkuliert. Wird durch die Verkaufsagenten nur ein Auftrag angenommen, so kann dieser in der günstigeren Werft ausgeführt werden, werden zwei Aufträge angenommen, so muss in beiden Werften produziert werden. Die Kosten pro Schiff betragen daher 20 bei einem, jedoch 32,5 bei zwei angenommenen Aufträgen. Entsprechend ergeben sich – abhängig vom Umweltzustand und den Aktionen der Handelsvertreter West und Ost – aus den in den Teilmärkten erzielten Erlösen abzüglich der Kosten für ein bzw. zwei Schiffe die in Tabelle 4.4 angegebene Erfolge. Gewichtet man die möglichen Ergeb-

[47] Vgl. zur Darstellung des Beispiels Marschak/Radner (1972, S. 132 ff.), sowie weitere Darstellungen in der deutschsprachigen Literatur u.a. bei Frese (1991, S. 264) und Baetge (1977, S. 556 ff.). Originär geht das Werftbeispiel zurück auf Marschak (1959).

[48] Vgl. zu den Zahlen im Beispiel Marschak/Radner (1972, S. 133), sowie zu den Eigenschaften der Verteilung Marschak/Radner (1972, S. 97).

[49] Eigene Erstellung, in Anlehnung an Marschak/Radner (1972, S. 133).

Markt		Ost	hoch/39		niedrig/21	
	Aktion		akzeptieren	ablehnen	akzeptieren	ablehnen
West		Erlös	39	0	21	0
hoch/31			$x_{1;1}$		$x_{1;0}$	
	akzeptieren	31	15	11	-3	11
	ablehnen	0	19	0	1	0
niedrig/29			$x_{0;1}$		$x_{0;0}$	
	akzeptieren	29	13	9	-5	9
	ablehnen	0	19	0	1	0

Tabelle 4.4: Resultate je Umweltzustand und Aktion im Werftbeispiel[50]

nisse mit den für die Umweltzustände gegeben Wahrscheinlichkeiten, ergibt sich für die Team-Auszahlungsfunktion bei unkoordinierter, zufälliger Kombination von Aktionen der Akteure ein Erwartungswert von $E(\upsilon) = 6,25$. Es existieren jedoch Strategien, die für verschiedene gegebene (Team-) Informationsstrukturen (Team-) Handlungsregeln definieren, welche die Aktionen der Akteure koordinieren und bei Befolgen so zu höheren erwarteten Auszahlungen führen. Im Beispiel von MARSCHAK/RADNER geht es nun darum, die jeweils besten Strategien bzw. Entscheidungsfunktionen für verschiedene Informationsstrukturen zu bestimmen. Dazu wird zur Eingrenzung des Beispiels angenommen, dass Information über einen der Teilmärkte immer über den lokalen Verkaufsagenten aufgenommen werden muss.[51] Ein Akteur kann demnach entweder

— seinen Teilmarkt nicht wahrnehmen,

— seinen Teilmarkt wahrnehmen oder

— seinen Teilmarkt wahrnehmen und den Zustand an den anderen Agenten kommunizieren

und im Ergebnis somit keinen Markt, seinen lokalen Markt, den Markt des anderen Verkaufsagenten (wenn dieser seinen Markt beobachtet und das Ergebnis kommuniziert) oder beide Märkte (wenn beide Akteure ihren Markt beobachten und das Ergebnis kommunizieren) kennen. Damit ergeben sich drei Feinheits-Abstufungen für den Akteur: Keine Information, zweimal eine grobe Zerlegung in zwei Zustände und eine feine Zerlegung mit vollständigem Detail. Werden die Varianten, dass nur ein einzelner Akteur seinen Markt beobachtet und nicht kommuniziert (dieser Fall lässt sich rational betrachtet auf den Fall eines einzelnen Akteurs

---

50 Eigene Erstellung.

51 Marschak/Radner (1972, S. 130) nennen dies „Co-Specialisation of Action and Observation".

zurückführen, da der Akteur ohne Information stets konstant handeln müsste), sowie, dass ein Akteur seinen lokalen Markt beobachtet, diese Information bei Kommunikation mit dem anderen Akteur jedoch nicht weitergibt (unidirektionale Kommunikation), ausgeschlossen, verbleiben für das Team fünf Informationsstrukturen, die MARSCHAK/RADNER analysieren[52]:

„Routine“: η_R, beide Akteure können ihren Teilmarkt nicht beobachten.

„Centralized complete information“: η_{CC}, die Akteure beobachten jeweils ihren Teilmarkt und kommunizieren miteinander, so dass beide Akteure die Zustände beider Teilmärkte kennen.

„Centralized incomplete information“: Einer der Akteure kann seinen Markt beobachten und dies dem anderen Akteur kommunizieren. Es können dann entweder

— bei η_{CW} beide Akteure den Zustand auf Markt West oder

— bei η_{CE} beide Akteure den Zustand auf Markt Ost

kennen.

„Decentralized incomplete information“: η_D, beide Akteure können ihren jeweiligen lokalen Markt beobachten, es findet jedoch kein Informationsaustausch zwischen den Akteuren statt. Jeder der Akteure kennt also nur seinen lokalen Markt.

Für jede der Informationsstrukturen wird bei MARSCHAK/RADNER die beste Entscheidungsfunktion und der resultierende Informationswert ermittelt.

Beste Entscheidungsfunktionen im Werftbeispiel

Da die Optimierung für zwei interdependent agierende Akteure simultan erfolgen muss, wird bei MARSCHAK/RADNER zur Ermittlung der ‚best decision functions‘ zunächst der *allgemeine* Ansatz gewählt, *alle* möglichen Team-Entscheidungen miteinander zu vergleichen.[53] Wird dabei die Entscheidungsfunktion eines jeden Akteurs durch seine individuelle Regelmenge D repräsentiert, so ist die beste Entscheidungsfunktion des Teams für eine gegeben Informationsstruktur eine Kombination $(\widehat{D_{A1}, D_{A2}})$ von Regelmengen, die jedem Akteur vorschreibt, welche

[52] Um begriffliche Abgrenzungsprobleme zu vermeiden, wurden die Bezeichnungen im Beispiel nicht ins Deutsche übertragen.

[53] Vgl. Marschak/Radner (1972, S. 134 ff.). Für spezielle Konstellationen lässt sich dieses Verfahren durch die Anwendung von Dominanzregeln analytisch vereinfachen, vgl. Marschak/Radner (1972, S. 138 ff., S. 155 ff.).

Aktion er bei welcher ihm vorliegenden Information vornehmen soll. Zur Optimierung ist dann für alle Kombinationen $(\widehat{D_{A1}, D_{A2}})$ ein Erwartungswert zu bilden und die Kombination mit dem maximalen Erwartungswert auszuwählen. Im Werftbeispiel ergibt sich aus der für die konkreten Fälle vorgenommenen Optimierung je Informationsstruktur der in Tabelle 4.5 aufgeführte Entscheidungswert und ihr in Bezug auf die Routine-Struktur ermittelter (ex ante) Informationswert.

Aufgrund der gegebenen Kosten- und Erlösstruktur ist es in allen Fällen günstig, nur *einen*

η	Informationsstruktur	Erwartungswert	Informationswert
η_R	Routine	10	0
η_{CC}	Centralized complete	14,2	4,2
η_{CW}	Centralised incomplete (West)	12,2	2,2
η_{CO}	Centralized incomplete (Ost)	14,2	4,2
η_D	Decentralized incomplete	12,5	2,5

Tabelle 4.5: Teamtheoretische Bewertung der Informationsstrukturen im Werftbeispiel [54]

Auftrag anzunehmen. Da beide Marktpreise um denselben Mittelwert schwanken, ist es daher bei η_R rational, wenn nur für einen der Akteure eine Regel existiert, die immer zur Annahme eines Auftrags führt, während der andere Akteur stets ablehnt. Im Falle η_{CC} stellt der Marktpreis Ost die entscheidende Größe dar. Im optimalen Fall wird bei einem hohen Marktpreis Ost nur der östliche Verkaufsagent einen Auftrag annehmen, während bei einem niedrigen Marktpreis Ost nur der westliche Agent unabhängig vom seinem lokalen Preis einen Auftrag annehmen wird. Daraus folgt auch, dass die Konstellation η_{CO} genauso wertvoll wie die detaillierte Struktur η_{CC} ist. Obwohl der Marktpreis West das Ergebnis der Team-Auszahlungsfunktion mit beeinflusst, ist er, falls beide Akteure über Information über den Marktpreis Ost verfügen, aufgrund seiner geringeren Varianz nicht entscheidungsrelevant. In den Fällen η_{CW} und η_D ist die Nutzung der mit dem Marktpreis West gegebenen Information dagegen von Bedeutung. Aufgrund der Korrelation der Märkte lässt sich aus einem hohen Marktpreis im Westen auf einen hohen Marktpreis im Osten schließen. Dies führt dazu, dass der Akteur am Markt West in beiden Strukturen nur bei niedrigem Marktpreis West einen Auftrag annimmt. Währenddessen akzeptiert der Akteur Ost bei η_{CW} nur bei einem hohem Marktpreis im Westen, bei η_D nur bei einem hohen Marktpreis im Osten.

[54] Vgl. Marschak/Radner (1972, S. 137).

Abbildung der gegebenen Situation in der Simulationsumgebung

Die Abbildung des Beispiels im Simulationsmodell erfolgt analog dem Aufbau in den Experimenten 1 bis 5, wird jedoch um zusätzliche Komponenten erweitert. Auch hier werden die Umweltzustände x als gemeinsame Verteilung der Marktzustände durch ein Objekt der Klasse `StateGenerator` repräsentiert. Die jeweilige Informationsstruktur η wird in der Simulation modular aufgebaut. So wird zunächst jeder Markt durch ein `MappingNode`-Objekt repräsentiert, das diesen Umweltzustand auf den lokalen Marktzustand $m_W(x)$ bzw. $m_O(x)$ reduziert. Die Marktzustände wiederum werden durch ein `CondensingNode`-Objekt, welches den Informationskanal zwischen Markt und Akteur bzw. die Sicht des Akteurs auf den jeweiligen Markt $s_W(m_W)$ bzw. $s_=(m_E)$ darstellt – parameterabhängig optional erweitert um Elemente zur Einbindung eines Fehlers oder einer Verzögerung – an die Akteure weitergegeben. Tabelle 4.6 gibt einen Überblick über die Beobachtbarkeit der Märkte durch die Akteure in den verschiedenen Informationsstruktur-Varianten des Beispiels. Kann ein Akteur einen Markt beobachten, wird die Information differenziert weitergegeben (‚1‘ in Tabelle 4.6, d.h. als Zustände ‚hoher Marktpreis‘ und ‚niedriger Marktpreis‘), kann er es nicht, wird das Signal konstant auf die Nullinformation verdichtet (‚0‘). Die Kombination der Sichten wird vom Akteur wiederum insgesamt als ein Zustand $y(s_W, s_O)$ beobachtet; die Verkettung der Funktionen aus Markt, Sicht und Beobachtung des Akteurs ergibt dann $y = \eta(x)$. Die Akteure wählen ihre Aktionen a_{A1} und a_{A2}, die von der Auszahlungsfunktion in Verbindung mit dem Umweltzustand x zum Ergebnis u ausgewertet werden, das an die Akteure zurückgegeben wird.

Die genannten Informationsstruktur-Varianten werden im Experiment stets umweltparallel simuliert, d.h. es werden mehrere Informationsstrukturen und Akteurspaare gleichzeitig abgebildet, die auf dasselbe Zustandsgenerator-Objekt zur Repräsentation der Umwelt referenzieren.[55]

		Akteur 1		Akteur 2	
η	Variante	Sicht West	Sicht Ost	Sicht West	Sicht Ost
η_R	Routine	0	0	0	0
η_{CC}	Centralized complete	1	1	1	1
η_{CW}	Centralized incomplete (West)	1	0	1	0
η_{CO}	Centralized incomplete (Ost)	0	1	0	1
η_D	Decentralized incomplete	1	0	0	1

Tabelle 4.6: Sichten der Akteure auf die Märkte im Werftbeispiel

[55] Siehe auch erneut Abs. 4.1 (S. 128).

Abbildung der entscheidungstheoretisch-rationalen und lernenden Akteure

Um eine Anpassung an Fehler und Verzögerungen zu ermöglichen sowie die Abbildung im Simulationsprogramm für weitere Verwendungen desselben generisch zu halten, werden die optimalen Entscheidungsregeln nicht fix im Modell hinterlegt, sondern stattdessen wird das bei MARSCHAK/RADNER beschriebene enumerative Lösungsverfahren[56] im Programm nachgebildet, um die Regelbasis der modellierten R-Akteure entsprechend der jeweiligen Parameter initialisieren zu können.

Zu Beginn eines jeden Simulationslaufes wird also eine für die jeweilige Informationstruktur optimale Handlungsvorschrift als beste Kombination $(\widehat{D_{A1}, D_{A2}})$ der möglichen Entscheidungsregel-Mengen der Akteure bestimmt. Dazu wird für jeden R-Akteur zunächst die Menge $\mathfrak{D}$ aller möglichen Regelmengen D bestimmt.[57] Aus der Verteilung der Umweltzustände x und weiteren Parametern wird eine Verteilung der in den Informationskanälen c resultierenden Signale y_c [58] $p(y_c|x)$ abgeleitet, für jede Regelmenge werden die bei den möglichen y_c resultierenden Aktionen ermittelt. Pro Umweltzustand kann somit für jede Kombination aus Regelmengen eine Verteilung der möglichen Aktionen abgeleitet und bewertet werden. Über alle Umweltzustände zusammengefasst ergibt sich dann ein Erwartungswert $E(D_{A1}, D_{A2})$, mit dessen Hilfe die bestmögliche Kombination von Regelmengen bestimmt werden kann.

Für die L-Akteure existiert keine Instanz, die z.B. als Organisator die optimalen Regeln bestimmt, die Akteure müssen die jeweilige Situation individuell erlernen. Da dies in der Abbildung durch ein LCS situationsunabhängig angelegt ist, wird in der Simulation zum Werftbeispiel keine weitere Anpassung der Abbildung notwendig.

Dabei ist jedoch zu betonen, dass für die lernenden Akteure im Mehr-Akteurs-Fall ein zusätzlicher *kommunikativer* Lernaspekt [59] entsteht, da nicht nur eine strategische Anpassung an die Umwelt erforderlich ist, sondern letztlich im Zusammenwirken stabile aufeinander abgestimmte Regelmengen im Sinne einer Institution herausgebildet werden müssen. Die L-Akteure müssen die optimale Teamhandlung im Lernprozess entdecken. Dabei lernt jeder Akteur isoliert, durch die gemeinsame Auszahlungfunktion ω sind die Handlungen jedoch im resultierenden Feedback miteinander verknüpft.[60]

---

[56] Vgl. Marschak/Radner (1972, S. 136).

[57] Dies geschieht – in den Grenzen der Berechenbarkeit nur für einfache Probleme anwendbar – durch Bildung einer Menge von `ClassifierSystems`, die durch rekursives Durchlaufen der sinnvollen Kombinationen aus Einzelregeln d generiert werden; siehe hierzu die Methoden `getIntModelVariants` und `recurseIntModelVariants` der Klasse `MarschakActor`.

[58] Dies geschieht mit Hilfe der Unterklasse `ResultingSit` der Klasse `TeamSituation`.

[59] Heine (2006, S.115) spricht vom „Sprachaspekt“ konzeptioneller Informationsnutzung.

[60] An dieser Stelle bietet sich ein Ansatzpunkt für weitere Forschung: Es wäre z.B. möglich, einzelne Regeln der rationalen Akteure in die initiale Regelmenge der lernenden Akteure zu integrieren, um so die Wirkung von Vorgaben einer zentralen Organisationsinstanz zu simulieren.

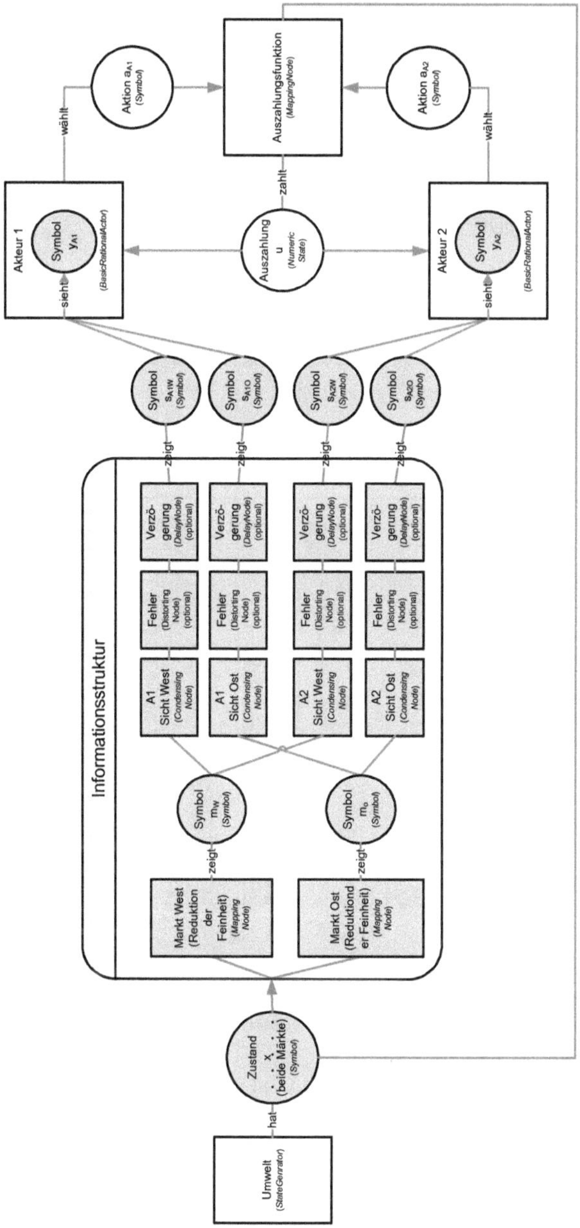

Abbildung 4.19: Überblick über die Abbildung von Informationsstrukturen in der Simulation zum Werftbeispiel

4.4.2 Akteursverhalten bei verschiedenen Informationsstrukturen

In Experiment 6 wird die im Werftbeispiel gegebene Situation sowohl für entscheidungstheoretisch rational modellierte, als auch für lernende Akteure simuliert. Zunächst werden die Simulationsergebnisse mit den theoretisch hergeleiteten Werten verglichen, danach wird speziell das Lernen der Akteure untersucht.

Simulationsergebnisse

Bereits im Überblick der Gesamtresultate in Abbildung 4.20 ist erkennbar, dass die Simulation sowohl für entscheidungstheoretisch-rationale als auch für lernende Akteure ein plausibles Ergebnis liefert. Es ist zu sehen, dass sich für die R-Akteure das entscheidungstheoretisch er-

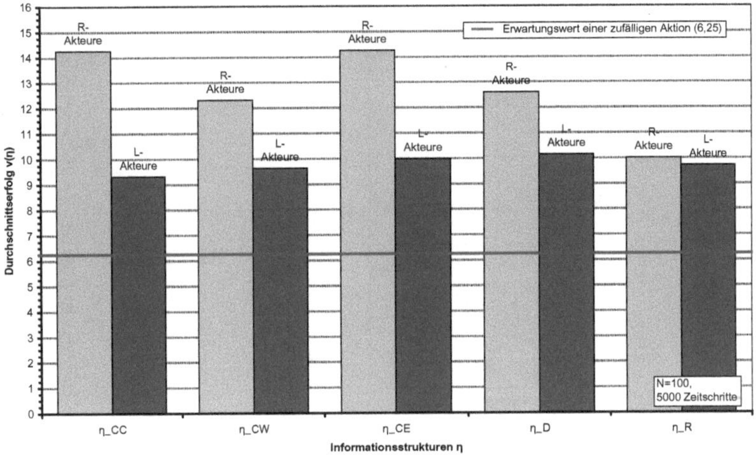

Abbildung 4.20: Experiment 6, Durchschnittlicher Erfolg für Teams aus R- bzw. L-Akteuren bei unterschiedlichen Informationsstrukturen η

wartete Verhalten ergibt. Die von MARSCHAK/RADNER hergeleiteten Resultate[61] werden auf

[61] Siehe auch Abschnitt 4.4 .

längerem Zeithorizont für alle Informationsstrukturen η konstant erreicht.[62] Für die L-Akteure zeigt sich eine zweckmäßige Anpassung an die Situation: Sie sind erfolgreich, in dem Sinne, dass es ihnen gelingt, abgestimmte Strategien (im Sinne einer Institution) zu entwickeln, deren Resultat deutlich über dem Erwartungswert unkoordinierten, zufälligen Handelns liegt. Die für die L-Akteure resultierenden Verteilungen des Gesamtergebnisses sind dabei tendenziell linksschief. Typischerweise übertrifft das Erfolgsniveau einiger Akteure den Modus der Verteilung, etwas mehr Akteure bleiben jedoch darunter; der Quartilsabstand auf der Seite der eher ‚erfolglosen' Akteure (bezogen auf den Median) ist größer als der auf der Seite der ‚erfolgreichen' Akteure.[63]

Passend zum Gesamterfolg zeigt sich im Fall der entscheidungstheoretisch-rationalen R-Akteure auch in der Betrachtung der Entwicklung des Informationswertes (Abbildung 4.21) ein ex post-Informationswert, der mit zunehmender Glättung von Zufallseffekten zum Ende der Simulationsläufe dem theoretischen ex ante Informationswert sehr nahe kommt. Das teamtheoretische Modell wird im Verhalten der simulierten R-Akteure adäquat widergespiegelt.

Ein deutlich anderer Verlauf der Informationswertkurven resultiert dagegen bei den lernenden L-Akteuren. Hier zeigt sich nicht nur der erwartbare Lerneffekt in Form steigender Lernkurven, es ergibt sich zusätzlich, wie im Vergleich der Abbildung 4.22 gegenüber 4.21 erkennbar, eine vom teamtheoretischen und mit R-Akteuren simulierten Fall abweichende Ordnung im Informationswert.

Nach einer zufälligen Anfangsphase sinken im Vergleich zur Routine Struktur η_R die Informationswerte der anderen Informationsstrukturen zunächst deutlich in den negativen Bereich, bis ab ca. Schritt 350 zunächst der Wert für η_{CW}, später dann auch die Werte für ηCE und η_D und zuletzt η_{CC} wieder ansteigen. Über lange Zeit hinweg sind die L-Akteure bei η_R, d.h. ohne Information, im Vorteil. Ihnen gelingt es am schnellsten, abgestimmtes Verhalten zu etablieren.[64] Das Erfolgsniveau der L-Akteure mit den Strukturen η_D und η_{CE} steigt deutlich langsamer, zum Schluss können sie jedoch ein höheres Niveau als bei η_R erreichen, so dass die Informationswerte positiv werden.[65] Die Informationswerte für η_{CW} und η_{CC} bleiben negativ, den L-Akteuren gelingt es mit dieser Informationsstruktur nicht, das Niveau des informations-

[62] Da geringe Abweichungen verbleiben, wurde ein Mittelwert-Test durchgeführt, der zeigt, dass diese nicht signifikant sind. Die Null-Hypothese, dass nicht die theoretisch ermittelten Werte erreicht werden, kann nach einem zweiseitigen Mittelwerttest mit normalverteilter Prüffunktion für $N = 100$ und $1 - alpha = 0,95$ für alle Informationsstrukturen abgelehnt werden.

[63] Ermittelte Yule-Schiefemaße liegen zwischen -0,4753 und -0,1842.

[64] Die L-Akteure mit η_R erreichen ab ca. Zeitschritt 1000 ihr finales Niveau, anschließend verringert sich weiterhin die Varianz der Ergebnisse (nicht dargestellt).

[65] Für η_D wird der Nullwert bei Schritt 2707, für η_{CE} bei Schritt 2498 überschritten.

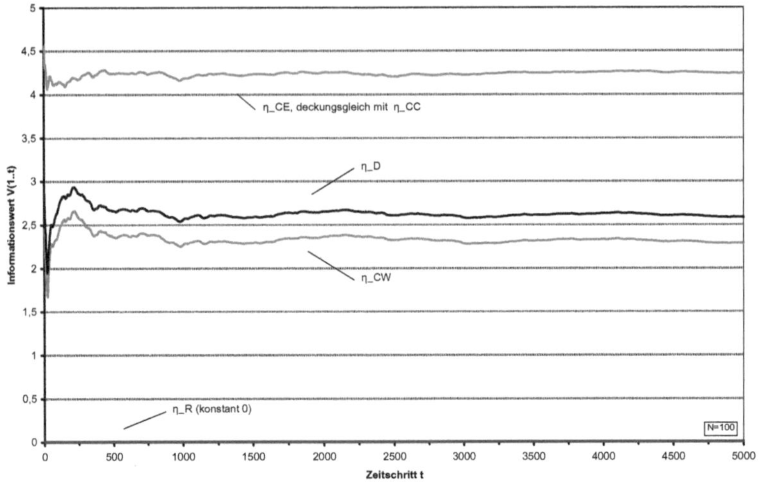

Abbildung 4.21: Experiment 6, Entwicklung des Informationswertes über $\{1...t\}$ für R-Akteur-Teams bei unterschiedlichen Informationsstrukturen η

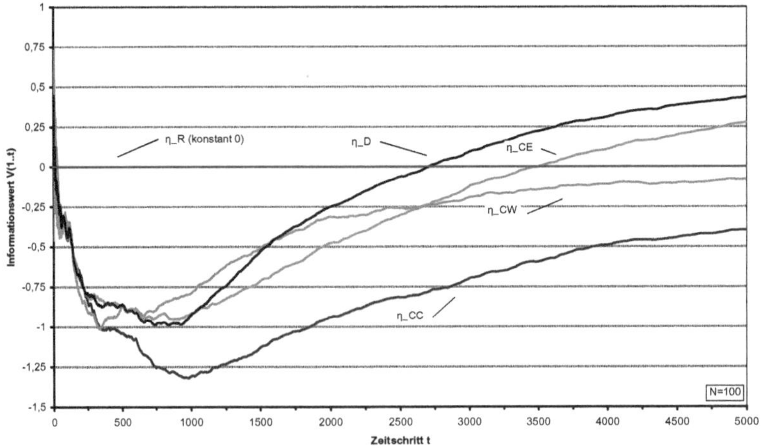

Abbildung 4.22: Experiment 6, Entwicklung des Informationswertes über $\{1...t\}$ für L-Akteur-Teams bei unterschiedlichen Informationsstrukturen η

losen Falls η_R zu übertreffen. Damit ist kurzfristig betrachtet die Routine-Situation η_R, langfristig die im rationalen Modell nur zweitbeste Lösung einer dezentralisierten Informationsversorgung η_D von Vorteil. Zudem fallen die im rationalen Fall gleichwertigen Strukturen η_{CC} und η_{CE} deutlich auseinander. Trotzdem η_{CC} vollständige Information bietet, ist der Informationswert hier am geringsten. Der Informationswert von η_{CW} und η_{CC} bleibt dauerhaft negativ. Aus entscheidungstheoretisch-rationaler Perspektive zeigen die L-Akteure damit ein dysfunktionales Verhalten, dessen Hintergrund im folgenden Abschnitt erörtert werden soll.

Lernaspekte

Ähnlich dem in Experiment 3 aufgezeigten Fall ist auch in diesem interaktiven Szenario ein deutlicher Einfluss der durch die Informationsstruktur determinierten Erlernbarkeit der Situation zu identifizieren. In Abbildung 4.23 wird hierzu als erster Indikator erneut die Zahl der Regelbedingungen in den LCS der L-Akteure dargestellt. Im Fall η_R ist die Wahrnehmungssituation trivial, es gibt nur ein konstantes Signal, entsprechend ist auch die Zahl der Regelbedingungen konstant. Im Fall η_{CC} bestehen dagegen sehr differenzierte Wahrnehmungsmöglichkeiten. Jeder Akteur kann zwei mal zwei Marktzustände wahrnehmen. Entsprechend der möglichen Zerlegungen verfügen die Akteure zu Beginn über 16 verschiedene Regelbedingungen. Es gelingt den L-Akteuren zwar, die Zahl der Bedingungen zu reduzieren, diese bleibt jedoch deutlich über jener von vier tatsächlich vorhandenen Umweltzuständen. In Fall η_{CW}, η_{CE} und η_D kann jeder Akteur stets nur zwei Marktzustände beobachten, entsprechend können von Anfang an nur vier verschiedene Regelbedingungen gebildet werden. Diese Zahl wird im Verlauf des Experimentes leicht reduziert.

Die Betrachtung der Spezifität gezogener Regeln anhand der Mächtigkeit ihrer Bedingungsmengen (Abbildung 4.24) zeigt zunächst, dass bei allen Informationsstrukturen zu Anfang die Spezifität der Regelbedingungen sinkt. Bei η_{CC} kommt es zu einer Stabilisierung auf dem Niveau von zwei Symbolen pro Bedingung, passend zur granulareren Struktur. Im Fall der weniger differenzierten Informationsstrukturen η_{CW}, η_{CE} und η_D werden dagegen zunehmend spezifischere Regelbedingungen ausgebildet, wobei η_{CW} mit einer höheren Mächtigkeit der Bedingungsmengen im Mittel etwas unspezifischer bleibt als die beiden anderen – lediglich der Unterschied von η_{CW} zu η_D ist dabei jedoch signifikant.[66] Es kann dabei bereits festgehalten werden, dass die Struktur mit dem geringsten Erfolg, η_{CC}, für die L-Akteure bereits vom Wahrnehmungsaspekt her betrachtet schwieriger zu erlernen ist.

[66] Paarweise Student'sche t-Tests zum Vergleich der Mittelwerte von η_{CW}, η_{CE} und η_D führen nur im Vergleich von η_{CW} zu η_D zu einer Ablehnung der Nullhypothese gleicher Mittelwerte.

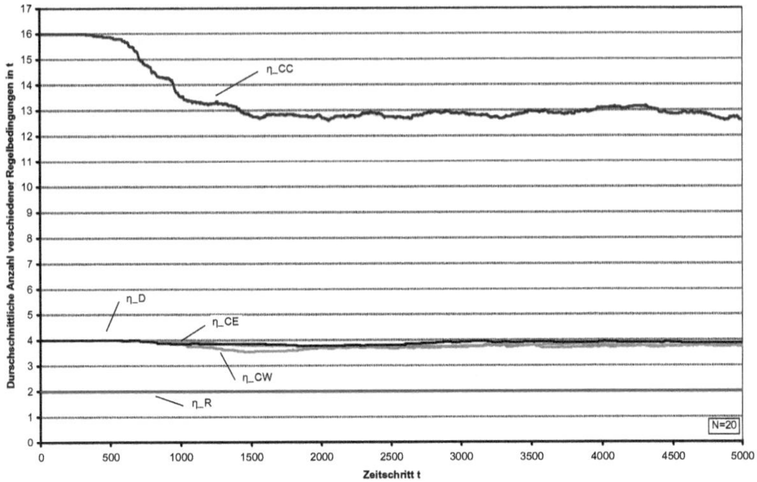

Abbildung 4.23: **Experiment 6, Entwicklung der durchschnittlichen Zahl der individuellen Regelbedingungen je L-Akteur-Paar bei unterschiedlichen Informationsstrukturen η**

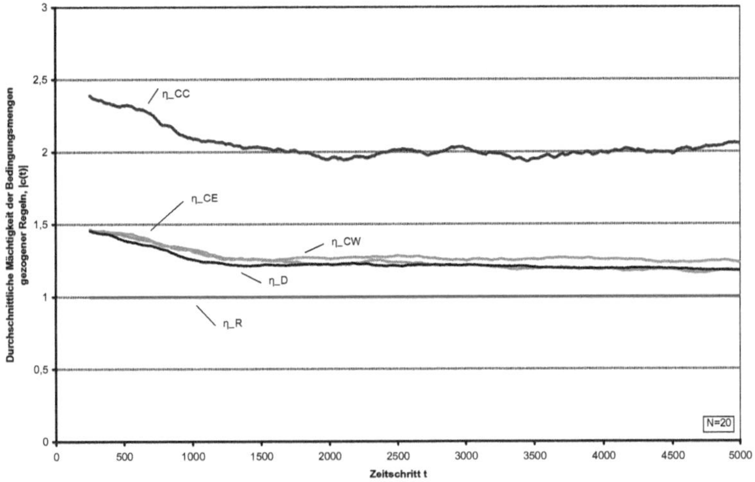

Abbildung 4.24: **Experiment 6, 250-periodischer gleitender Durchschnitt der Mächtigkeit der Bedingungsmengen je L-Akteur-Paar bei unterschiedlichen Informationsstrukturen η**

Weiteren Aufschluss ergibt ein Vergleich resultierender, erlernter Team-Handlungsmuster. Tabelle 4.7 zeigt die resultierenden Verteilungen der bei verschiedenen Umweltzuständen gewählten Aktionen für rationale (als Referenz) und lernende Akteure sowie die Anzahl der verschiedenen zum Ende der Simulationsläufe vorherrschenden Team-Handlungsmuster, nach Informationsstrukturen differenziert. Im informationslosen Referenzfall η_R wählen die L-Akteure zu einem sehr hohen Anteil ein Muster gemäß der optimalen Strategie. Dazu passend herrscht in den letzten 500 Simulationsschritten bei allen L-Akteuren mit η_R nur noch ein gleiches Handlungsmuster vor. Sowohl aus dem Aspekt des Verständnisses, als auch aus dem der Koordination heraus betrachtet ist ein klarer Lernerfolg zu beobachten.

Anders ist dies bei η_{CC}. Betrachtet man die Verteilung der gewählten Aktionen, so wird erkennbar, dass sich nur in den Situationen, in denen die optimale Teamhandlung mit der Aktion im Fall η_R übereinstimmt (Marktpreis im Osten niedrig) diese etwas deutlicher hervorhebt. In den beiden anderen Situationen, in denen aufgrund der verfügbaren Information eine vom Routine-Fall abweichende optimale Teamhandlung resultiert, die für beide Akteure eine gegenüber η_R entgegengesetzte Handlung bedeutet, wechseln die L-Akteure zwar teilweise ihre Aktion, es kommt jedoch offensichtlich nicht zur einer koordinierten Verlagerung. Die optimale Teamhandlung wird nicht zum Schwerpunkt der Aktionen. Zu diesem Bild passend sind bei η_{CC} auch in den letzten 500 Schritten noch zwölf der 256 möglichen Team-Handlungsmuster in mindestens einem Team vorherrschend. Darunter kommt kein Muster – auch nicht das der rationalen Strategie entsprechende – häufiger vor als jedes der anderen. Es kann daher nur in begrenztem Maße von erfolgreichem Verständnislernen gesprochen werden, noch weniger von erlernter Koordination.

Bei η_{CE} ist dies auf den ersten Blick ähnlich. Neben dem Muster der rationalen Strategie, das mit dem im Fall η_{CC} übereinstimmt, ist auch das insgesamt vorherrschende erlernte Muster identisch mit dem aus η_{CC}. Anders als dort ist jedoch für die Umweltzustände mit niedrigem Marktpreis im Osten eine deutlich höhere Gewichtung der optimalen Teamhandlung festzustellen. Bei hohem Marktpreis Ost verlagert der Akteur Ost ebenfalls deutlich seine Aktion von Ablehnen zu Annehmen – es gelingt jedoch in diesem Fall keine Koordination mit dem Akteur West. In den informationsunabhängigen Situationen mit niedrigem Marktpreis Ost sind somit wie bei η_R sowohl Koordination als auch Verständnis gegeben. In den informationsabhängigen Situationen zeigt sich zwar ein partielles Verständnis, jedoch keine erfolgreiche Koordination. Dem entsprechend ist auch die Gesamtzahl der in den letzten 500 Schritten vorherrschenden Muster zwar geringer als bei η_{CC}, jedoch noch immer größer derjenigen der anderen Informationsstrukturen. Bei η_{CW} z wählen die Akteure mehrheitlich das gleiche Handlungsmuster, das auch im Routine-Fall η_R resultierte. Die bei hohem Marktpreis West rationale, dem Routine-Muster entgegengesetzte Teamhandlung wird zwar mit einem deutlichen, stets ‚zweit-

η	Zustand	Aktion West	Rationale Akteure Aktion Ost Annehmen	Rationale Akteure Aktion Ost Ablehnen	Lernende Akteure Aktion Ost Annehmen	Lernende Akteure Aktion Ost Ablehnen	Anzahl Muster (in $t > 4500$)
η_R	West u. Ost niedrig	Annehmen		100,0%	1,6%	94,6%	1
		Ablehnen			1,8%	2,0%	
	West niedrig, Ost hoch	Annehmen		100,0%	2,3%	94,8%	
		Ablehnen			1,7%	1,3%	
	West hoch, Ost niedrig	Annehmen		100,0%	2,0%	92,6%	
		Ablehnen			2,5%	2,8%	
	West u. Ost hoch	Annehmen		100,0%	2,5%	93,2%	
		Ablehnen			2,4%	1,9%	
η_{CC}	West u. Ost niedrig	Annehmen		100,0%	3,9%	64,8%	12
		Ablehnen			24,7%	6,7%	
	West niedrig, Ost hoch	Annehmen			30,3%	28,9%	
		Ablehnen	100,0%		22,2%	18,6%	
	West hoch, Ost niedrig	Annehmen		100,0%	14,7%	54,0%	
		Ablehnen			18,2%	13,2%	
	West u. Ost hoch	Annehmen			36,5%	25,5%	
		Ablehnen	100,0%		26,4%	11,7%	
η_{CE}	West u. Ost niedrig	Annehmen		100,0%	3,3%	79,7%	9
		Ablehnen			11,2%	5,9%	
	West niedrig, Ost hoch	Annehmen			37,2%	26,0%	
		Ablehnen	100,0%		26,1%	10,7%	
	West hoch, Ost niedrig	Annehmen		100,0%	4,4%	80,3%	
		Ablehnen			9,5%	5,8%	
	West u. Ost hoch	Annehmen			36,8%	27,3%	
		Ablehnen	100,0%		24,4%	11,5%	
η_{CW}	West u. Ost niedrig	Annehmen		100,0%	2,9%	67,5%	5
		Ablehnen			23,8%	5,8%	
	West niedrig, Ost hoch	Annehmen		100,0%	5,5%	66,7%	
		Ablehnen			23,6%	4,2%	
	West hoch, Ost niedrig	Annehmen			9,6%	61,2%	
		Ablehnen	100,0%		24,5%	4,6%	
	West u. Ost hoch	Annehmen			15,4%	55,8%	
		Ablehnen	100,0%		25,1%	3,6%	
η_D	West u. Ost niedrig	Annehmen		100,0%	2,9%	78,1%	5
		Ablehnen			13,8%	5,2%	
	West niedrig, Ost hoch	Annehmen	100,0%		40,9%	41,6%	
		Ablehnen			13,2%	4,3%	
	West hoch, Ost niedrig	Annehmen			5,2%	69,6%	
		Ablehnen		100,0%	11,5%	13,7%	
	West u. Ost hoch	Annehmen			38,9%	38,3%	
		Ablehnen	100,0%		16,8%	6,0%	

Tabelle 4.7: Verteilung der gewählten Lösungen bei verschiedenen Informationsstrukturen für R- und L-Akteure im Gesamtverlauf sowie Anzahl der verbliebenen Handlungsmuster in den letzten 500 Zeitschritten

größten' Anteil der Aktionen gewählt, dies geschieht jedoch auch in den Situationen mit niedrigem Marktpreis West. Dies korrespondiert mit der festgestellten, in Vergleich zu η_{CE} und η_D geringeren Spezifität – es kommt offenkundig partiell zur Übergeneralisierung der Regeln, d.h. zu einer Nichtnutzung der verfügbaren Information. Insgesamt ist hier zwar stark koordiniertes Handeln, das sich auch in einer geringeren Zahl der in den letzten 500 Schritten vorherrschenden Muster äußert, nicht jedoch ein echtes Verständnis von Situation und Information zu erkennen.

Der Fall η_D irritiert auf den ersten Blick. Obwohl es sich um die im Ergebnis erfolgreichste Informationsstruktur handelt, weichen die vorherrschenden Aktionen in drei der vier Situationen von den optimalen Aktionen ab. Es fällt jedoch auf, dass die der Optimalstrategie entsprechende Aktion im Fall ,West niedrig, Ost hoch' nur minmal seltener gewählt wurde als die vorherrschende erlernte Teamhandlung. Es ist daher nicht auszuschließen, dass eine größere Fraktion der Akteure die teamtheoretisch zweitbeste, nur leicht hinter der Ideallösung liegende Strategie ,West akzeptiert immer, Ost nur bei hohem Marktpreis'[67] erlernt hat. Da die Werte bei niedrigem Marktpreis West zudem deutliche Schwerpunkte zeigen, lässt sich auf deutliche Lernerfolge sowohl in der Koordination als auch im Verständnis schließen.

Insgesamt zeigt sich, dass die Annahme lernender Akteure die Beurteilung von Informationsstrukturen deutlich beeinflussen kann. Der rational betrachtete Informationswert tritt in diesem Fall hinter weiteren Faktoren zurück. Neben die bereits beim isolierten Akteur diskutierten Wahrnehmungs- und Verständnisaspekte des Lernens tritt in echten Team-Situationen der kommunikative Lernaspekt des Ausbildens von Koordination.

[67] Vgl. Marschak/Radner (1972, S. 137).

4.4.3 Experimente zu Fehlern und Verzögerungen in den Informationsstrukturen im interaktiven Fall

Abschließend wird – über den Umfang des von MARSCHAK/RADNER beschriebenen Werftbeispiels hinaus – in den Experimenten 7 und 8 noch ein Blick auf die Wirkung der in den Abschnitten 4.3.2 und 4.3.3 für den Individualfall untersuchten Eigenschaften Fehler und Verzögerung im interaktiven Fall geworfen. Dazu wird die in Abschnitt 4.4.2 in Experiment 6 simulierte Informationssstruktur durch die bereits vorgesehenen optionalen Elemente erweitert und eine Sequenz von Versuchsläufen mit Variation von Fehler und Verzögerung durchgeführt, deren Ergebnisse im Folgenden knapp dargestellt werden.

Fehlerhafte Information

Wie bereits im individuellen Fall diskutiert, kann der Wert einer stärker verstümmelten Informationsstruktur aus entscheidungstheoretischer Perspektive nicht steigen. Dies gilt auch im interaktiven Fall. Besteht zudem – wie in einigen Strukturen des Werftbeispiels – eine Informationsstruktur aus mehreren gleichermaßen fehlerbehafteten Informationskanälen für einen oder mehrere Akteure, entsteht zwar einerseits potentielle Redundanz, die zur Reduktion des Gesamtfehlers herangezogen werden kann, gleichzeitig wächst jedoch das Koordinationsproblem, da jeder Akteur nicht nur mehrere eigene, potentiell fehlerbehaftete Signale interpretieren, sondern zudem auch die mögliche Fehlinformation des Interaktionspartners in seinem Entscheidungskalkül berücksichtigen muss.
Da bei einer endlichen Grundmenge möglicher diskreter Signale auch nur eine endliche Menge möglicher Regeln resultiert, können dabei in der Optimierung trotz unterschiedlicher Informationsstrukturen ähnliche Regelmengen resultieren. Im Extrempunkt ist zu erwarten, dass dann, wenn eine maximale Verstümmelung vorliegt, in allen Regelmengen konstant eine Aktion ausgewählt wird, wie sie im Routine-Fall ausgewählt würde. Die einzelnen Informationskanäle werden nun in Experiment 7 – analog zu Experiment 4 in Abschnitt 4.3.2 – entsprechend der Fehlergröße ε gestört. Abbildung 4.25 gibt zunächst die Simulationsergebnisse für R-Akteure wieder. Da im gegebenen Beispiel vier mögliche Marktzustände existieren, ist das resultierende Bild bezügliche ε für alle Informationsstrukturen (mit Ausnahme des definitionsgemäß konstanten Wertes für η_R) symmetrisch in Form einer Wanne. U.a. zeigt sich dabei in der weitgehenden Deckungsgleichheit von η_{CC} und η_{CE}, dass die möglichen Reduktionen des Gesamtfehlers bei redundanten Signalen durch die wachsende Komplexität der Koordination offensichtlich kompensiert werden, so dass gleichwertige Entscheidungsregeln resultieren. Im Kontext der Fragestellung der Arbeit ist jedoch vor allem eine Feststellung relevant: Die Ordnung in

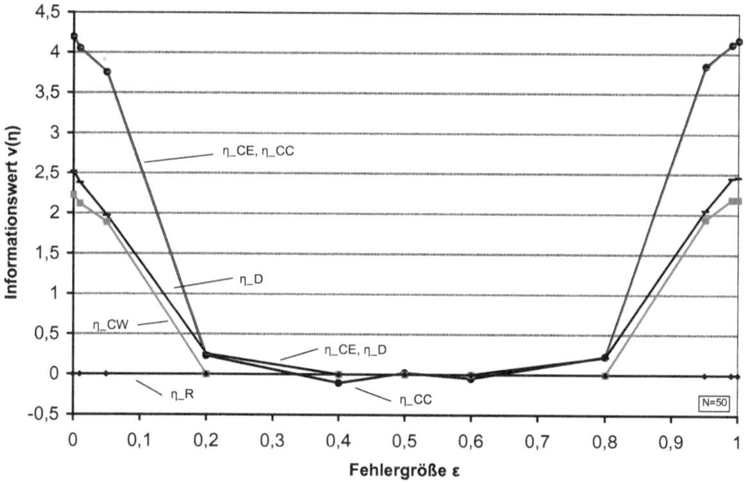

Abbildung 4.25: Experiment 7, Querschnitt der Informationswerte über ε für unterschiedliche Informationsstrukturen η bei R-Akteuren

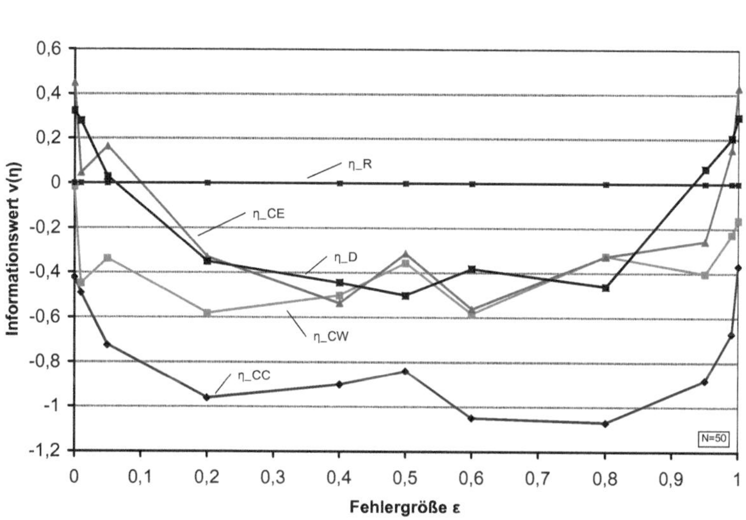

Abbildung 4.26: Experiment 7, Querschnitt der Informationswerte über ε für unterschiedliche Informationsstrukturen η bei L-Akteuren

der Höhe der Informationswerte verändert sich über eine lange Strecke nicht, erst bei starker Verstümmelung kommt es nahe eines Informationswertes von null zu leichten Verwerfungen. Auch für $\varepsilon > 0,5$ folgt erneut die Ordnung der Informationswerte der Informationsstrukturen wie im unverstümmelten Fall.[68]
Auch im Fall der L-Akteure resultieren, wie in Abbildung 4.26 dargestellt, für alle $\eta \neq \eta_R$ wannenförmige Kurvenverläufe. Passend zu den Ergebnissen in Experiment 6 kommt es jedoch gegenüber dem entscheidungstheoretisch-rationalen Fall zu wechselnden Verschiebungen in der Rangfolge der Informationswerte der Strukturen. Im Bereich einer geringen Fehlergröße bleiben die Rangfolgen der Informationswerte des fehlerfreien Falles aus Experiment 6 zunächst erhalten. Die Routine-Struktur η_R ist jedoch bereits früh den anderen Informationsstrukturen überlegen. Innerhalb der anderen Strukturen verliert die im fehlerfreien Fall günstigste dezentrale Informationsstruktur η_D bis zur Mitte mit steigender Fehlergröße relativ zu den beiden zentralisiert-unvollständigen Strukturen η_{CE} und η_{CW}. Auffällig ist zudem die leichte Spitze der zentralisierten Strukturen η_{CE}, η_{CW} und η_{CC} bei $\varepsilon = 0,5$.
Eine Betrachtung der Zahl der Regelbedingungen sowie der Mächtigkeit der Bedingungsmengen zeigt dabei kaum erkennbare systematische Abhängigkeiten. Eine Regressionsanalyse zeigt lediglich für η_{CC} einen signifikanten, quadratischen Zusammenhang, bei jedoch hohem Standardfehler. Zudem ergeben sich nahezu konstante Mächtigkeiten der Bedingungsmengen gezogener Regeln.[69] Dies lässt auf nur geringe zusätzliche, durch die Verstümmelung induzierte Beeinträchtigungen im Wahrnehmungs- sowie im Verständnislernen schließen. Die Informationswerte deuten jedoch darauf hin, dass im Falle der zentralisierten Strukturen speziell bei stark verstümmelter Information (ε bei $0,5$) eine Tendenz zu einer gegenüber η_D stärkeren, auf die Routine-Lösung zustrebenden *Koordination* vorliegt.

Verzögerte Information

Für den Fall individueller Akteure liess sich der Effekt einer einfachen Verzögerung im entscheidungstheoretisch-rationalen Fall auf den Fall verstümmelter Information zurückführen. Auch im Werftbeispiel stellt die Verzögerung von Information durch die Möglichkeit zwischenzeitlich veränderter Umweltzustände eine Verstümmelung der Informationsstrukturen dar.

---

68 Der leicht negative Informationswert bei η_{CC} für 0,3 und 0,6 ist dabei jedoch nicht signifikant. Ein einseitiger Student'scher t-Test führt bei $1 - \alpha = 0,95$ nicht zu einer Ablehnung der Null-Hypothese eines nicht-negativen wahren Wertes. Die Annahme der Normalverteilung wurde für beide Werte zuvor durch einen Shapiro-Wilk-Test überprüft.

69 Aufgrund der hohen für die Erfassung der Werte benötigten Rechenzeit wurden Anzahl und Mächtigkeit der Bedingungsmengen nur für jeweils $N = 10$ Simulationsläufe erfasst.

Trotzdem ergibt sich bei Annahme einer einfachen Verzögerung ein Unterschied zum Fall fehlerhafter Information: Eine zwischenzeitliche Veränderung des Umweltzustandes trifft die Akteure in den Fällen η_{CC},η_{CE} und η_{CW} stets *symmetrisch*. Ein eventueller Fehler trifft beide Akteure gleich, so dass sie beide weiterhin auf Basis gleicher Daten zu einer abgestimmten Aktion kommen können. Damit bleibt es ähnlich wie im individuellen Fall über eine weite Strecke hinweg rational, das Entscheidungsmodell der Situation ohne Verzögerung beizubehalten[70], ehe erst bei sehr großer Verzögerung eine Konvergenz zur Routine-Lösung auftritt. Da die Akteure im Fall η_D stets nur einen Teilaspekt des wahren Umweltzustandes x wahrnehmen, kann eine vor Empfang der jeweiligen Signale eingetretene Veränderung von x dagegen sowohl bedeuten, dass beide Akteure ein nun falsches Signal erhalten, als auch, dass sich nur der Zustand eines Teilmarktes verändert hat. Der resultierende Fehler ist somit nicht mehr für beide Akteure symmetrisch – dadurch verliert das empfangene Signal seine koordinierende Funktion, so dass es zu einer sehr steilen Konvergenz zur Routine-Lösung kommt.

Dementsprechend folgen die in Abbildung 4.27 dargestellten, in Experiment 8 für die drei ‚centralized'-Strukturen ermittelten Informationswertkurven der R-Akteure erneut dem Verlauf einer Binomial-Verteilungsfunktion mit steigenden $n = \tau$,[71], während die Kurve für η_D steil abfällt. Der in Abbildung 4.28 dargestellte Fall der L-Akteure zeigt erneut ein davon abweichendes Bild. Zunächst ergibt sich – wie bereits in den Experimenten 6 und 7 – für den ‚ungestörten' Fall $\tau = 0$ erneut die gleiche vom entscheidungstheoretisch rationalen Fall abweichende Rangfolge der Informationswerte der Strukturen. Vor allem aber ist der Verlauf der Informationswerte bei steigendem τ deutlich anders. Auch hier sinkt der Informationswert schnell unter null, die Rangfolgen der Informationswerte der verschiedenen η wechseln. Die Betrachtung der Anzahl unterschiedlicher Regelbedingungen zeigt hier für η_{CE},η_{CW} und η_D keinen signifikanten Zusammenhang bei sehr schwach positiver Korrelation der Werte mit τ.[72] Lediglich im Fall der Struktur η_{CC}, die aufgrund der vollständigen Information beider Akteure mit der im individuellen Fall untersuchten Struktur η_{adeq} vergleichbar ist, zeigt die Varianzanalyse einen signifikanten Zusammenhang.[73] Bezüglich der Mächtigkeit der Bedingungsmengen ist zwar in allen Fällen eine leicht negative Korrellation festzustellen, auch hier ist jedoch kein als signifikant zu bezeichnender Zusammenhang feststellbar. Es kann daher lediglich im Falle von η_{CC}

[70] Siehe auch erneut Abschnitt 4.3.3.

[71] Eine Regressionsanalyse nach der Methode der kleinsten Quadrate unter Anahme eines transformierten linearen Models (R-Funktion ‚lm') zeigt für η_{CC},η_{CE} und η_{CW} höchste Signifikanz der für den Term der Binomialverteilungsfunktion ermittelten Koeffizienten (Kennzeichnung ***/0,001), bei hohen multiplen $R^2 \geq 0,7065$ (Minimum bei η_{CW}).

[72] Eine Varianzanalyse zeigt keinen signifikanten Koeffizienten.

[73] R-Funktion ‚aov', R-Kennzeichnung **/0,01.

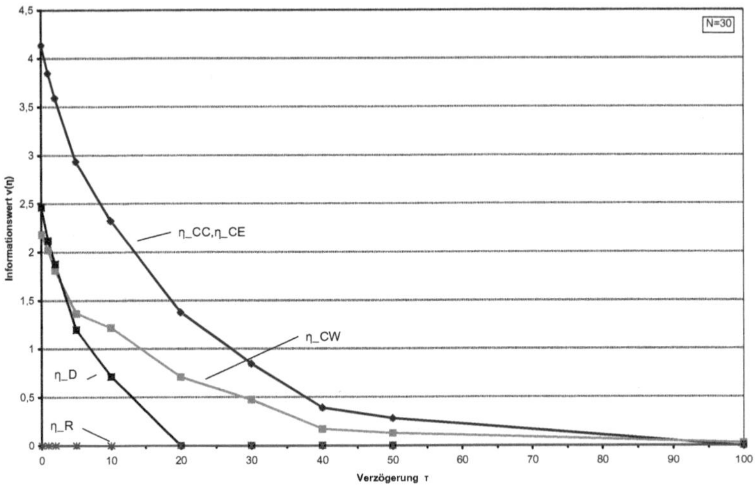

Abbildung 4.27: Experiment 8, Querschnitt der Informationswerte über τ für unterschiedliche Informationsstrukturen η bei R-Akteuren

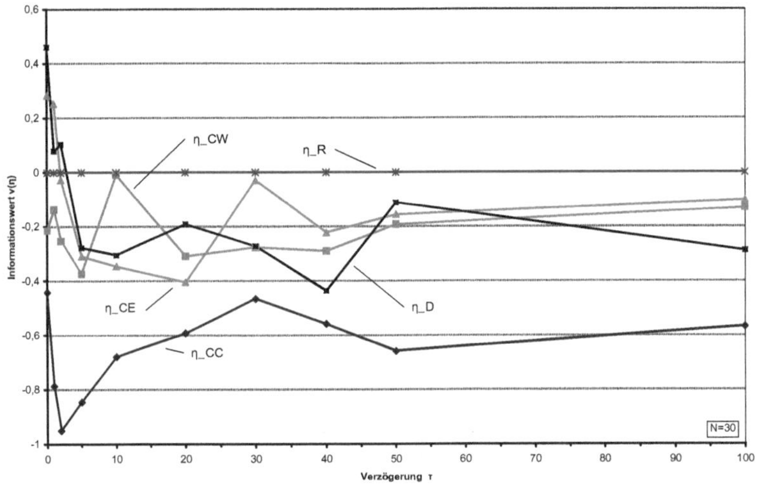

Abbildung 4.28: Experiment 8, Querschnitt der Informationswerte über τ für unterschiedliche Informationsstrukturen η bei L-Akteuren

von einer leichten Beeinträchtigung des Wahrnehmungslernens ausgegangen werden. In allen anderen Fällen ist lediglich festzustellen, dass sich die Entwicklung deutlich vom Verhalten im Ein-Akteur-Szenario unterscheidet, so dass hier vermutlich ebenfalls Beeinträchtigungen der Koordination bedeutsam sein dürften.

4.5 Zwischenergebnis

Gegenstand des Kapitels war die experimentelle Untersuchung der dritten Forschungsfrage der Arbeit. Es wurde versucht, mit Hilfe der Computersimulation zu zeigen, dass bereits aus der Adaptivität der Entscheidungsträger Effekte resultieren können, die aus entscheidungstheoretisch-rationaler Sicht als dysfunktional zu bezeichnen wären. Dazu wurde die in Kapitel 3 skizzierte Modellierung sowohl entscheidungstheoretisch-rationaler, als auch lernender Akteure in der Simulation von R- und L- Akteuren praktisch umgesetzt.
Als Ausgangspunkt wurde dabei im ersten Block der Experimente das grundlegende Verhalten der Akteure betrachtet. Dabei konnte bereits im ersten Experiment festgestellt werden,

- dass sich die entscheidungstheoretisch-rationalen modellierten R-Akteure im Simulationsmodell theoriegemäß verhalten,
- dass sich dass Ergebnis der lernenden L-Akteure bei unverzerrter, auszahlungsadäquater Information der Form einer klassischen Lernkurve folgend dem Ergebnis der R-Akteure annähert,
- dass das Entscheidungsmodell der L-Akteure zumindest grundsätzlich als zweckmäßig betrachtet werden kann.

Im zweiten Experiment wurde dann die Sensitivität des Modellverhaltens im Ausgangsfall gegenüber veränderten Annahmen zur Umweltdynamik dargestellt. An Experiment 1 anknüpfend wurde vom teamtheoretischen ex ante Informationswert zu einem als Kenngröße für die Betrachtung der Simulationsergebnisse geeigneten ex post Informationswert übergeleitet. Dabei wurde auch deutlich, dass im Vergleich unterschiedlicher Informationsstrukturen berücksichtigt werden muss, dass die Akteure je nach Informationsstruktur potentiell unterschiedlich steil verlaufende Lernphasen benötigen. Damit wird der ex post Informationswert stark durch die Dauer der Betrachtungsperiode beeinflusst – auch wenn wahrscheinlich auf sehr lange Sicht eine asymptotische Annäherung des Informationswertes im lernenden Fall an den Informationswert im entscheidungstheoretisch-rationalen Fall anzunehmen ist.

Lässt sich das entscheidungstheoretische Modell bis dahin noch als Grenzbetrachtung des Modells lernender Akteure ansehen, ist dies in den anschließenden Experimenten zur Variation von Informationsstrukturen bei individuellen Akteuren abzulehnen.

— Die Ergebnisse aus Experiment 3 liefern einen Widerspruch zum teamtheoretischen Feinheitstheorem. Es zeigt sich bei hoher Feinheit der Information eine deutliche, die Rangordnung der Informationswerte verändernde Beeinträchtigung.

— Die Wirkung von Fehlern und Verzögerungen (Experimente 4 und 5) ähneln im Fall lernender Akteure zwar grob den entscheidungstheoretisch hergeleiteten Mustern – es zeigen sich jedoch überlineare Zusammenhänge mit der Fehlergröße bzw. Verzögerung.

— Die Introspektion in die entwickelten Entscheidungmodelle zeigt dabei, dass es –je nach Art der Variation der Informationssstruktur– teils zu Beeinträchtigungen des Wahrnehmungslernes, teils zu Beeinträchtigungen des Verständnislernens kommen kann.

Mit der Ausweitung auf ein interaktives Szenario in den Experimenten 6 bis 8 wird dies umso deutlicher. Es kommt nun mit der Notwendigkeit der Herausbildung koordinierten Verhaltens zusätzlich ein kommunikativer Lernaspekt zum Tragen, der auch hier in Abhängigkeit von der jeweiligen Informationsstruktur unterschiedlich erfolgreich gelingt und zu weiteren deutlichen Verwerfungen gegenüber dem entscheidungstheoretisch-rationalen Fall führt.

— Die Rangfolge der Informationswerte der Informationsstrukturen unterscheidet sich im Fall der lernenden L-Akteure deutlich vom entscheidungstheoretisch-rationalen Fall der R-Akteure.

— Auch im günstigsten Fall wird der Informationswert für L-Akteure erst nach ca. 2500 Zeitschritten positiv. Im ungünstigsten Fall bleibt er dauerhaft negativ, obwohl die Informationsstruktur entscheidungstheoretisch-rational betrachtet vorteilhaft wäre.

— Für L-Akteure kommt es bei Einführung eines Fehlers oder einer Verzögerung mit der Variation der eingeführten Einflußgröße zu unsystematisch wirkenden wechselnden Rangfolgen der Informationsstrukturen.

Die dritte Forschungsfrage der Arbeit kann damit als beantwortet gelten: In der Simulation der lernenden Akteure treten Muster auf, die sich deutlich vom Verhalten entscheidungstheoretisch-rational modellierter Akteure unterscheiden und aus der Perspektive des teamtheoretischen Modells als dysfunktional bezeichnet werden können. Dabei wurden im Einzelfall auch Muster erkennbar, die sich mit verhaltenswissenschaftlich-empirisch beobachtbaren Phänomenen in Verbindung bringen lassen. Als ursächlich für die in der Simulation beobachteten Effekte kann im gegebenen Modellkontext nur die eingeführte Brückenannahme des Lernens betrachtet werden. Verschiedene Informationsstrukturen werden mit unterschiedlichem Erfolg erlernt, wobei Unterschiede sowohl im Erlernen einer adäquaten Wahrnehmung, im Erlernen eines adäquaten Verständnisses, als auch – im interaktiven Szenario – im Erlernen einer kommunikativen Basis liegen können.

5 Schlussbetrachtung

Ausgangspunkt der Arbeit war die Feststellung, dass die Effektivität der Informationsversorgungsfunktion des Controllings häufig an Fehlgestaltungen zu leiden scheint, die sich in der Praxis unter einem ‚zu Viel an Information' bei hoher Komplexität äußern. Als eine Ursache hierfür wurde eine einseitig entscheidungstheoretisch bzw. informationsökonomische Orientierung bei Vernachlässigung der verhaltensorientierten Problemdimension des ‚Könnens' der Akteure in den zur Entwicklung der eingesetzten Instrumenten herangezogenen Theorien (d.h. anknüpfend an HAYEK: eine unzureichende Auswahl der Denkwerkzeuge) identifiziert. Mit der Beantwortung der Forschungsfragen dieser Arbeit lässt sich diese These untermauern. Im Schlusskapitel soll nun noch einmal verdeutlicht werden, welche Erkenntnisse hierzu, sowie zur Überwindung dieses Zustandes, sowohl für die Theorie, als auch – in Grenzen – für die Praxis gewonnen wurden bzw. abgeleitet werden können, ehe abschließend ein Blick auf die mögliche weitere hieran anknüpfende Forschung geworfen werden soll.

5.1 Forschungsbeitrag

Das Problem der Informationsversorgung von Entscheidungsträgern im Unternehmen wurde eingangs als (eng mit dem Feld des Informationsmanagments verknüpftes) Controlling-Thema charakterisiert. Die Sichtweise der Arbeit fußt mit dem Rationalitätssicherungs-Ansatz nach WEBER/SCHÄFFER dabei bewusst auf einem Controlling-Verständnis, welches die Relevanz einer umfassenden, integrativen Betrachtung von Effekten betont, die aus den Begrenzungen von Können und Wollen sowie aus ihrer Interdependenz resultieren. Die Ergebnisse, die mit der Beantwortung der durch diese Arbeit führenden Forschungsfragen erzielt wurden, stärken diese Perspektive sowohl methodisch als auch inhaltlich. Dieses wird im Folgenden dargestellt.

Grenzen der etablierten Analyseschemata

Die zur Beantwortung der ersten Forschungsfrage herangezogene Betrachtung der vorliegenden Zugangswege zum Problem der Informationsversorgung zeigt die Möglichkeiten, aber auch die Grenzen der etablierten Ansätze auf. Dabei zeigt sich zunächst eine große theoretische Vielfalt, bei gleichzeitig hoher Spezialisierung. Schon die Heterogenität des Informationsbegriffes bzw. die Vielzahl seiner Definitionen, kann als Indikator für die Zahl der verschiedenen mit den Definitionen verbundenen Sichtweisen und Untersuchungsansätze verstanden werden.
In der Betrachtung der Literatur zum Problem der Informationsversorgung wurden drei inhaltliche Grundperspektiven identifiziert, die sich auf die drei Teilprobleme Planungs-, Organisations- und Verhaltensproblem zurückführen lassen. Für jede dieser Perspektiven wurden die in der Literatur ausgebildeten, jeweils spezialisierten Schemata dargestellt. Als belebendes Prinzip der Schemata zur Analyse des Planungs- und des Organisationsproblems wurde dabei die Annahme rationalen Verhaltens der Akteure herausgestellt. Dieses steht jedoch einer Verknüpfung mit verhaltensorientierten Modellen, die das Können der Akteure thematisieren, methodisch entgegen. Zudem stößt die Einbindung des Verhaltensproblems bei konventionellen Modellierungstechniken an Grenzen: Es erscheint noch als ungelöstes Problem, Aspekte einer über RADNERS ‚costly rationality‘ hinausgehende, durch die jeweiligen Entscheidungsmodelle der Akteure potentiell dynamisch beschränkten Rationalität im Sinne von ‚truely bounded rationality‘ abzubilden. Dieser Beschränkung unterliegen auch die in der Literatur einen großen Raum einnehmenden, auf das Organisationsproblem fokussierten informationsökonomischen Modelle. Trotzdem wurde aus dieser Gruppe von Theorien die auf den Koordinationsaspekt konzentrierte Teamtheorie MARSCHAKS und RADNERS als Ansatzpunkt zur weiteren Modellbildung herausgegriffen. Dies geschah nicht nur, weil sie sich durch ihre spezielle Technik zur Abbildung von Informationsstrukturen gut für die Modellierung von Informationsversorgungs-Systemen eignet, sondern auch, weil die bewusste Ausblendung von Wollensproblemen hier zunächst eine Konzentration auf das Könnensproblem der Akteure ermöglicht. Gleichzeitig ist die Teamtheorie als eine der Grundlagen der Informationsökonomik kompatibel zu anderen, auf Wollensprobleme konzentrierten Ansätzen, so dass ein späterer Ausbau des Modells möglich bleibt.

Methodisch kontrollierte Modellierung lernender Akteure

Zur Integration des Verhaltensproblems zeigt die Gruppe der vorgestellten jüngeren Ansätze einen methodischen Ausweg aus der Begrenzung der etablierten Schemata: Den beschriebenen subjektivistischen Modellen, welche die harte Rationalitätsannahme durch eine Annahme *zweckmäßiger* Entscheidungsmodelle ersetzen, gelingt es – häufig mit Hilfe der Methode der

Computersimulation und Learning Classifier Systems – lernende Akteure zu modellieren.
In der Beantwortung der zweiten Forschungsfrage wurde daran anschließend eine Methodik aufgezeigt, Probleme der Informationsversorgung mit Hilfe dieses Modelltyps zu analysieren.

— Als Leitlinie zur theoretischen Integration verhaltensorientierter Aspekte in der Modellbildung wurde LINDENBERGS Vorgehensmodell zur Methode der abnehmenden Abstraktion beschrieben.

— Hieran anknüpfend wurde eine Verbindung mit den Prinzipien der objektorientierten Programmierung hergestellt, aus der wiederum konkrete Gestaltungshinweise für den Aufbau eines Simulationsprogramms hergeleitet werden konnten.

— Ausgehend von der teamtheoretischen Informationsmodellierung und dem Grundmodell der Entscheidungstheorie ist eine Überleitung zu einem lernenden, LCS-basierten Entscheidungsmodell zur Abbildung lernender Akteure gelungen.

— Im anschließend skizzierten Programm erfolgte eine den entwickelten Leitlinien folgende, theorieadäquate Umsetzung als Simulationsmodell.

Damit wurde ein Weg eröffnet, der es ermöglicht, durch Simulationsexperimente zu Aussagen über aus der Annahme lernender Akteure resultierende Muster zu gelangen.

Aufdeckung vom Rationalmodell abweichender Muster

Mit den durchgeführten Experimenten wurde die dritte Forschungsfrage beantwortet und aufgezeigt, dass aus der Annahme des Lernens Effekte resultieren können, die im Vergleich zum entscheidungstheoretisch-rationalen Fall als dysfunktional bezeichnet werden können.
Das aufgebaute Lernmodell zeigte sich dabei als zweckmässig. Es gelang den Akteuren in allen Fällen eine Anpassung an die Information, die Ergebnisse setzten sich – je nach Informationsvoraussetzung mehr oder weniger deutlich – vom Wert einer zufälligen Aktion ab. Während dabei ausgangs jedoch noch Ergebnisse erzielt wurden, die sich als dem teamtheoretisch hergeleiteten bzw. entscheidungstheoretisch-rationalen Fall entsprechend bezeichnen lassen, wurden später mit der Variation der Feinheit der Informationsstrukturen bereits erste Widersprüche im Vergleich von lernenden und entscheidungstheoretisch-rational modellierten Akteuren erkennbar.

Insgesamt wird deutlich, dass

— die Aussagen des entscheidungstheoretisch-rationalen Modells im individuellen Fall zwar den oberen Grenzbereich des jeweils zu erwartenden erzielten Nutzens ungefähr beschreiben (Ausnahme bilden vom entscheidungstheoretischen Modell nicht erfasste Lerneffekte bei latenten Zuständen), aber

— höhere Feinheit, Fehler und Verzögerungen zu durch das rationalen Modell nicht erfassten Beeinträchtigungen von Wahrnehmungs- und Verständnislernen führen können und

— im interaktiven Fall durch den zusätzlichen kommunikativen Lernaspekt weitere Beeinträchtigungen entstehen können, die zu Strukturen führen, die sich allgemeinsprachlich als ‚chaotisch' beschreiben lassen.

Als Leitmotiv der Arbeit wurde die Hypothese verfolgt, dass die Annahme *lernender* Akteure zu einem Modellverhalten führt, welches sich deutlich von demjenigen von Modellen mit entscheidungs-theoretisch-rational fundierten Akteuren unterscheidet. Diese Hypothese ist nach den Ergebnissen der Arbeit nicht abzulehnen. Mehr noch: Im Kontext des aufgebauten Modells zeigt sich für viele Konstellationen ein deutlicher Widerspruch zur – für die Verwendung entscheidungstheoretischer Modelle gerne verwendeten – Hypothese approximativer Ähnlichkeit. Trotzdem bleiben entscheidungstheoretische Modelle natürlich wertvoll. Es ist jedoch wichtig, sie im Sinne HAYEKS lediglich als Denkwerkzeuge zu verstehen und sie in der praktischen Anwendung zur Gestaltung von Informationssystemen mit anderen (insbesondere auch mit das begrenzte Können von Akteuren berücksichtigenden) Ansätzen zu kombinieren. Ein möglicher Weg hierzu, die Nutzung der Methode der Computersimulation lerndender Akteure, wurde in der Arbeit aufgezeigt und beschritten.

5.2 Einschränkungen und Schlussfolgerungen

Der Ansatz dieser Arbeit ist im wesentlichen theoretisch abstrakt. Ihre Modellierung kann als ein erster, früher Entwicklungsschritt in der modelltheoretischen Analyse des Verhaltens lernender Akteure betrachte werden. Trotzdem soll nun gegen Ende – unter Bewusstmachung methodischer und inhaltlicher Beschränkungen – nach Implikationen für die praktische Gestaltung von Informationssystemen gesucht werden.

Methodische und inhaltliche Grenzen

Die Experimente mit dem Simulationsprogramm zeigen, wie sich die modellierten Akteure in den verschiedenen gegebenen Szenarien verhalten. Die resultierenden Ergebnisse sind dabei – auch alltagsweltlich betrachtet – plausibel. Dennoch ist in ihrer Interpretation zu beachten, dass es sowohl aus methodischen, als auch aus inhaltlichen Erwägungen heraus nicht möglich ist, unmittelbar von den Modellergebnissen auf Gesetzmäßigkeiten der Realität zu schließen. Methodisch ist in der Anwendung theoretischer Modelle im sozialwissenschaftlichen Kontext dabei speziell die in Abschnitt 1.2 diskutierten Komplexität der Realität zu beachten:

- Die notwendige Reduktion zu einem abstrakten Modell führt i.d.R. zu idealisierten Anwendungsbedingungen, die in der Praxis nicht gegeben sind.
- Modelltheoretisch hergeleitete Effekte können in der Realität durch eine Vielzahl weiterer, im Modell unberücksichtigter Einflüsse überlagert und verzerrt werden.

Inhaltliche Einschränkungen sind vor allem der spezifischen Stilisierung der abgebildeten Akteure sowie der simulierten Szenarien geschuldet:

- Der Modellierung der lernenden Akteure liegen nicht auf einer verhaltenswissenschaftlichen Mikrotheorie aufbauende Verhaltensannahmen, sondern ‚nur' eine abstrakt-hypothetische Mikrofundierung (operationalisiert in einem spezifischen, der Artificial Intelligence entlehnten Lernverfahren) zu Grunde.
- Die bislang modellierten Situationen abstrahieren bewusst von möglichen und realiter zumeist auch wahrscheinlichen Interessenkonflikten. Das bisherige Modell erbt damit zunächst die Einschränkungen, die häufig zur Kritik der Teamtheorie herangezogen werden.
- Die gewählten Szenarien stellen keine elementaren Grundtypen dar. Sie dienen als exemplarische Fälle zum Aufdecken von Widersprüchen zwischen dem Verhalten der entscheidungstheoretischen und dem der lernenden Akteure. Sie sind jedoch nur begrenzt verallgemeinerbar.
- Die im Modell simulierten Zeitschritte sind diskret und dimensionslos, so dass keine unmittelbare Ableitung auf echte Zeiteinheiten und damit auf reale Lerngeschwindigkeiten möglich ist.

Eine vielen Simulationsmodellen inhärente methodisch-technische Restriktion bildet schließlich die Berechenbarkeit des Modells. So konnte in der Simulation nur eine heuristisch gewählte Menge von Parameterkombinationen untersucht werden. Zwar ermöglichten die Verwendung einer verhältnismäßig leistungsfähigen Hardware[1] und eine Datenbank-gestützte Auswertung der Ergebnisse[2] bereits eine hohe Zahl an Versuchsläufen, aufgrund der Zahl der Freiheitsgrade ist es jedoch nicht möglich, alle möglichen relevanten Parameter zu untersuchen.

Implikationen

Insgesamt zeigt sich in der Arbeit, dass ein Schluss vom Verhalten entscheidungstheoretisch-rationaler Akteure auf das Verhalten lernender Akteure zu fehlerhaften Aussagen führen kann. Eine (zu) einseitig entscheidungstheoretisch fundierte Informationsversorgung ist unter der Annahme lernender Akteure potentiell suboptimal. Vor dem Hintergrund des erstellten Modells und der Versuchsergebnisse ist es – grob gefasst – die *Erlernbarkeit* einer Konstellation aus Aufbau der Situation und Informationsstruktur, die über den entscheidungstheoretischen Gehalt der verfügbaren Daten hinaus einen wesentlichen Einfluss auf den Erfolg der Akteure hat. Deutlich wird dies nicht zuletzt in der Einbeziehung der je nach Informationsstruktur mehr oder weniger gestreckten Lernphase in die ex post-Informationswert-Betrachtung.
Über diese allgemeine Aussage hinaus – ohne den Anspruch auf Gesetzmäßigkeit – lassen sich aus den in den Simulationsergebnissen erkennbaren Mustern zudem einige auch vor dem Hintergrund empirisch und verhaltenstheoretisch fundierter Argumentationen plausible Hinweise für die praktische Gestaltung von Informationssystemen gewinnen:

— Eine Erhöhung der Feinheit bereitgestellter Informationen kann kontraproduktiv wirken. Im Experiment zeigte sich bei einer Informationsstruktur, die feiner war als die auszahlungsadäquate Struktur, ein durch erschwertes Wahrnehmungslernen verringerter Informationswert. Dies korrespondiert mit einer auch in der Praxis diagnostizierbaren kognitiven Überforderung vieler Manager.[3]

— Die Bedeutung von Fehlern und Verzögerungen wird im entscheidungstheoretischen Modell unterbewertet. Im Experiment wurde ein im Vergleich zum entscheidungtheoretisch-rationalen Akteur überlinearer Effekt beim lernenden Akteur festgestellt.

---

[1] Es stand eine Workstation mit zwei aktuellen Doppelkern-Prozessoren zur Verfügung.

[2] Vgl. zu diesen Faktoren auch Heine (2006, S. 197).

[3] Vgl. hierzu Weber (2004a, S. 13).

Die beiden Punkte verweisen gemeinsam darauf, in der Gestaltung von Informationsstrukuren stärker die Präzision im Sinne der Fehlerfreiheit von Daten zu beachten und dies nicht – wie es in der Praxis häufig geschieht[4] – mit der Detaillierung der Daten zu verwechseln.
Zusätzlich ergeben sich aus den Experimenten zum interaktiven Fall Hinweise zur Koordination im Unternehmen:

— Es war festzustellen, dass die einfacheren Informationsstrukturen, speziell auch der auf lokale Information beschränkte Fall, ein im Vergleich tendenziell erfolgreicheres Koordinationslernen ermöglicht haben. Dies lässt sich als Hinweis auf die Vorteilhaftigkeit dezentraler, marktlich ausgerichteter Koordinationsmechanismen sowie schlanker Planungsprozesse deuten.

— Fehlerhafte oder verzögerte Informationsversorgung sind in ihrer Auswirkung nahezu unvorhersehbar. Für die Abstimmung im Unternehmen ist daher insbesondere eine hohe Datenqualität bei gleichzeitig schneller Verfügbarkeit bedeutsam.

Gleichzeitig betont der Einfluss des Koordinationslernens die Bedeutung koordinierender Prozesse, speziell der Planung, welche (über die Fixierung eines Commitments auf Ergebnisse verantwortlicher Manager hinaus) gestärkt wird. Bereits aus der Informationswert-Betrachtung an sich ergibt sich zudem eine weitere Aussage: Auch Informationsstrukturen amortisieren sich langsam und erzielen aufgrund der Lernkurve im aus ihrer Anwendung resultierenden Nutzen ggf. erst nach einiger Zeit einen positiven Informationswert. In der Praxis ist jedoch zu beobachten, dass betriebswirtschaftliche Instrumente häufig sehr schnell ausgewechselt oder modifiziert werden. Es sollte dagegen nach der Einführung neuer Instrumente eine gewisse ‚Gewöhnungszeit' für das Erlernen derselben kalkuliert werden, damit diese den gewünschten Effekt erzielen können.[5] Dies bedeutet sicher auch – hier schließt sich der Kreis zum einführend angeführten Produktivitätsparadoxon –, sich nicht durch technische Machbarkeiten verleiten zu lassen.

5.3 Ausblick

Während die grundsätzlichen methodischen Begrenzungen der Modellanwendung weiterhin unüberwindbar scheinen, lassen sich die inhaltlichen Restriktionen des entwickelten Modells

---

[4] Vgl. Weber (2004a, S. 9).

[5] Vgl. hierzu auch Weber (2004a, S. 38).

in weiterer Forschung zu großen Teilen überwinden. Das vorliegende Modell liefert eine Reihe von Ansatzpunkten, die getroffenen Aussagen zu überprüfen, zu verfestigen und auszuweiten. So kann das Modell sowohl methodisch/technisch und verhaltenswissenschaftlich weiter validiert, durch zusätzliche oder konkurrierende Verhaltensannahmen ergänzt, als auch bezogen auf den simulierten situativen Kontext ausgeweitet werden.

Verifizierung und Validierung des Modells

Die Validität des entwickelten Modells, der Experimente und abgeleiteten Aussagen lässt sich in Anlehnung an TABER/TIMPONE in vier Bereiche untergliedern:

‚internal validity': bezieht sich auf die Verknüpfung zwischen sachlich-analytisch aufbereiteter Theorie und formalem Modell bzw. Simulationsprogramm, d.h. auch auf die Verifizierung der Korrektheit des Programms,

‚reliability': erfasst die stochastische Robustheit und Sensitivität des Modells,

‚process validity': beurteilt die strukturelle Korrespondenz zwischen den Mechanismen des Modells und bekannten Mechanismen der Realität,

‚outcome validity': beschreibt die Aussagekraft der Ergebnisse in Bezug auf die Realität.[6]

Zur Sicherung der ‚internal validity' wurde das in der Arbeit verwendete Simulationsmodell (wie in Kapitel 3.3 geschildert) sorgfältig und in enger Bindung an die Theorie entwickelt. In den Experiementen wurde das resultierende Verhalten der R-Akteure stets gegen teamtheoretisch hergeleitete, erwartete Ergebnisse geprüft. Für die L-Akteure ist ein solcher Abgleich nicht möglich. Ihr Verhalten konnte jedoch gegenüber den Erwartungen an zweckmäßiges Lernen plausibilisiert werden.
Es existieren jedoch Studien, die feststellen, dass trotz der Anwendung strukturierter Entwicklungsverfahren häufig kleine – nicht zwingend die Ergebnisse verfälschende – Fehler in Simulationsprogrammen verbleiben.[7] Im Sinne kumulativer Wissenschaft ist die Verifizierung des

---

[6] Vgl. Taber/Timpone (1996, S. 71 ff.); vgl. auch Heine (2006, S. 125 f.).

[7] Vgl. Edmonds/Hales (2003, Abs. 1.5 f.). EDMONDS/HALES stellen schließlich fest:'Since almost all simulations are not amenable to formal analysis, the only way they can be verified is via the experimentation of running simulations. If we are to be able to trust the simulations we use, we must independently replicate them. An unreplicated simulation is an untrustworthy simulation – *do not rely on their results, they are almost certainly wrong*." Edmonds/Hales (2003, Abs. 12.2). Hervorhebung im Original. Das Grundproblem ist dabei jedoch nicht auf die Methode der Computersimulation beschränkt: Zu ähnlichen Problemen in der Auswertung empirischer Studien z.B. Dewald et al. (1986).

Modells durch eine Replikation daher wünschenswert.[8] Ein detailliertes Nachvollziehen und Nachbauen des Modells stellt dabei nicht nur einen Falsifizierungsversuch dar. Eine gelungene, den hier erzielten Ergebnissen nicht widersprechende, d.h. zumindest relational equivalente Replikation[9] bildet zugleich einen Ausgangspunkt für seine Ausweitung.
Eine Replikation stellt zudem eine Grundlage für eine über den in der Arbeit erfassten Umfang hinausgehende Untersuchung der ‚reliability' dar. Dies kann beispielsweise eine – selbstverständlich auch mit dem Originalprogramm mögliche – vertiefte Untersuchung von Sensitivitäten nicht untersuchter Parameter, eine kleinschrittigere Parametervariation oder eine großzahligere Wiederholung der Experimente sein.
Bezüglich seiner Verknüpfung zur Realität ist das Modell auf Grund der zuvor beschriebenen inhaltlichen Grenzen nur schwierig zu beurteilen. Da die zu Grunde gelegten Verhaltensannahmen sehr abstrakt sind, ist das Modell in seiner ‚process-validity' eingeschränkt. Hier kann letztlich nur eine verhaltenswissenschaftliche Ausdifferenzierung, wie sie methodisch bewusst noch nicht vollzogen wurde, zur Erhöhung beitragen. Bezüglich der ‚outcome-validity' des Modells ist dagegen eine empirische Prüfung möglich. Hier bietet sich das Laborexperiment als Methode an. Sowohl das Wetterbeispiel als auch das Werftbeispiel ließen sich in einem einfachen Planspiel, in dem Umwelt und die gegebenen Informationsstrukturen z.B. durch ein Computerprogramm abgebildet werden könnten mit realen, menschlichen Akteuren nachvollziehen. Dabei wäre es zur differenzierten Analyse auch möglich, im interaktiven Szenario Teams aus jeweils einem menschlichen und einem simulierten L- oder R-Akteur spielen zu lassen.

Verhaltenswissenschaftliche Ausdifferenzierung der lernenden Akteure

Die Modellbildung der Arbeit folgt – wie ausgeführt – LINDENBERGS Methode der abnehmenden Abstraktion. Sie beginnt mit der Annahme des entscheidungstheoretischen Rationalmodells der Teamtheorie als Kerntheorie. Zur Ausdifferenzierung wird eine einzelne Brückenannahme, die Annahme des Lernens, getroffen, die durch die Verwendung eines einfachen Learning-Classifier-Systems konkretisiert wird. Zur weiteren verhaltenswissenschaftlichen Fortentwicklung des Modells ist es nun möglich, diese Brückenannahme

— durch alternative Brückenannahmen bzw. alternative Konkretisierungen derselben auszutauschen und resultierende Ergebnisse zu vergleichen,

[8] So auch Axelrod (1997a, S. 31): „Replication is one of the hallmarks of cumulative science."

[9] Vgl. Axelrod (1997a, S. 32): AXELROD differenziert drei unterschiedlich genaue Entsprechungen der Ergebnisse anstrebende Ebenen der Replikation: ‚numerical equivalence', ‚distributional equivalence', ‚relational equivalence'.

— durch Hinzufügen weiterer Brückenannahmen zusätzliche verhaltenswissenschaftliche Aspekte zu integrieren und so die ,process-validity' des Modells zu erhöhen.

Eine alternative Konkretisierung der Brückenannahme des Lernens kann z.B. in der Verwendung anderer, ggf. leistungsfähigerer LCS-Typen bestehen (z.B. WILSONS XCS[10]). Ein solcher Schritt ist durch das objektorientierte Design bereits weitgehend vorbereitet, da hier lediglich die Entscheidungskomponente in der Modellierung des Akteurs ausgetauscht werden muss. Zum Vergleich der Resulate verschiedener Algorithmen kann dann z.B. ein ,Tournament'-Experiment vorgenommen werden. Wird dabei (wie bei AIRIAU/SAHA/SEN[11]) eine Dynamisierung bzw. ein Austausch der gewählten Algorithmen in einer größeren Population ermöglicht, wird damit zudem eine weitere Brückenannahme (im Sinne eines Meta-Lernens) ergänzt. Eine anderer Ansatzpunkt zur Ausdifferenzierung kann aber beispielsweise auch der Austausch von Wissen zwischen Akteuren, wie bei KUNZ[12] oder LANGER[13], sein. Es wird so möglich, die durchgeführten Experimente auch mit deutlich realitätsnäher ausdifferenzierten Akteuren zu wiederholen.

Modelltheoretische Ausweitung

Die Möglichkeiten der vorliegenden Modellierung der Akteure sind mit den durchgeführten Experimenten noch nicht ausgeschöpft. Ihr Gegenstandsbereich lässt sich noch erweitern, ihr Abstraktionsgrad reduzieren, weitere Kontextfaktoren können in erweiterte Modelle integriert werden. Mit den entwickelten Elementen lassen sich, ohne die Abbildung der Akteure im Kern zu verändern, verschiedenste neue Szenarien aufbauen und simulieren. Diese können z.B. neue Umweltbedingungen, weitere Informationsstrukturen, eine erhöhte Anzahl von Akteuren oder schließlich auch andere Auszahlungsfunktionen enthalten. Auch ist es möglich, Szenarien aufzubauen, in denen sich einzelne Komponenten im Simulationsverlauf verändern, z.B. indem die Wahrscheinlichkeit über die Zeit variiert wird oder die Informationsstruktur durch Anpassung der zwischen Umwelt und Akteur eingebundenen Objekte dynamisiert wird. Weiterhin lassen sich auch mehrstufige Informationsnetzwerke simulieren, in denen Akteure nicht nur als Empfänger am ,Ende' einer Informationsstruktur, sondern als Informationsintermediär gleichzeitig als Sender innerhalb einer Informationsstruktur angeordnet werden. Die Methode der

---

[10] Vgl. hierzu u.a. Wilson (1995), sowie Butz (2000), Butz/Wilson (2002) als Anleitung zur konkreten Programmierung.

[11] Vgl. Airiau et al. (2007).

[12] Vgl. Kunz (2006).

[13] Vgl. Langer (2002).

Computersimulation eröffnet damit einen analytischen Zugang zu teamtheoretischen Modellkontexten, die sich einer formal-analytischen entscheidungstheoretisch-rationalen Lösung bisher auf Grund ihrer Komplexität entziehen. Die besondere Form der Informationsmodellierung MARSCHAKS wird damit für eine Reihe neuer Fragestellungen nutzbar.

Die Freiheit, die jeweiligen Auszahlungsfunktionen akteursindividuell zu verändern, bedeutet dabei gleichzeitig auch die Möglichkeit, die Teambedingung als solche aufzuheben und so Anreizaspekte in die Analyse einzubeziehen.[14] Damit wird der in dieser Arbeit gewählte Ansatz mit wenigen, primär in der Formulierung der jeweiligen Situation vorzunehmenden Modifikationen für viele informationsökonomische Fragestellungen, z.B. der Betrachtung von Prinzipal-Agenten-Modellen, insbesondere auch in der informationsökonomischen Analyse von Controlling-Problemen anwendbar.

Mit den Ergebnissen der Arbeit wird somit nicht nur – wie bereits festgestellt – die eingangs formulierte These einer unzureichenden Berücksichtigung verhaltensorientierter Erkenntnisse als mögliche Ursache auftretender Dysfunktionalitäten gestützt. Es wurde auch das zweite Ziel der Arbeit, die Theorie der Informationsversorgung um ein neues, das dynamische ‚Können' von Akteuren integrierendes Denkwerkzeug zu erweitern, erreicht.

[14] Als diese Arbeit durch die Modellierung von Auszahlungsinformation komplementär ergänzender Anknüpfungspunkt bietet sich insbesondere Heine (2006) an.

Literaturverzeichnis

Airiau, Stéphane, Sabyasachi **Saha** und Sandip **Sen** (**2007**), Evolutionary Tournament-Based Comparison of Learning and Non-Learning Algorithms for Iterated Games, in: Journal of Artificial Societies and Social Simulation (JASSS), 10. Jg., Nr. 3, S. 7. http://jasss.soc.surrey.ac.uk/10/3/7.html.

Albach, Horst (**1969**), Teamtheorie, in: E. Grochla (Hrsg.), Handwörterbuch der Organisation (HwO), Stuttgart, Sp. 1629–1636.

Albach, Horst (**1976**), Ungewißheit und Unsicherheit, in: E. Grochla und W. Wittmann (Hrsg.), Handwörterbuch der Betriebswirtschaft (HwB), 4. Aufl., Bd. 1, Stuttgart, Sp. 4036–4041.

Albert, Hans (**1965**), Modell-Platonismus – Der neoklassische Stil des ökonomischen Denkens in kritischer Beleuchtung, in: E. Topitsch (Hrsg.), Logik der Sozialwissenschaften, Köln/Berlin, S. 406–434.

Albert, Hans (**1987**), Kritik der reinen Erkenntnislehre, Tübingen.

Allais, Maurice (**1953**), Le Comportement de l'Homme Rationnel devant le Risque: Critique des Postulats et Axiomes de l'Ecole Americaine, in: Econometrica, 21. Jg., Nr. 4, S. 503–546.

Amelingmeyer, Jenny (**2004**), Wissensmanagement: Analyse und Gestaltung der Wissensbasis von Unternehmen, 3. Aufl., Wiesbaden.

Arrow, Kenneth J. (**1964**), Control in Large Organizations, in: Management Science, 10. Jg., Nr. 3, S. 397–408.

Arrow, Kenneth J. (**1978**), Jacob Marschak, in: Challenge, 21. Jg., Nr. 1, S. 69–71.

Arrow, Kenneth J. (**1985**), Informational Structure of the Firm, in: American Economic Association Papers and Proceedings, 75. Jg., Nr. 2, S. 303–307.

Arrow, Kenneth J. (**1994**), Methodological individualism and social knowledge, in: American Economic Review (AER), 82. Jg., Nr. 2, S. 1–9.

Arrow, Kenneth J. (**2001**), The five most significant developments in economics of the twentieth century, in: European Journal of the History of Economic Thought, 8. Jg., Nr. 3, S. 298–304.

AT&T Integer Sequences Research (**2005**), On-Line Encyclopedia of Integer Sequences. http://www.research.att.com/~njas/sequences/.

Axelrod, Robert (**1984**), The Evolution of Cooperation, New York.

Axelrod, Robert (**1997a**), Advancing the art of simulation in the social sciences, in: R. Conte und R. Hegselmann (Hrsg.), Simulating social phenomena, Berlin u.a., S. 21–40.

Axelrod, Robert (**1997b**), The complexity of cooperation: Agent-based models of competition and collaboration, Princeton-studies in complexity, Princeton, New Jersey.

Axtell, Robert (**2000**), Why Agents? On the varied motivations for agent computing in the social sciences, Center on Social and Economic Dynamics, Working Paper No. 17, Washington D.C.

Bach, Sabine, Alexander **Bilgeri**, Malte **Brettel**, Martin **Grothe**, Christian **Langer**, Axel **Miller**, Utz **Schäffer** und Jürgen **Weber** (**2002**), Grundmodell einer dynamischen Theorie ökonomischer Akteure, CCM-Forschungspapier 6, Wissenschaftliche Hochschule für Unternehmensführung, Vallendar.

Bach, Sabine, Malte **Brettel**, Martin **Grothe**, Utz **Schäffer** und Jürgen **Weber** (**1998**), Grundmodell einer dynamischen Theorie ökonomischer Akteure, WHU-Forschungspapier 56, Wissenschaftliche Hochschule für Unternehmensführung, Vallendar.

Baetge, Jörg (**1977**), Teamtheorie, in: W. Albers, K. E. Born, E. Dürr, H. Hesse, A. Kraft, H. Lampert, K. Rose, H. H. Rupp, H. Scherf, K. Schmidt und W. Wittmann (Hrsg.), Handwörterbuch der Wirtschaftswissenschaft (HdWW), Göttingen.

Baiman, Stanley und Konduru **Sivaramakrishnan** (**1991**), The Value of Private Pre-Decision Information in a Principal-Agent Context, in: Accounting Review, 66. Jg., Nr. 4, S. 747–766.

Balzer, Wolfgang, Karl R. **Brendel** und Solveig **Hofmann** (**2001**), Bad Arguments in the Comparison of Game Theory and Simulation in Social Studies, in: Journal of Artificial Societies and Social Simulation (JASSS), 4. Jg., Nr. 2. http://www.soc.surrey.ac.uk/JASSS/4/2/1.html.

Bamberg, Günter und Adolf Gerhard **Coenenberg** (**1996**), Betriebswirtschaftliche Entscheidungslehre, 9. Aufl., München.

Bea, Franz Xaver und Elisabeth **Göbel** (**2002**), Organisation - Theorie und Gestaltung, 2. Aufl., Stuttgart.

Bernstein, Daniel S., Shiomo **Zilberstein** und Neil **Immerman** (**2000**), The Complexity of Decentralized Control of Markov Decision Processes, in: Proceedings of the 16th Conference on Uncertainty in Artificial Intelligence, 30.Juni – 3.July 2000, Stanford University, Stanford, CA, S. 32–37.

Berthel, Jürgen (**1975**), Betriebliche Informationssysteme, Stuttgart.

Berthel, Jürgen (**1992**), Informationsbedarf, in: E. Frese (Hrsg.), Handwörterbuch der Organisation (HwO), 3. Aufl., Stuttgart, Sp. 872–886.

Bode, Jürgen (**1997**), Der Informationsbegriff in der Betriebswirtschaftslehre, in: Schmalenbachs Zeitschrift für betriebswirtschaftliche Forschung (ZfbF), 49. Jg., Nr. 5, S. 449–468.

Boisot, Max und Augustí **Canals** (**2004**), Data, information and knowledge: have we got it right?, in: Journal of Evolutionary Economics (JEvolEcon), 14. Jg., S. 43–67.

Borgida, Eugene und Richard E. **Nisbett** (**1977**), The differential impact of abstract vs. concrete information on decisions, in: Journal of Applied Social Psychology, 7. Jg., S. 258–271.

Bornstein, Robert F. (**1989**), Exposure and effect: Overview and meta-analysis of researchExposure and effect: Overview and meta-analysis of research, 1968-1987, in: Psychological Bulletin, 106. Jg., S. 265–289.

Broadbent, D. (**1987**), Simple models for experimental situations, in: P. Morris (Hrsg.), Modelling Cognition, Chichester, S. 169–185.

Bruner, Jerome S. (**1957**), On perceptual readiness, in: Psychological Review, 64. Jg., Nr. 2, S. 123–152.

Buchanan, James M. (**2001**), Game theory, mathematics, and economics, in: Journal of Economic Methodology, 8. Jg., Nr. 1, S. 27–32.

Bull, Larry (**2002**), Lookahead And Latent Learning In ZCS, in: W. B. Langdon, E. Cantú-Paz, K. Mathias, R. Roy, D. Davis, R. Poli, K. Balakrishnan, V. Honavar, G. Rudolph, J. Wegener, L. Bull, M. A. Potter, A. C. Schultz, J. F. Miller, E. Burke und N. Jonoška (Hrsg.), GECCO 2002: Proceedings of the Genetic and Evolutionary Computation Conference, New York, S. 897–904.

Bull, Larry (**2003**), A Simple Accuracy-based Learning Classifier System, Technical Report UWELCSG03-005, Learning Classifier Systems Group, University of the West of England, Bristol.

Bull, Larry (**2004**), Learning Classifier Systems: A Brief Introduction, in: L. Bull (Hrsg.), Applications of Learning Classifier Systems, Studies in Fuzziness and Soft Computing (150), Berlin u.a., S. 3 – 14.

Bull, Larry und Jacob **Hurst** (**2002**), ZCS Redux, in: Evolutionary Computation, 10. Jg., Nr. 2, S. 185–205.

Bull, Larry und Toby **O'Hara** (**2001**), NCS: A Simple Neural Classifier System, Technical Report UWELCSG01-005, Learning Classifier Systems Group, University of the West of England, Bristol.

Bungenstock, Christian (**1995**), Entscheidungsorientierte Kostenrechnungssysteme, Wiesbaden.

Burgfeld, Renate (**1998**), Organisationstheorie und Informationstechnologie, Wiesbaden.

Butz, Martin und Stewart W. **Wilson** (**2002**), An algorithmic description of XCS, in: Soft Computing, 6. Jg., Nr. 3-4, S. 144–153.

Butz, Martin V. (**2000**), XCSJava 1.0: An Implementation of the XCS classifier system in Java , Technical Report 2000027, Illinois Genetic Algorithms Laboratory, Urbana-Champaign, IL.

Butz, Martin V., Tim **Kovacs**, Pier Luca **Lanzi** und Stewart W. **Wilson** (**2001**), How XCS Evolves Accurate Classifiers, in: L. Spector, E. D. Goodman, A. Wu, W. B. Langdon, H.-M. Voigt, M. Gen, S. Sen, M. Dorigo, S. Pezeshk, M. H. Garzon und E. Burke (Hrsg.), Proceedings of the Genetic and Evolutionary Computation Conference (GECCO-2001), San Francisco, California, USA, S. 927–934.

Buxmann, Peter (**1999**), Der Einfluß von Entwicklungen in der Informations- und Kommunikationstechnik auf betriebliche Entscheidungssysteme, in: Schmalenbachs Zeitschrift für betriebswirtschaftliche Forschung (ZfbF), 51. Jg., Nr. 7/8, S. 714–729.

Camerer, Colin F. (**1995**), Individual Decision Making, in: J. Kagel und A. Roth (Hrsg.), Handbook of Experimental Economics, Princeton, S. 587–703.

Camerer, Colin F. (**1999**), Behavioral economics: Reunifying psychology and economics, in: Proceedings of the National Academy of Sciences (PNAS), 96. Jg., Nr. 19, S. 10575–10577.

Camerer, Colin F. und Martin **Weber** (**1992**), Recent Developments in Modeling Preferences: Uncertainty and Ambiguity, in: Journal of Risk and Uncertainty, 5. Jg., Nr. 4, S. 325–370.

Caplan, Nathan (**1975**), The Use of Social Science Information by Federal Executives, in: G. M. Lyons (Hrsg.), Social research and public policies. The Dartmouth/OECD Conference, Internat. Seminar on Social Research and Public Policies, Sept. 1974, Hanover, USA, S. 46–67.

Carley, Kathleen und Matthias **Meyer** (**2007**), Costs and Benefits of Budgeting in Dynamic Environments – An Information Processing Model, European Accounting Association, Annual Conference, Lissabon.

Carley, Kathleen M. (**1999**), On Generating Hypotheses Using Computer Simulations (Short Version), in: Proceedings of the 1999 International Symposium on Command and Control Research and Technology. Conference held in June 1999, Newport,RI., Vienna (Virginia).

Carse, Brian und Anthony G. **Pipe** (**2001**), X-FCS: A Fuzzy Classifier System using Accuracy-based Fitness - First Results., Technical Report UWELCSG01-007, Learning Classifier Systems Group, University of the West of England, Bristol.

Chua, Alton (**2002**), Taxonomy of Organisational Knowledge, in: Singapore Management Review, 24. Jg., Nr. 2, S. 69–76.

Chwolka, Anne (**2002**), Informationsbedarf, in: H.-U. Küpper und A. Wagenhofer (Hrsg.), Handwörterbuch Unternehmensrechnung und Controlling (HwU), 4. Aufl., Stuttgart, Sp. 723–731.

Clotfelter, Charles T. und Philip J. **Cook** (**1993**), The gamblers fallacy in lottery play, in: Management Science, 39. Jg., Nr. 12, S. 1521–1525.

Conlisk, John (**1996**), Why bounded rationality?, in: Journal of Economic Literature, 34. Jg., Nr. 2, S. 669–701.

Coval, Joshua D. und Tobias J. **Moskowitz** (**1999**), Home bias at home: Local equity preference in domestic portfolios, in: Journal of Finance, 54. Jg., S. 145–166.

Dewald, William G., Jerry G. **Thursby** und Richard G. **Anderson** (**1986**), Replication in Empirical Economics: The Journal of Money, Credit and Banking Project, in: The American Economic Review (AER), 76. Jg., Nr. 4, S. 587–603.

Diaper, Dan (**1989**), Designing Expert Systems – from Dan to Beersheba, in: D. Diaper (Hrsg.), Knowledge Elicitation: Principles, Techniques and Applications, Chichester, S. 17–46.

Drukarczyk, Jochen (**1974**), Zum Problem der Bestimmung des Wertes von Informationen, in: Zeitschrift für Betriebswirtschaft (ZfB), 44. Jg., S. 1–18.

Edmonds, Bruce und David **Hales** (**2003**), Replication, Replication and Replication: Some Hard Lessons from Model Alignment, in: Journal of Artificial Societies and Social Simulation (JASSS), 6. Jg., Nr. 4. http://jasss.soc.surrey.ac.uk/6/4/11.html.

Eisenführ, Franz und Martin **Weber** (**1999**), Rationales Entscheiden, 3. Aufl., Berlin u.a.

Ellsberg, Daniel (**1961**), Risk, ambiguity, and the savage axioms, in: Quarterly Journal of Economics, 75. Jg., S. 643–669.

Ermert, Monika (**2005**), Schnellster Rechner in Deutschland eingeweiht, Heise online news, 21.7.2005, http://www.heise.de/newsticker/meldung/61949, abgerufen am 30.4.2007.

Ewert, Ralf (**1992**), Controlling, Interessenkonflikte und asymmetrische Information, in: Betriebswirtschaftliche Forschung und Praxis (BFuP), 44. Jg., S. 277–303.

Ewert, Ralf (**2003**), Der informationsökonomische Ansatz des Controlling, in: J. Weber und B. Hirsch (Hrsg.), Controlling als akademische Disziplin, S. 21–37.

Fel'dbaum, Aleksandr A. (**1960/1961**), Dual control theory. I-IV, in: Automation Remote Control, 21./22. Jg., S. 874–880,1033–1039,1–12,109–121.

Feldman, Martha S. und James G. **March** (**1981**), Information in Organizations as Signal and Symbol, in: Administrative Science Quarterly, 26. Jg., Nr. 2, S. 171–187.

Feltham, Gerald A. und Joel S. **Demski** (**1970**), The Use of Models in Information Evaluation, in: Accounting Review, 45. Jg., Nr. 4, S. 623- 640.

Ferschl, Franz (**1982**), Entscheidungstheoretische Grundlagen der Informationsökonomik, in: E. Streißler (Hrsg.), Information in der Wirtschaft, Berlin, S. 35–78.

Festinger, Leon (**1964**), Conflict, decision, and dissonance, Stanford.

Fox, Craig R. und Amos **Tversky** (**1995**), Ambiguity aversion and comparative ignorance, in: The Quarterly Journal of Economics, 110. Jg., S. 585–603.

Frese, Erich (**1991**), Grundlagen der Organisation, 4. Aufl., Wiesbaden.

Fudenberg, Drew und David K. **Levine** (**1998**), The Theory of Learning in Games, Cambridge (Massachusetts) / London.

Gemünden, Hans Georg (**1992**), Informationsverhalten, in: E. Frese (Hrsg.), Handwörterbuch der Organisation (HwO), 3. Aufl., Stuttgart, Sp. 1010–1029.

Gerecke, Uwe (**1998**), Soziale Ordnung in der modernen Gesellschaft, Tübingen.

Gigerenzer, Gerd und Peter M. **Todd** (**1999**), Simple heuristics that make us smart, Evolution and cognition, New York u.a.

Gilbert, Nigel und Klaus G. **Troitzsch** (**2005**), Simulation for the Social Scientist, 2 Aufl., Maidenhead / New York.

Gilovich, Thomas., R. **Vallone** und Amos **Tversky** (**1985**), The hot hand in basketball: On the misperception of random sequences, in: Cognitive Psychology, 17. Jg., S. 592–596.

Glaser, Horst (**1980**), Informationswert, in: E. Grochla (Hrsg.), Handwörterbuch der Organisation (HwO), 2. Aufl., Stuttgart, Sp. 933–941.

Glaser, Markus, Thomas **Langer** und Martin **Weber** (**2005**), Overconfidence of Professionals and Lay Men: Individual Differences between and within Task, Arbeitspapier, Universität Manheim/ Universität Münster, http://www.wiwi.uni-muenster.de/finance/organisation/lehrstuhlteam/langer/GlaserLangerWeber2005.pdf, abgerufen am 8.5.2005.

Goldberg, David E. (**1989**), Genetic Algorithms in Search, Optimization and Machine Learning, Reading (Massachusetts).

Goldschlager, Leslie und Andrew **Lister** (**1984**), Informatik – Eine moderne Einführung, München.

Grefenstette, John J. (**1988**), Credit Assignment in Rule Discovery Systems Based on Genetic Algorithms, in: Machine Learning, 3. Jg., S. 225–245.

Grochla, Erwin (**1993**), Betrieb, Betriebswirtschaft und Unternehmung, in: W. Wittmann (Hrsg.), Handwörterbuch der Betriebswirtschaftslehre (HwB), Bd. 1., Stuttgart, Sp. 374–390.

Grothe, Martin (**1997**), Ordnung als betriebswirtschaftliches Phänomen, Wiesbaden.

Groves, Theodore (**1973**), Incentives in Teams, in: Econometrica, 41. Jg., S. 617–632.

Güldenberg, Stefan und Holger **Helting** (**2004**), Wissensmanagement falsch verstanden?, in: Die Betriebswirtschaft (DBW), 64. Jg., Nr. 5, S. 523–537.

Gutenberg, Erich (**1960**), Grundlagen der Betriebswirtschaftslehre, 5. Auflage Aufl., Bd. 1: Die Produktion., Berlin u.a.

Gutenberg, Erich (**1967/1929**), Die Unternehmung als Gegenstand betriebswirtschaftlicher Theorie, Unveränderter Nachdruck der 1. Aufl. Berlin 1929, Frankfurt a.M.

Gutenberg, Erich (**1983**), Grundlagen der Betriebswirtschaftslehre, 24. Aufl., Bd. 1: Die Produktion., Berlin u.a.

Hagemann, Harald (**1997**), Jacob Marschak (1898-1977), in: R. Blomert (Hrsg.), Heidelberger Sozial- und Staatswissenschaften, Marburg, S. 219–254.

Hammond, John S., Ralph L. **Keeney** und Howard **Raiffa** (**1998**), The Hidden Traps in Decision Making, in: Harvard Business Review (HBR), 76. Jg., Nr. 5, S. 47–58.

Hansen, Hans Robert und Gustaf **Neumann** (**2005**), Wirtschaftsinformatik 1, 9. Aufl., Stuttgart.

Harsanyi, John C. (**1967/1968**), Games with incomplete information played by 'bayesian' players, I-III, in: Management Science, 14. Jg., Nr. 3,5,7, S. 159–182, 320–334, 486–502.

Hauschild, Jürgen, Hans G. **Gemünden**, Silvia **Grotz-Martin** und Ulf **Haidle** (**1983**), Entscheidungen der Geschäftsführung. Typologie, Informationsverhalten, Effizienz., Tübingen.

Hayek, Friedrich A. von (**1969**), Die Sprachverwirrung im politischen Denken – mit einigen Vorschlägen zur Abhilfe, in: Freiburger Studien, Kapitel Die Sprachverwirrung im politischen Denken – mit einigen Vorschlägen zur Abhilfe, S. 206–231.

Hayek, Friedrich A. von (**1972**), Die Theorie komplexer Phänomene, Tübingen.

Hayek, Friedrich A. von (**1979**), Engineers and Planners, in: F. Hayek (Hrsg.), The Counter-Revolution of Science - Studies on the Abuse of Reason, 2. Aufl., Indianapolis, S. 165–182.

Hayek, Friedrich A. von (**1989**), The Pretence of Knowledge (Nobel Memorial Lecture v. 11.12.1974), in: American Economic Review (AER), 79. Jg., Nr. 6, S. 3–7.

Heine, Bernd-Oliver (**2006**), Konzeptionelle Nutzung von Controllinginformationen – ein modelltheoretischer Ansatz, unveröffentliches Dissertationsmanuskript, WHU, Vallendar.

Heine, Bernd-Oliver, Bernhard **Hirsch**, Klaus **Hufschlag**, Marc **Lesch**, Matthias **Meyer**, Roman **Müller**, Anne **Paefgen** und Guido **Pieroth** (**2006**), Zur Modellierung ökonomischer Akteure mit begrenzten kognitiven Fähigkeiten - Anleitung zu einer problemspezifischen Ausdifferenzierung des Homo oeconomicus, WHU-Forschungspapier Nr. 110, Wissenschaftliche Hochschule für Unternehmensführung, Vallendar.

Heinen, Edmund (**1976**), Grundlagen betriebswirtschaftlicher Entscheidungen - Das Zielsystem der Unternehmung, 3. Aufl., Wiesbaden.

Hess, Thomas (**1999**), Die Agency-Theorie als Gestaltungshilfe für Führungsinformationssysteme, in: Das Wirtschaftsstudium (WISU), 28. Jg., Nr. 11, S. 1503 – 1509.

Hess, Thomas (**2003**), Informations- und Kommunikationstechnologien als Treiber neuer Controlling-Lösungen: Skizze eines Forschungsprogramms, in: J. Weber und B. Hirsch (Hrsg.), Controlling als akademische Disziplin, S. 427–438.

Hirshleifer, David (**2001**), Investor Psychology and Asset Pricing, in: The Journal of Finance, 56. Jg., Nr. 4, S. 1533–1597.

Hirshleifer, Jack (**1973**), Where Are We in the Theory of Information?, in: American Economic Review (AER), 63. Jg., Nr. 2, S. 31–39.

Holland, John H. (**1971**), Processing and processors for schemata, in: E. L. Jacks (Hrsg.), Associative information processing, New York, S. 127–146.

Holland, John H. (**1975**), Adaptation in Natural and Artificial Systems, Ann Arbor.

Holland, John H. (**1985**), Properties of the Bucket Brigade, in: Proceedings of the 1st International Conference on Genetic Algorithms, Mahwah (New Jersey), S. 1–7.

Holland, John H. (**1992**), Genetic algorithms, in: Scientific American, 267. Jg., Nr. 1, S. 44–50.

Holland, John H., Keith J. **Holyoak**, Richard E. **Nisbett** und Paul R. **Thagard** (**1986**), Induction: processes of inference, learning, and discovery, 2. Aufl., Computational models of cognition and perception, Cambridge (Massachusetts).

Holland, John H. und John H. **Miller** (**1991**), Artificial Adaptive Agents in Economic Theory, in: American Economic Review (AER), 81. Jg., Nr. 2, S. 365–370.

Holland, John H. und Judith S. **Reitman** (**1978**), Cognitive systems based on adaptive algorithms, in: D. A. Waterman und F. Hayes-Roth (Hrsg.), Pattern-directed inference systems, New York, S. 313–329.

Holyoak, Keith J. und Dan **Simon** (**1999**), Bidirectional reasoning in decision making by constraint satisfaction, in: Journal of Experimental Psychology –General, 128 Jg., S. 3–31.

Homann, Karl und Andreas **Suchanek** (**2005**), Ökonomik: eine Einführung, 2. Aufl., Tübingen.

Hopwood, Anthony G. (**1978**), Towards an Organizational Perspective for the Study of Accounting and Information Systems, in: Accounting, Organizations & Society (AOS), 3. Jg., Nr. 1, S. 3–13.

Hopwood, Anthony G. (**1989**), Behavioral Accounting in Retrospect and Prospect, in: Behavioral Research in Accounting, 1. Jg., Nr. 1, S. 1–21.

Illetschko, Leopold L. (**1969**), Rationales Handeln, in: E. Grochla (Hrsg.), Handwörterbuch der Organisation (HwO), Stuttgart, Sp. 1385–1393.

Janßen, Heike und Manfred **Bundschuh** (**1993**), Objektorientierte Software-Entwicklung, München, Wien.

Jost, Peter J. (**2000a**), Organisation und Koordination, Wiesbaden.

Jost, Peter J. (**2000b**), Organisation und Motivation, Wiesbaden.

Kahneman, Daniel, Jack L. **Knetsch** und Richard H. **Thaler** (**1990**), Experimental test of the endowment effect and the Coase theorem, in: Journal of Political Economy, 98. Jg., Nr. 6, S. 1325–1348.

Kahneman, Daniel und D. **Lovallo** (**1993**), Timid choices and bold forecasts: a cognitive perspective on risk taking, in: Management Science, 39. Jg., S. 17–31.

Kahneman, Daniel und Amos **Tversky** (**1972**), Subjective probability: A judgment of representativeness, in: Cognitive Psychology, 3. Jg., S. 430–454.

Kahneman, Daniel und Amos **Tversky** (**1973**), On the psychology of prediction, in: Psychological Review, 80. Jg., S. 237–251.

Kahneman, Daniel und Amos **Tversky** (**1979**), Prospect theory: An analysis of decision under risk, in: Econometrica, 80. Jg., S. 263–291.

Kahneman, Daniel und Amos **Tversky** (Hrsg.) (**2002**), Choices, values, and Frames, 2. Aufl., New York.

Kirzner, Israel M. (**1997**), Entrepreneurial Discovery and the Cornpetitive Market Process: An Austrian Approach, in: Journal of Economic Literature, 35. Jg., S. 60–85.

König, Wolfgang, Heinrich **Rommelfanger**, Dietrich **Ohse**, Oliver **Wendt**, Markus **Hofmann**, Michael **Schwind**, Klaus **Schäfer**, Helmut **Kuhnle** und Andreas **Pfeifer** (Hrsg.) (**2003**), Taschenbuch der Wirtschaftsinformatik und Wirtschaftsmathematik, 2. Aufl., Frankfurt am Main.

Kovacs, Tim (**2002**), Two views of classifier systems, in: P. L. Lanzi, W. Stolzmann und S. W. Wilson (Hrsg.), Advances in Learning Classifier Systems, Lecture Notes in Artificial Intelligence, 2321, Berlin u.a., S. 74–87.

Krämer, Sybille (**1988**), Symbolische Maschinen – die Idee der Formalisierung in geschichtlichem Abriß, Darmstatt.

Krapp, Michael (**2004**), Genetische Algorithmen als Planungsinstrument, in: Zeitschrift für Planung & Unternehmenssteuerung, 15. Jg., S. 165–181.

Krcmar, Helmut (**2003**), Informationsmanagement, 3. Aufl., Berlin u.a.

Kühberger, A. (**1998**), The influence of framing on risky decisions: A metaanalysis, in: Organizational Behavior and Human Decision Processes, 75. Jg., Nr. 1, S. 23–55.

Kuhl, Julius (**1984**), Volitional aspects of achievement motivation and learned helplessness: Toward a comprehensive theory of action control, in: Progress in Experimental Personality Research, 13. Jg., S. 99–171.

Kunz, Jennifer (**2006**), Wissensmanagement und organisationales Lernen - Eine simulationsgestütze Analyse, Hamburg.

Landauer (**1999**), Information is inevitably physical, in: A. Hey (Hrsg.), Feynman and Computation: exploring the limits of computers, Cambridge (Massachusetts), S. 77 – 92.

Langer, Christian (**2002**), Ordnungsparameter im handlungsorientierten Führungsmodell, Wiesbaden.

Lanzi, Pier Luca (**2000**), Learning Classifier Systems from a Reinforcement Learning Perspective, Technical Report 00-03, Dipartimento di Elettronica e Informazione, Politecnico di Milano, Artificial Intelligence and Robotics Project, Mailand.

Laughhunn, Dan J./Payne, John W. (**1984**), The impact of sunk outcomes on risky choice behavior, in: Canadian Journal of Operational Research and Information Processing (INFOR), 22. Jg., Nr. 2, S. 155–181.

Laux, Helmut (**2005**), Entscheidungstheorie, 6. Aufl., Berlin u.a.

Laux, Helmut und Felix **Liermann** (**2002**), Grundlagen der Organisation, 5. Aufl., Berlin u.a.

Lehner, Franz, Knut **Hildebrand** und Ronald **Maier** (Hrsg.) (**1995**), Wirtschaftsinformatik, München, Wien.

LEO Dictionary Team (**2007**), LEO, Elektronisches Wörterbuch für Deutsch, Englisch, Französisch, Spanisch. www.leo.org, abgerufen am 22.11.2007.

Leuz, Christian (**2002**), Informationstheorie, in: H.-U. Küpper und A. Wagenhofer (Hrsg.), Handwörterbuch Unternehmensrechnung und Controlling (HWU), 4. Aufl., Stuttgart, Sp. 732–740.

Lindenberg, Siegwart (**1991**), Die Methode der abnehmenden Abstraktion, in: H. Esser und K. Troitzsch (Hrsg.), Modellierung sozialer Prozesse, Bonn, S. 29–71.

Lindenberg, Siegwart (**1992**), The Method of Decreasing Abstraction, in: J. S. Coleman und T. J. Fararo (Hrsg.), Rational choice theory: Advocacy and Critique, Newbury Park, S. 3–20.

Loomes, Graham und Robert **Sugden** (**1982**), Regret theory: An alternative Theory of rational choice under uncertainty, in: Economic Journal, 92. Jg., Nr. 368, S. 805–824.

Lord, C. G., L. **Ross** und M. R. **Lepper** (**1979**), Biased assimilation and attitude polarization: The effects of prior theories on subsequently considered evidence, in: Journal of Personality and Social Psychology, Vol. 37. Jg., Nr. 11, S. 2098–2109.

Lorscheid, Iris (**2005**), Modellierung und Implementierung eine agenten-basierten Simulation zu Analyse von Wissen im Planungsprozess einer Firma, Studienarbeit, Institut für Wirstschafts- und Verwaltungsinformatik, Universität Koblenz-Landau, Koblenz.

Lorscheid, Iris (**2006**), Modellierung und Implementierung einer agenten-basierten Simulation zur Analyse des Entscheidungsprozesses am Beispiel der Investitionsplanung, Diplomarbeit, Institut für Wirtschafts- und Verwaltungsinformatik, Universität Koblenz-Landau, Koblenz.

Macho-Stadler, Inés und J. David **Pérez-Castrillo** (**2001**), An Introduction to the Economics of Information: Incentives and Contracts, 2. Aufl., Oxford/New York.

Maier, Ronald und Franz **Lehner** (**1994**), Towards a New Perception of Data, Information and Knowledge - Implications of the German Management and Computer Science Literature, WHU Forschungsbericht Nr. 16, Wissenschaftliche Hochschule für Unternehmensführung, Vallendar.

Marengo, Luigi (**1992**), Coordination and organizational learning in the firm, in: Journal of Evolutionary Economics (JEvolEcon), 2. Jg., Nr. 4, S. 313–326.

Marengo, Luigi (**1996**), Structure, Competence, and Learning in an Adaptive Model of the Firm, in: G. Dosi und F. Malerba (Hrsg.), Organization and Strategy in the Evolution of the Enterprise, Basingstoke, S. 124–154.

Marschak, Jacob (**1954**), Towards an Economic Theory of Organization and Information, in: R. Thrall, C. Coombs und R. Davis (Hrsg.), Decision Processes, New York.

Marschak, Jacob (**1955**), Elements for a Theory of Teams, in: Management Science, 1. Jg., Nr. 2, S. 127–137.

Marschak, Jacob (**1959**), Efficient and viable organizational forms, in: M. Haire (Hrsg.), Modern Organization Theory.

Marschak, Jacob (**1968**), Economics of Inquiring, Communicating, Deciding, in: American Economic Review (AER), 58. Jg., Nr. 2, S. 1–18.

Marschak, Jacob (**1970**), Optimale Symbolbehandlung: ein Problem der Betriebs- und Volkswirtschaft. (Rede gehalten am 13. Juni 1968 aus Anlaß seiner im Rahmen des Universitätsjubiläums am 12. Juni 1968 vollzogenen Promotion zum Dr. rer.pol. h.c. der Rechts- und Staatswissenschaftlichen Fakultät der Rheinischen Friedrich-Wilhelms-Universität Bonn), Bonn.

Marschak, Jacob und Koichi **Miyasawa** (**1968**), Economic Comparability of Information Systems, in: International Economic Review, 9. Jg., Nr. 2, S. 137.

Marschak, Jacob und Roy **Radner** (**1972**), Economic Theory of Teams, New Haven / London.

Mattessich, Richard (**2006**), The Information Economic Perspective of Accounting: Its Coming of Age, in: Canadian Accounting Perspectives, 5. Jg., Nr. 2, S. 209 – 236.

Mayr, Ernst (**1988**), Toward a New Philosophy of Biology Observations of an Evolutionist, Cambridge (Massachusetts) / London.

McFadden, Daniel (**1999**), Rationality for Economists?, in: Journal of Risk and Uncertainty, 19. Jg., Nr. 1-3, S. 73–105.

Menges, Günter (**1982**), Semantik in ökonomischen Informationssystemen, in: E. Streißler (Hrsg.), Information in der Wirtschaft, Berlin, S. 269–271.

Meyer, David, Alexandros **Karatzoglou**, Friedrich **Leisch**, Christian **Buchta** und Kurt **Hornik** (**2003**), A Simulation Framework for Heterogenous Agents, in: Computational Economics, 22. Jg., S. 285–301.

Meyer, Matthias (**2003**), F.A. von Hayek und die heuristische Dimension ökonomischer Modelle, in: I. Pies und M. Leschke (Hrsg.), F.A. von Hayeks konstitutioneller Liberalismus, Tübingen, S. 199–224.

Meyer, Matthias (**2004a**), Prinzipale, Agenten und ökonomische Methode, Tübingen.

Meyer, Matthias (**2004b**), Die vernachlässigte sprachliche Dimension wirtschaftswissenschaftlicher Theorie. Dargestellt am Beispiel der Theorie unvollständiger Verträge, in: U. Frank (Hrsg.), Wissenschaftstheorie in Ökonomie und Wirtschaftsinformatik. Theoriebildung und -bewertung, Ontologien, Wissensmanagement, Wiesbaden, S. 31–56.

Meyer, Matthias (**2005**), Akteursmodell und ökonomischer Ansatz – Eine Verhältnisbestimmung, WHU-Forschungspapier 106, Vallendar.

Meyer, Matthias und Bernd-Oliver **Heine** (**2006**), The Neglected Dimension of Conceptual Use of Accounting Information in Value-Based Management – a Computational Model, Präsentation bei der European Accounting Association Annual Conference, Dublin.

Meyer, Matthias und Klaus **Hufschlag** (**2006**), A Generic Approach to an Object-Oriented Learning Classifier System Library, in: Journal of Artificial Societies and Social Simulation (JASSS), 9. Jg., Nr. 3. http://jasss.soc.surrey.ac.uk/9/3/9.html.

Milgrom, Paul (**1981**), Good news and bad news: representation theorems and applications, in: Bell Journal of Economics, 12. Jg., Nr. 2, S. 380–391.

Milgrom, Paul und John **Roberts** (**1992**), Economics, Organization and Management, Englewood Cliffs.

Miller, Dale T. und Michael **Ross** (**1975**), Self-serving biases in the attribution of causality: Fact or fiction?, in: Psychological Bulletin,, 82. Jg., Nr. 2, S. 213–235.

Montgomery, Henry (**1989**), From cognition to action: The search for dominance in decision making, in: H. Montgomery und O. Svenson (Hrsg.), Process and Structure in Human Decision Making, Chichester, S. 23–49.

Montgomery, Henry (**1993**), The search for a dominance structure in decision making: Examining the evidence, in: G. A. Klein, J. Orasanu, R. Calderwood und C. E. Zsambok (Hrsg.), Decision making in action: Models and methods, Norwood, S. 182–187.

Morecroft, John D. W. (**1985**), Rationality in the Analysis of Behavioral Simulation Models, in: Managment Science, 31. Jg., S. 900–916.

Moriarty, David E., Alan C. **Schultz** und John J. **Grefenstette** (**1999**), Evolutionary Algorithms for Reinforcement Learning, in: Journal of Artificial Intelligence Research, 11. Jg., S. 199–229.

Musgrave, Alan (**1981**), Unreal assumptions in economic theory: The F-twist untwisted, in: Kyklos, 34. Jg., Nr. 3, S. 377–387.

Neumann, John **von** und Oskar **Morgenstern** (**1944**), Theory of Games and Economic Behavior, Princeton.

Nicolai, Alexander T. (**2004**), Der „trade off" zwischen „rigour" und „relevance" und seine Konsequenzen für die Managementwissenschaften, in: Zeitschrift für Betriebswirtschaft (ZfB), 74. Jg., Nr. H. 2, S. 99–118.

Nida-Rümelin, Julian (**1995**), Kritik des Konsequentialismus, München.

Nisbett, Richard E. und Thimothy D. **Wilson** (**1977**), The halo effect: Evidence for unconscious alteration of judgments, in: Journal of Personality and Social Psychology, 84. Jg., S. 231–259.

Nonaka, Ikujiro (**1991**), The Knowledge-Creating Company, in: Harvard Business Review (HBR), 69. Jg., Nr. 6, S. 96–104.

Nonaka, Ikujiro und Noboru **Konno** (**1998**), The Concept of 'Ba': Building a Foundation for Knowledge Creation, in: California Management Review, 40. Jg., Nr. 3, S. 40–54.

Odean, Terrance (**1998**), Volume, Volatility and Profit When All Traders Are Above Average, in: Journal of Finance, Vl. LIII. Jg., Nr. 6, S. 1887–1934.

O'Reilly, Charles A. III. (**1983**), The use of Information in Organizational Decision Making: A Model and some Propositions, in: Research in Organizational Behavior, 5. Jg., S. 103–141.

Osterloh, Margit und Simon **Grand** (**1995**), Selbstverständnis betriebswirtschaftlicher Forschung und Lehre, Wiesbaden, Kapitel Modellbildung vs. Frameworking: Die Positionen von Williamson und Porter, S. 1–26.

Ostrom, Thomas M. (**1988**), Computer simulation: The third symbol system, in: Journal of Experimental Social Psychology, 24 Jg., S. 381–392.

Ouksel, Aris M., Ken **Mihavics** und Peter **Chalos** (**1997**), Accounting Information Systems and Organization Learning, in: Accounting, Management and Information Technologies, 7. Jg., Nr. 1, S. 1–19.

Parnas, David L. (**1972**), On the Criteria To Be Used in Decomposing Systems into Modules, in: Communications of the ACM, 15. Jg., Nr. 12, S. 1053–1058.

Picot, Arnold (**2002**), Jüngste Entwicklungen in der Betriebswirtschaftslehre (ab 1990), in: E. G. R. Köhler (Hrsg.), Entwicklungen der Betriebswirtschaftslehre, Stuttgart, S. 166–195.

Picot, Arnold, Ralf **Reichwald** und Rolf T. **Wigand** (**2003**), Die grenzenlose Unternehmung, 5. Aufl., Wiebaden.

Piller, Frank Thomas (**1998**), Das Produktivitätsparadoxon der Informationstechnologie, in: Wirtschaftswissenschaftliches Studium (WiSt), 27. Jg., Nr. 5, S. 257–262.

Poensgen, Otto H. (**1976**), Teamtheorie, in: E. Grochla (Hrsg.), Handwörterbuch der Betriebswirtschaftslehre (HwB), 4. Aufl., Stuttgart, S. 3845–3852.

Polhill, J. Gary und Bruce **Edmonds** (**2007**), Open Access for Social Simulation, in: Journal of Artificial Societies and Social Simulation, 10 Jg., Nr. 3, S. 10. http://jasss.soc.surrey.ac.uk/10/3/10.html.

Polhill, J. Gary, Luis R. **Izquierdo** und Nicholas M. **Gotts** (**2005**), The Ghost in the Model (and Other Effects of Floating Point Arithmetic), in: Journal of Artificial Societies and Social Simulation (JASSS), 8. Jg., Nr. 1. http://jasss.soc.surrey.ac.uk/8/1/5.html.

Popper, Karl R. (**1967/2000**), Lesebuch: Ausgewählte Texte zur Erkenntnistheorie, Tübingen, Kapitel Das Rationalitätsprinzip, S. 350–359.

Popper, Karl R. (**1984**), Logik der Forschung, Tübingen.

Popper, Karl R. (**1998**), Objektive Erkenntnis, Hamburg.

Pynadath, David V. und Milind **Tambe** (**2002**), The Communicative Multiagent Team Decision Problem: Analyzing Teamwork Theories and Models, in: Journal of Artifcial Intelligence Research, 16. Jg., S. 389–423.

R Development Core Team (**2004**), R: A language and environment for statistical computing, Wien. http://www.r-project.org/.

R Development Core Team (**2005**), R: A Language and Environment for Statistical Computing – Reference Index, Wien. http://www.r-project.org/.

Radner, Roy (**1987**), Decentralization and Incentives, in: T. Groves, R. Radner und S. Reiter (Hrsg.), Information, incentives and economic mechanisms. Essays in Honor of Leonid Hurwicz, Oxford, S. 3–47.

Radner, Roy (**1992**), Hierarchy: The economics of managing, in: Journal of Economic Literature, 30. Jg., Nr. 3, S. 1382–1415.

Radner, Roy (**1996**), Bounded rationality, indeterminacy, and the theory of the firm, in: The Economic Journal, 106. Jg., Nr. 438, S. 1360–1373.

Radner, Roy (**2000**), Costly and Bounded Rationality in Individual and Team Decision-Making, in: Industrial and Corporate Change, 9. Jg., Nr. 4, S. 623–658.

Read, Daniel, George **Loewenstein** und Matthew **Rabin** (**1999**), Choice bracketing, in: Journal of Risk and Uncertainty, 19. Jg., S. 171–197.

Rich, Richard F. (**1975**), Selective Utilization of Social Science Related Information by Federal Policy-makers, in: Inquiry, 12. Jg., Nr. 3, S. 239–245.

Richter, Rudolf (**1990**), Sichtweise und Fragestellungen der Neuen Institutionenökonomik, in: Zeitschrift für Wirtschafts-und Sozialwissenschaften (ZWS), 110 Jg., S. 571–591.

Rubinstein, Ariel (**1998**), Modeling bounded rationality, Cambridge (Massachusetts) / London.

Rubinstein, Ariel (**2003**), Economics and Psychology? The Case of Hyperbolic Discounting, in: International Economic Review, 44. Jg., Nr. 4, S. 1207–1216.

Samuelson, William und Richard **Zeckhauser** (**1988**), Status Quo Bias in Decision Making, in: Journal of Risk and Uncertainty, 1. Jg., Nr. 1, S. 7–59.

Savage, Leonhard J. (**1954**), The Foundations of Statistics, New York.

Savage, Leonhard J. (**1972**), The Foundations of Statistics, 2., überarbeitete Aufl., New York.

Schäffer, Utz (**2001**), Kontrolle als Lernprozess, Wiesbaden.

Schanz, Günther (**2004**), Wissenschaftsprogramme der Betriebswirtschaftslehre, in: F. Bea, B. Friedl und M. Schweizer (Hrsg.), Allgemeine Betriebswirtschaftslehre, Stuttgart, S. 83–161.

Schelling, Thomas C. (**1969**), Models of Segregation, in: American Economic Review (AER), 59. Jg., Nr. 2, S. 488–493.

Schiller, Ulf (**2001**), Vom Nutzen (un-) informierter Agenten: Eine Informationsökonomische Betrachtung des Controllings, in: Schmalenbachs Zeitschrift für betriebswirtschaftliche Forschung (ZfbF), 53. Jg., Februar, S. 3–19.

Schmalenbach, Eugen (**1933**), Business economics and changes in german business conditions, in: Harvard Business Review (HBR), 11. Jg., Nr. 4, S. 490–497.

Schmidt, Thomas (**1995**), Rationale Entscheidungstheorie und reale Personen, Marburg.

Schneider, Dieter (**1995**), Informations- und Entscheidungstheorie, München / Wien.

Schnell, Rainer (**1991a**), Artificial Intelligence, Computer Simulation and Theory Construction in the Social Science, http://www.uni-konstanz.de/FuF/Verwiss/Schnell/Simu91b.pdf, Download vom 3.2.2004; Original erschienen in: Faulbaum, F. (Hrsg.): SoftStat '91. Advances in Statistical Software 3, Stuttgart 1991, S.335-342.

Schnell, Rainer (**1991b**), Modellierung sozialer Prozesse, Bonn, Kapitel Computersimulation und Theoriebildung in den Sozialwissenschaften, S. 139–175.

Scholl, Wolfgang (**1992**), Informationspathologien, in: E. Frese (Hrsg.), Handwörterbuch der Organisation (HwO), 3. Aufl., Stuttgart, Sp. 900–912.

Schreyögg, Georg (**1998**), Organisation, 2. Aufl., Wiesbaden.

Schreyögg, Georg und Daniel **Geiger** (**2003**), Wenn alles Wissen ist, ist Wissen am Ende nichts?!, in: Die Betriebswirtschaft (DBW), 63. Jg., Nr. 1, S. 7–22.

Schüler, Wolfgang (**1978**), Teamtheorie als Komponente betriebswirtschaftlicher Organisationstheorie, in: Zeitschrift für Betriebswirtschaft (ZfB), 48. Jg., S. 343–355.

Schüler, Wolfgang (**1982**), Mathematische Organisationstheorie, in: Zeitschrift für Betriebswirtschaft (ZfB), 50. Jg., S. 1284–1304.

Schüler, Wolfgang (**1989**), Informationsmanagment: Gegensatnd und organisatorische Konsequenzen, in: K. Spremann und E. Zur (Hrsg.), Informationstechnologie und strategische Führung, Wiesbaden, S. 283 – 298.

Schulz von Thun, F. (**1993**), Miteinander Reden, Teil 1, Störungen und Klärungen, Hamburg.

Schweitzer, Marcell (**1979**), Produktionsfunktionen, in: W. Kern (Hrsg.), Handwörterbuch der Produktionswirtschaft (HWProd), Stuttgart, Kapitel Produktionsfunktionen, Sp. 1494–1512.

Seidenberg, Ulrich (**1998**), Ist Information als eigenständiger Produktionsfaktor aufzufassen?, Arbeitspapier, Univ.-GH Siegen. http://www2.uni-siegen.de/dept/fb05/prod/Dateien/pfaktinf.pdf.

Shafir, Eldar, Itamar **Simonson** und Amos **Tversky** (**1993**), Reason-based choice, in: Cognition, 49. Jg., S. 11–36.

Shannon, Claude E. (**1948**), A Mathematical Theory of Communication, in: Bell System Technical Journal, 27. Jg., Nr. 7,10, S. 379 – 423; 623 – 656.

Shannon, Claude E. und Warren **Weaver** (**1949**), The Mathematical Theory of Communication, Urbana (Illinois).

Sieben, Günter und Thomas **Schildbach** (**1994**), Betriebswirtschaftliche Entscheidungstheorie, 4. Aufl., Stuttgart.

Simon, Herbert A. (**1955**), A Behavioral Model of Rational Choice, in: Quarterly Journal of Economics, 69. Jg., Nr. 1, 1955/02//, S. 99–118.

Simon, Herbert A. (**1959**), Theories of Decision-Making in Economics and Behavioral Science, in: American Economic Review (AER), 49. Jg., S. 253–283.

Simon, Herbert A. (**1978a**), On How to Decide What to Do, in: Bell Journal of Economics, 9. Jg., Nr. 2, S. 494–507.

Simon, Herbert A. (**1978b**), Rationality as a Process and a Product of Thought, in: American Economic Review (AER), 68. Jg., Nr. 2, S. 1–16.

Simon, Herbert A. (**1990**), Invariants of human behavior, in: Annual Review of Psychology, 41. Jg., Nr. 1, S. 1–19.

Solow, Robert (**1987**), Review of Manufacturing Matters, in: The New York Times Book Review, 12.7.1987, S. 36.

Spranca, Mark, Elisa **Minsk** und Jonathan **Baron** (**1991**), Omission and commission in judgment and choice, in: Journal of Experiment Social Psychology, 27. Jg., S. 76–105.

Stahlknecht, Peter und Ulrich **Hasenkamp** (**2002**), Einführung in die Wirtschaftsinformatik, 10. Aufl., Berlin u.a.

Stigler, George J. (**1961**), The Economics of Information, in: The Journal of Political Economy, LXIX (69). Jg., S. 446–458.

Stiglitz, Joseph E. (**2000**), The contributions of the economics of information to twentieth century economics, in: Quarterly Journal of Economics, 115. Jg., Nr. 4, S. 1441–1478.

Strangfeld, Oliver (**2007**), Die Kollusionsproblematik bei relativen Anreizschemata eine agentenbasierte Computersimulation, unveröffentlichtes Dissertationsprojekt, WHU – Otto Beisheim School of Management, Vallendar.

Suchanek, Andreas (**1994**), Ökonomischer Ansatz und theoretische Integration, Bd. 84 der Reihe Die Einheit der Gesellschaftswissenschaften, Tübingen.

Svenson, Ola (**1981**), Are we all less risky and more skillful than our fellow drivers?, in: Acta Psychologica, 47. Jg., S. 143–148.

Szyperski, Norbert (**1980**), Informationsbedarf, in: E. Grochla (Hrsg.), Handwörterbuch der Organisation (HwO), 2. Aufl., Stuttgart, Sp. 904–913.

Taber, Charles S. und Richard J. **Timpone** (**1996**), Computational Modeling, Sage University Paper Series on Quantitative Applications in the Social Sciences, 07-113, Newbury Park, CA.

Taylor, Shelley E. (**1982**), The availability bias in social perception and interaction, in: D. Kahneman, P. Slovic und A. Tversky (Hrsg.), Judgment under uncertainty: Heuristics and biases, Cambridge, S. 190–200.

Taylor, Shelley E. und Jonathon D. **Brown** (**1988**), Illusion and well-being: A socialpsychological perspective on mental health, in: Psychological Bulletin, 103. Jg., Nr. 2, S. 193–210.

Teichmann, H. (**1973**), Zum Wert und Preis von Informationen, in: Zeitschrift für Betriebswirtschaft (ZfB), 43. Jg., S. 373–390.

Tertilt, Erich A. (**1978**), Management und EDV. Eine Analyse des Interface-Gap zwischen Management und EDV-Spezialisten., Wiesbaden.

Tesfatsion, Leigh (**2003**), Agent-based computational economics: modeling economies as complex adaptive systems, in: Information Sciences, 149. Jg., Nr. 4, S. 262–268.

Teubner, Alexander (**2005**), Information als Produktionsfaktor und Wirtschaftsgut, in: Das Wirtschaftsstudium (WISU), 34. Jg., Nr. H. 1, S. 59–62.

Thaler, Richard H. (**1980**), Toward a positive theory of consumer choice, in: Journal of Economic Behavior and Organization, 1. Jg., S. 39–60.

Thaler, Richard H. (**1985**), Mental accounting and consumer choice, in: Marketing Science, 4. Jg., Nr. 3, S. 199–214.

Thaler, Richard H. (**1999**), The End of Behavioral Finance, in: Financial Analysts Journal, 55. Jg., Nr. 6, S. 12–17.

Thorndike, Edward L. (**1920**), A constant error in psychological ratings, in: Journal of Applied Psychology, 4. Jg., S. 25–29.

Tobias, Robert und Carole **Hofmann** (**2004**), Evaluation of free Java-libraries for social-scientific agent based simulation, in: Journal of Artificial Societies and Social Simulation (JASSS), 7. Jg., Nr. 1. http://jasss.soc.surrey.ac.uk/7/1/6.html.

Troitzsch, Klaus G. (**2000**), Computersimulation in den Sozialwissenschaften, in: D. Herz und A. Blätte (Hrsg.), Simulation und Planspiel in den Sozialwissenschaften. Eine Bestandsaufnahme der internationalen Diskussion, Grundlegung und Methoden der Politischen Wissenschaft, Münster, Hamburg, London, S. 181–203. zitiert nach www.Uni-Koblenz.de/~kgt/CSimSozW.pdf, Download vom 2.4.2005.

Troitzsch, Klaus G. (**2004**), Simulationsverfahren, in: Das Wirtschaftsstudium (WISU), 33. Jg., S. 1256–1268.

Tversky, Amos und Daniel **Kahneman** (**1971**), Belief in the law of small numbers, in: Psychological Bulletin, 72. Jg., Nr. 6, S. 105–110.

Tversky, Amos und Daniel **Kahneman** (**1973**), Availability: A heuristic for judging frequency and probability, in: Cognitive Psychology, 5. Jg., S. 207–232.

Tversky, Amos und Daniel **Kahneman** (**1983**), Extensional vs. intuitive reasoning: The conjunction fallacy in probability judgment, in: Psychological Review, 91. Jg., S. 293–315.

Tversky, Amos und Daniel **Kahneman** (**1984**), Choices, values and frames, in: American Psychologist, 39. Jg., S. 341–350.

Tversky, Amos und Daniel **Kahneman** (**1986**), Rational Choice and the Framing of Decisions, in: Journal of Business, 59. Jg., Nr. 4, S. 251–278.

Tyszka, Tadeusz (**1985**), Variability of predecisional information seeking behavior, in: Polish Psychological Bulletin, 16. Jg., S. 275–282.

Vanberg, Viktor J. (**2004**), The rationality postulate in economics: its ambiguity, its deficiency and its evolutionary alternative, in: Journal of Economic Methodology, 11. Jg., Nr. 1, S. 1–29.

Voß, Stefan und Kai **Gutenschwager** (**2001**), Informationsmanagement, 1. Aufl., Berlin / Heidelberg.

Vriend, Nicolaas J. (**1995**), Self-Organization of Markets: An Example of a Computational Approach, in: Computational Economics, 8. Jg., Nr. 3, S. 205–231.

Wall, Friederike (**2002**), Interpretation der Gestaltung informationstechnologie-gestützter Informationssysteme aus agency-theoretischer Sicht, Nr 96, 2002, Wittener Diskussionspapiere, Nr. 96, Universität Witten/Herdecke, Witten.

Wall, Friederike (**2003a**), Die normative Prinzipal-Agenten-Theorie als Untersuchungsansatz für Management-Support-Systeme, in: Wirtschaftsinformatik, 45. Jg., S. 521–526.

Wall, Friederike (**2003b**), Nutzen und Disnutzen von Management Support Systemen für dezentrale Manager, in: Controlling, 15. Jg., S. 405–412.

Wason, Peter C. (**1966**), Reasoning, in: B. M. Foss (Hrsg.), New Horizons in Psychology, Harmondsworth, S. 135–155.

Watzlawick, Paul, Janet H. **Beavin** und Don D. **Jackson** (**1996**), Menschliche Kommunikation - Formen, Störungen, Paradoxien, 9. Aufl., Bern.

Weaver, Warren (**1948**), Science and Complexity, in: American Scientist, 36. Jg., S. 536–544.

Weber, Jürgen (**1993a**), Controlling, Informations- und Kommunikationsmanagement – Grundsätzliche begriffliche und konzeptionelle Überlegungen, in: Betriebswirtschaftliche Forschung und Praxis (BFuP), 45. Jg., Nr. 6, S. 628–649.

Weber, Jürgen (**2001**), Neue Perspektiven des Controlling, in: J. Weber und U. Schäffer (Hrsg.), Rationalitätssicherung der Führung. Beiträge zu einer Theorie des Controlling., Bd. 2 der Reihe Schriften des Center for Controlling and Management (CCM), Wiesbaden, S. 152–170.

Weber, Jürgen (**2004a**), Controlling einfach gestalten, Bd. 5 der Reihe Advanced Controlling, Vallendar.

Weber, Jürgen (**2004b**), Einführung in das Controlling, 10. Aufl., Stuttgart.

Weber, Jürgen, Malte **Brettel**, Armin **Großklaus**, Markus **Hamprecht**, Barbara E. **Rösch** und Utz **Schäffer** (**1995**), Grundgedanken zur Entwicklung einer Theorie der Unternehmensführung.

Weber, Jürgen, Malte **Brettel** und Utz **Schäffer** (**1996**), Gedanken zur Unternehmensführung, WHU-Forschungspapier 35, Wissenschaftliche Hochschule für Unternehmensführung, Vallendar.

Weber, Jürgen und Utz **Schäffer** (**2001**), Sicherstellung der Rationalität von Führung als Funktion des Controlling, in: J. Weber und U. Schäffer (Hrsg.), Rationalitätssicherung der Führung: Beiträge zu einer Theorie des Controlling, Bd. 2 der Reihe Schriften des Center for Controlling and Management (CCM), Wiesbaden, S. 25–45.

Weber, Jürgen, Utz **Schäffer** und Wilm **Langenbach** (**2001**), Gedanken zur Rationalitätskonzeption des Controlling, in: J. Weber und U. Schäffer (Hrsg.), Rationalitätssicherung der Führung: Beiträge zu einer Theorie des Controlling, Wiesbaden, S. 46 – 76.

Weber, Jürgen, Sven **Schaier** und Oliver **Strangfeld** (**2005**), Berichte für das Top-Management, Nr. 43 in: Advanced Controlling, Weinheim.

Weber, Max (**1980**), Wirtschaft und Gesellschaft: Grundriß der verstehenden Soziologie, Bd. 5., Tübingen.

Weber, Martin (**1993b**), Besitztumseffekte: Eine theoretische und experimentelle Analyse, in: Die Betriebswirtschaft (DBW), 53. Jg., S. 479–490.

Wegner, Peter (**1987**), Dimensions of Object-Based Language Design, in: Proceedings on Object Oriented Programming Systems, Languages and Applications, OOPSLA'87, Orlando (Florida), S. 168–182.

Weil, Roman L. (**1973**), Economic Theory of Teams (Buchbesprechung), in: Journal of Business, 46. Jg., Nr. 3, S. 477–478.

Welch, Orion J., Thomas E. **Reeves** und Sandra T. **Welch** (**1998**), Using a Genetic Algorithm-Based Classifier System for Modeling Auditor Decision Behavior in a Fraud Setting., in: International Journal of Intelligent Systems in Accounting Finance & Management, 7. Jg., Nr. 3, S. 173–186.

Wilensky, Harold L. (**1967**), Organizational Intelligence, New York.

Williamson, Oliver E. (**2000**), The New Institutional Economics: Taking Stock, Looking Ahead, in: Journal of Economic Literature, 38. Jg., Nr. 3, S. 595–613.

Wilson, Steward W. (**1995**), Classifier fitness based on accuracy, in: Evolutionary Computation, 3. Jg., Nr. 2, S. 149–175.

Wilson, Stewart W. (**1994**), ZCS: A zeroth level classifier system, in: Evolutionary Computation, 2. Jg., Nr. 1, S. 1–18.

Wilson, Stewart W. und David E. **Goldberg** (**1989**), A Critical Review of Classifier Systems, in: J. D. Schaffer (Hrsg.), Proceedings of the Third International Conference on Genetic Algorithms, George Mason University, United States, San Francisco, S. 244–255.

Witte, Eberhard (**1968**), Phasen-Theorem und Organisation komplexer Entscheidungsverläufe, in: Schmalenbachs Zeitschrift für betriebswirtschaftliche Forschung (ZfbF), 20. Jg., S. 625–647.

Witte, Eberhard (**1972**), Das Informationsverhalten in Entscheidungsprozessen, Tübingen.

Witte, Eberhard (**1975**), Informationsverhalten, in: E. Grochla und W. Wittmann (Hrsg.), Handwörterbuch der Betriebswirtschaftslehre, 4. Aufl., Sp. 1915–1924.

Witte, Eberhard (**1987**), Zur Entwicklung der Entscheidungsforschung in der Betriebswirtschaftslehre, in: R. Wunderer (Hrsg.), Betriebswirtschaftslehre als Management- und Führungslehre, 2. Aufl., Stuttgart, S. 23–31.

Witte, Eberhard (**1992**), Entscheidungsprozesse, in: E. Frese (Hrsg.), Handwörterbuch der Organisation (HwO), 3. Aufl., Stuttgart, Sp. 552–565.

Witte, Eberhard (**1998**), Entwicklungslinien der Betriebswirtschaftslehre - was hat Bestand ?, in: Die Betriebswirtschaft (DBW), 58. Jg., Nr. 6, S. 731–746.

Wittenmark, Björn (**2002**), Adaptive dual control, in: H. Unbehauen (Hrsg.), Control Systems, Robotics and Automation, Encyclopedia of Life Support Systems (EOLSS), Developed under the auspices of the UNESCO, Oxford. Index-Nr. 6.43.15.6.

Wittmann, W. (**1959**), Unternehmung und unvollkommene Information, Köln. TY - BOOK U2 - Information.

Wöhe, Günter (**1993**), Einführung in die Allgemeine Betriebswirtschaftslehre, 18. Aufl., München.

Wollnik, Michael (**1988**), Ein Referenzmodell des Informationsmanagements, in: Information Management, 3. Jg., Nr. 3, S. 34–43.

Wong, William (**2003**), Optimization breeds application efficiency, in: Electronic Design, 51. Jg., Nr. 20, S. 50–50.

Xuan, Ping, Victor **Lesser** und Shlomo **Zilberstein** (**2000**), Communication in Multi-agent Markov Decision Processes, UMass Computer Science Technical Report 2000-1, Amherst (Massachusetts).

Zintl, Reinhard (**1989**), Der Homo Oeconomicus: Ausnahmeerscheinung in jeder Situation oder Jedermann in Ausnahmesituationen, in: Analyse&Kritik, 11. Jg., Nr. 1, S. 52–69.

Zischek, Dieter (**1987**), Mathematische Entscheidungsmodelle als Komponenten von Entscheidungsunterstützungssystemen. Eine veranschaulichende Analyse am Beispiel der Mathematischen Teamtheorie, Köln.

SPRINGER NATURE

GPSR Compliance

The European Union's (EU) General Product Safety Regulation (GPSR) is a set of rules that requires consumer products to be safe and our obligations to ensure this.

If you have any concerns about our products, you can contact us on ProductSafety@springernature.com

In case Publisher is established outside the EU, the EU authorized representative is:

Springer Nature Customer Service Center GmbH
Europaplatz 3
69115 Heidelberg, Germany

FSC
www.fsc.org
MIX
Papier | Fördert
gute Waldnutzung
FSC® C083411

Kolibri 360 GmbH
Ferdinand-Jühlke-Straße 7
99095 Erfurt, Deutschland
produktsicherheit@kolibri360.de